汽车维修工考试指南
（中、高级）

主　编　吴志东　郑从镔
副主编　邓跃辉　王学鹏

北京理工大学出版社
BEIJING INSTITUTE OF TECHNOLOGY PRESS

内容简介

本书根据技工院校"双证书"制度,结合汽车维修工的考试大纲编写,增加目前汽车主流技术和新能源汽车技术的理论知识和操作技能,主要针对中高职院校和技工院校汽车维修类专业考证复习。其结构体系主要是理论部分和操作技能,它是汽车维修核心课程的概括和总结。

版权专有 侵权必究

图书在版编目(CIP)数据

汽车维修工考试指南:中、高级/吴志东,郑从镁主编. —北京:北京理工大学出版社,2018.9
ISBN 978-7-5682-6280-4

Ⅰ.①汽… Ⅱ.①吴… ②郑… Ⅲ.①汽车—车辆修理—中等专业学校—教材 Ⅳ.①U472.4

中国版本图书馆 CIP 数据核字(2018)第 206330 号

出版发行 /	北京理工大学出版社有限责任公司
社　　址 /	北京市海淀区中关村南大街 5 号
邮　　编 /	100081
电　　话 /	(010)68914775(总编室)
	(010)82562903(教材售后服务热线)
	(010)68948351(其他图书服务热线)
网　　址 /	http://www.bitpress.com.cn
经　　销 /	全国各地新华书店
印　　刷 /	定州市新华印刷有限公司
开　　本 /	787 毫米×1092 毫米　1/16
印　　张 /	13	责任编辑 / 赵　岩
字　　数 /	273 千字	文案编辑 / 冯洪波
版　　次 /	2018 年 9 月第 1 版　2018 年 9 月第 1 次印刷	责任校对 / 周瑞红
定　　价 /	30.00 元	责任印制 / 边心超

图书出现印装质量问题,请拨打售后服务热线,本社负责调换

前言

本书的编写初衷是针对汽车维修工考证复习用书,以《汽车维修工国家职业标准》为基础,结合目前新能源汽车的发展趋势和广东省更新的考试题库,为提高考生的通过率,特编写此书。

根据编写初衷,通过搜集、筛选、查重、汇总,最终形成汽车维修工中级、高级考证理论试题2 200多道,本书共分为三部分,第一部分为理论知识,第二部分为操作技能,第三部分为模拟试卷。

理论知识部分采用机考的形式,共200题,时间为120分钟。通过归纳分类为职业道德理论知识、基础知识、汽车维护理论知识、检修汽车发动机理论知识、检修汽车底盘理论知识、检修汽车电器理论知识、新能源汽车动力系统理论知识等几大类。部分理论试题既是中级工复习题,也是高级工复习题。其中汽车维修中级工考生重点复习有★标记的和无标记的试题,高级工考生重点复习有★和☆标记的试题。

操作技能部分是根据国家职业标准操作要求,同时结合行业要求,共搜集整理出21项试题,其中练习一~练习十、练习十九~练习二十一为中级工复习试题,练习十一~练习十八为高级工复习试题,练习二和练习八为中高级工通用复习试题。

本书理论部分主要由吴志东、郑从镔编写,技能考核部分主要由吴志东、邓跃辉、王学鹏编写。

由于时间紧促、专业水平有限,本书难免有不足之处,敬请广大专家和读者批评指正,最后感谢各位使用本书。

编 者

目录

▶ 第一部分 理论知识 ································· 1

练习一　职业道德理论知识 ································· 1
练习二　基础知识 ································· 6
练习三　汽车维护理论知识 ································· 23
练习四　检修汽车发动机理论知识 ································· 34
练习五　检修汽车底盘理论知识 ································· 56
练习六　检修汽车电器理论知识 ································· 72
练习七　新能源汽车动力系统理论知识 ································· 93

▶ 第二部分 操作技能 ································· 100

练习一　气缸的检验 ································· 100
练习二　曲轴的检验 ································· 102
练习三　电子节气门检测 ································· 104
练习四　发动机无法启动的油路故障诊断与排除 ································· 106
练习五　搭接鼓风机调速电路 ································· 109
练习六　搭接前照灯电路 ································· 110
练习七　液压操纵式离合器分离不彻底故障诊断与排除 ································· 111
练习八　液压制动系统制动蹄装配与调整 ································· 112
练习九　启动机的检测 ································· 113
练习十　手动变速器挡位动力传递路线 ································· 116
练习十一　电喷发动机不能启动综合故障的诊断与排除 ································· 118
练习十二　电喷发动机点火系统故障的诊断与排除 ································· 122
练习十三　电喷发动机喷油系统故障的诊断与排除 ································· 124
练习十四　汽车启动系统线路故障的诊断与排除 ································· 127
练习十五　简述纯电动汽车预充电管理的作用,并绘制预充电结构图 ································· 129
练习十六　简述并联式油电混合动力汽车的动力传递原理 ································· 131

目 录

练习十七　简述电动汽车电机控制器组成和运作原理 …………………………… 132

练习十八　简述电动汽车动力系统的组成及主要部件作用 …………………… 133

练习十九　简述纯电动汽车的结构 ………………………………………………… 134

练习二十　简述新能源汽车包括的类型 …………………………………………… 135

练习二十一　简述新能源汽车动力传递方式 ……………………………………… 136

▶ 第三部分　模拟试卷 ……………………………………………………… 138

中级工模拟试卷　一 ………………………………………………………………… 138

中级工模拟试卷　二 ………………………………………………………………… 153

高级工模拟试卷　一 ………………………………………………………………… 167

高级工模拟试卷　二 ………………………………………………………………… 181

▶ 理论知识答案 ……………………………………………………………… 195

▶ 模拟试卷答案 ……………………………………………………………… 199

说明

理论知识部分高级工部分以★☆为准

中级工部分以★和无标记为准

第一部分　理论知识

练习一　职业道德理论知识

一、选择题

1. ★企业创新要求员工努力做到（　　）。
   A. 不能墨守成规，但也不能标新立异
   B. 大胆地破除现有的结论，自创理论体系
   C. 大胆地试大胆地闯，敢于提出新问题
   D. 激发人的灵感，遏制冲动和情感
2. ★下列选项属于职业道德范畴的是（　　）。
   A. 人们的内心信念　　　　　　　B. 人们的文化水平
   C. 人们的思维习惯　　　　　　　D. 员工的技术水平
3. ★职业道德是一种（　　）。
   A. 处事方法　　B. 行为规范　　C. 思维习惯　　D. 办事态度
4. ★道德是（　　）。
   A. 人和市场都具有的行为规范
   B. 是规定人们的权利和义务的行为规范
   C. 是一定社会阶级向人们提出的处理人与人、人与社会、人与自然之间关系的行为规范
   D. 是随阶级、国家的消亡而消亡的特殊行为规范
5. ★职业道德是一种（　　）的约束机制。
   A. 强制性　　B. 非强制性　　C. 自愿　　D. 随意
6. ★职业道德的特征是（　　）。
   A. 多样性和具体性
   B. 专业性和实用性
   C. 稳定性和连续性
   D. 以上选项都正确

第一部分　理论知识

7. ★职业道德对企业起到（　　）的作用。
   A. 决定经济效益　　　　　　　　B. 促进决策科学化
   C. 增强竞争力　　　　　　　　　D. 滋生员工守业意识

8. ★爱岗敬业的具体要求是（　　）。
   A. 看效益决定是否爱岗　　　　　B. 转变择业观念
   C. 提高职业技能　　　　　　　　D. 增强把握择业的机遇意识

9. ★职业道德是人的事业成功的（　　）。
   A. 重要保证　　B. 最终结果　　C. 决定条件　　D. 显著标志

10. ★职业道德通过（　　），起着增强企业凝聚力的作用。
    A. 协调员工之间的关系　　　　　B. 增加职工福利
    C. 为员工创造发展空间　　　　　D. 调节企业与社会的关系

11. ★下列选项中属于职业道德作用的是（　　）。
    A. 增强企业的凝聚力　　　　　　B. 增强企业的离心力
    C. 决定企业的经济效益　　　　　D. 增强企业员工的独立性

12. ★职业道德与人的事业的关系是（　　）。
    A. 职业道德是人成功的充分条件
    B. 没有职业道德的人不会获得成功
    C. 事业成功的人往往具有较高的职业道德
    D. 缺乏职业道德的人往往也有可能获得成功

13. ★各种职业道德往往采取简洁明快的形式，对本职业人员提出具体的道德要求，以保证职业活动的顺利开展，这体现了职业道德的（　　）。
    A. 稳定性　　　B. 专业性　　　C. 具体性　　　D. 适用性

14. ★在职业交往活动中，符合仪表端庄具体要求的是（　　）。
    A. 着装华贵　　　　　　　　　　B. 鞋袜等搭配合理
    C. 饰品俏丽　　　　　　　　　　D. 发型要突出个性

15. ★职业道德活动中，对客人做到（　　）是符合语言规范的具体要求的。
    A. 言语细致，反复介绍　　　　　B. 语速要快，不浪费客人时间
    C. 用尊称，不用忌语　　　　　　D. 语气严肃，维护自尊

16. ★（　　）是指调整劳动关系及与劳动关系密切联系的其他社会关系的法律规范的总称。
    A. 狭义的劳动法　　B. 广义的劳动法　　C. 职业道德　　D. 道德规范

17. ★下列选项对职业道德具体性理解正确的是（　　）。
    A. 反映了较强的专业特点
    B. 不能用以规范约束其他行业人员的职业行为

练习一　职业道德理论知识

　　C. 对其他行业人员有较强的约束性

　　D. 反映了职业道德观念代代相传的特点

18. ★对待职业和岗位，（　　）并不是爱岗敬业所要求的。

　　A. 树立职业理想　　　　　　　　B. 干一行爱一行专一行

　　C. 遵守企业的规章制度　　　　　D. 一职定终身，不改行

19. ★爱岗敬业作为职业道德的重要内容，是指员工（　　）。

　　A. 热爱自己喜欢的岗位　　　　　B. 热爱有钱的岗位

　　C. 强化职业责任　　　　　　　　D. 不应多转行

20. ★企业生产经营活动中，促进员工之间平等尊重的措施是（　　）。

　　A. 互利互惠，加强协作　　　　　B. 加强交流，平等对话

　　C. 只要合作，不要竞争　　　　　D. 人心叵测，谨慎行事

21. ★（　　）或服务的质量是企业生产经营活动的结果。

　　A. 劳动　　　　B. 工作　　　　C. 产品　　　　D. 商品

22. ★市场经济条件下，（　　），不违反职业道德规范中关于诚实守信的要求。

　　A. 通过诚实合法劳动，实现利益最大化

　　B. 打进对手内部，增强竞争优势

　　C. 根据服务对象来决定是否遵守承诺

　　D. 凡有利于增大企业利益的行为就做

23. ★下列关于勤劳节俭的论述中，正确的选项是（　　）。

　　A. 勤劳是人生致富的充分条件　　B. 节俭是企业持续发展的必要条件

　　C. 勤劳不如巧干　　　　　　　　D. 节俭不如创造

24. ★下列关于勤劳节俭的论述中，不正确的选项是（　　）。

　　A. 企业可提倡勤劳，但不宜提倡节俭

　　B. "一分钟应看成是八分钟"

　　C. 1996年亚洲金融危机是"饱暖思淫欲"的结果

　　D. "节省一元钱，就等于净赚一元钱"

25. ★企业文化的功能不包括（　　）。

　　A. 激励功能　　　B. 导向功能　　　C. 整合功能　　　D. 娱乐功能

26. ★合同员工违反职业纪律，在给其处分时应把握的原则是（　　）。

　　A. 企业不能做罚款处罚

　　B. 严重不遵守企业纪律，即可解除劳动合同

　　C. 视情节轻重，可以做出撤职处分

　　D. 警告往往效果不大

第一部分 理论知识

27. ★职业纪律是从事这一职业的员工应该共同遵守的行为准则，它包括的内容有（　　）。

    A. 交往规则　　　　B. 操作程序　　　　C. 群众观念　　　　D. 外事纪律

28. ★下列选项中属于企业文化功能的是（　　）。

    A. 体育锻炼　　　　B. 整合功能　　　　C. 歌舞娱乐　　　　D. 社会交际

29. ★关于创新的论述，下列各项中不正确的说法是（　　）。

    A. 创新需要"标新立异"　　　　　　　　B. 服务也需要创新

    C. 创新是企业进步的灵魂　　　　　　　D. 引进别人的新技术不算创新

30. ★关于创新的正确论述是（　　）。

    A. 不墨守成规，但也不可标新立异

    B. 企业经不起折腾，大胆地闯早晚会出问题

    C. 创新是企业发展的动力

    D. 创新需要灵感，但不需要情感

31. 职业道德的稳定性和连续性是（　　）。

    A. 绝对的　　　　　　　　　　　　　　B. 相对的

    C. 不受当时社会经济关系的制约　　　　D. 不受其他道德准则的影响

二、判断题

1. （　　）★各行各业的职业道德具有相同的内容。

2. （　　）★职业道德是指从事一定职业的人，在长期职业活动中形成的一种行为规范。

3. （　　）★职业道德在形式上都比较具体、简明扼要、通俗易懂，具有具体性的特点。

4. （　　）★员工在职业交往活动中，尽力在服饰上突出个性是符合仪表端庄具体要求的。

5. （　　）★职业道德对企业起到增强竞争力的作用。

6. （　　）★向企业员工灌输的职业道德太多了，容易使员工产生谨小慎微的观念。

7. （　　）★职业道德活动中做到严肃待客、不卑不亢是符合职业道德规范要求的。

8. （　　）★职业道德是协调企业内部人际关系的法宝，而企业内部人际关系的主体是职工与领导之间的关系。

9. （　　）★在职业活动中一贯地诚实守信会损害企业的利益。

10. （　　）★在市场经济条件下，根据服务对象来决定是否遵守承诺并不违反职业道德规范中关于诚实守信的要求。

11. （　　）★勤劳节俭虽然有利于节省资源，但不利于促进企业的发展。

12. （　　）★勤劳是现代市场经济所需要的，而节俭则不宜提倡。

13. （　　）★未成年工是指不满 16 周岁的劳动者。

14. （　　）★服务也需要创新。

15. （　　）★创新既不能墨守成规，也不能标新立异。

16. （   ）☆事业成功的人往往具有较高的职业道德。
17. （   ）☆爱岗敬业作为职业道德的内在要求，指的是员工要热爱自己喜欢的工作岗位。
18. （   ）职业道德是人的事业成功的重要条件。
19. （   ）职业纪律是企业的行为规范，职业纪律具有随意性的特点。
20. （   ）职业纪律中包括群众纪律。

练习二　基础知识

一、选择题

1. ★精度为 0.05mm 的游标卡尺其游标的刻线格数为（　　）。
   A. 10 格　　　　　B. 20 格　　　　　C. 30 格　　　　　D. 40 格
2. ★用（　　）测量工件时，读完数后需倒转微分套筒使量具与工件分离后再取出工件。
   A. 游标卡尺　　　B. 百分表　　　　C. 千分尺　　　　D. 千分表
3. ★在使用指针式前束尺测量前束时，要求将前束尺安装在前轴后面两车轮（　　）的中心位置。
   A. 左侧　　　　　B. 右侧　　　　　C. 内侧　　　　　D. 外侧
4. ★用千分尺测量工件时，先旋转微分套筒，当（　　）时改用旋转棘轮，直到棘轮发出两三下"咔、咔……"声时，开始读数。
   A. 测砧与工件测量表面接近　　　　　B. 测砧远离工件测量表面
   C. 测砧与测微螺杆接近　　　　　　　D. 测砧远离测微螺杆
5. ★百分表中的短指针转动一格为（　　）mm。
   A. 0.1　　　　　 B. 0.2　　　　　 C. 1　　　　　　 D. 2
6. ★游标卡尺常用的精度值是（　　）。
   A. 0.10mm、0.02mm、0.05mm　　　　 B. 0.01mm、0.02mm、0.05mm
   C. 0.10mm、0.20mm、0.50mm　　　　 D. 0.10mm、0.20mm、0.05mm
7. ★（　　）是指金属材料是否具有容易被切削工具进行加工的性能。
   A. 可焊性　　　　B. 延展性　　　　C. 切削性　　　　D. 渗透性
8. ★下列选项中不属于金属材料工艺性能的是（　　）。
   A. 可锻性　　　　B. 可焊性　　　　C. 耐磨性　　　　D. 韧性
9. ★柴油发动机的（　　）开始压油到上止点为止的曲轴转角称为喷油提前角。
   A. 机油泵　　　　B. 汽油泵　　　　C. 输油泵　　　　D. 喷油泵
10. ★下列选项中属于正常使用汽油罐的选项是（　　）。
    A. 油液一定要灌到顶　　　　　　　　B. 汽油最好放在车间内
    C. 搬运时不得翻转油罐　　　　　　　D. 为了便于通风不用油时要打开加油口
11. ★汽油机燃料供给系的作用是根据发动机各种不同工况的要求，将洁净的（　　），按一定的时间和数量供入气缸。
    A. 空气
    B. 柴油
    C. 汽油或汽油和空气配制出适当浓度的混合气

D. 天然气

12. ★蓄电池搭铁极性必须与（　　）的搭铁极性一致。
    A. 发动机　　　　B. 起动机　　　　C. 发电机　　　　D. 变速器

13. ★前照灯不亮故障的处理方法是：首先检查（　　）的好坏，不好应更换。
    A. 灯泡　　　　　B. 蓄电池　　　　C. 起动机　　　　D. 发电机

14. ★诊断起动系电路短路、断路故障时，除检查起动机导线是否短路外，还应检查（　　）。
    A. 蓄电池电解液液面高度　　　　　B. 起动机电磁开关工作是否正常
    C. 断电器触点是否烧蚀　　　　　　D. 蓄电池放电程度

15. ★（　　）的作用是将定子绕组产生的三相交流电变为直流电。
    A. 转子总成　　　B. 定子总成　　　C. 整流器　　　　D. 电刷

16. ★某一电器设备其电阻值为55Ω，使用时的电流为4A，则其供电线路的电压为（　　）V。
    A. 100　　　　　 B. 110　　　　　 C. 200　　　　　 D. 220

17. ★在液压传动的基本回路中，平衡阀是由（　　）组成的复合阀。
    A. 减压阀和溢流阀　　　　　　　　B. 单向阀和溢流阀
    C. 单向阀和顺序阀　　　　　　　　D. 节流阀和顺序阀

18. ★在液压传动的基本回路中，若想改变执行元件的运动方向可采用（　　）回路。
    A. 换向　　　　　B. 锁紧　　　　　C. 制动　　　　　D. 顺序

19. ★在液压传动过程中，其工作容积（　　）。
    A. 密封但大小不能变化　　　　　　B. 密封且不断变化
    C. 不密封不变化　　　　　　　　　D. 不密封但大小要变化

20. ★对于油压千斤顶重物应置于（　　）。
    A. 大液压缸上
    B. 小液压缸上
    C. 单向阀的一侧
    D. 以上选项均不正确

21. ★进油路节流调速回路、回油路节流调速回路和旁油路节流调速回路属于（　　）。
    A. 容积调速回路
    B. 节流调速回路
    C. 容积节流调速回路
    D. 以上选项均不正确

22. ★液压传动的基本回路中，能实现锁紧的换向阀的中位机能是（　　）。
    A. P 型　　　　　B. O 型　　　　　C. H 型　　　　　D. K 型

23. ★下列选项为液压传动缺点的是（　　）。
    A. 不便于过载保护　　　　　　　　B. 传动效率低
    C. 润滑条件差　　　　　　　　　　D. 不易实现无级调速

24. ★液压传动靠（　　）来传递动力。
    A. 油液的容积　　B. 油液的黏度　　C. 油液的压力　　D. 油液的压缩性

25. ★主要对汽车进行局部举升的装置是（　　）。
    A. 举升器　　　　B. 千斤顶　　　　C. 木块　　　　　D. 金属块

26. ★柱式举升器多为（　　）。
    A. 气动式举升器　B. 电动式举升器　C. 电动液压式举升器　D. 移动式举升器

27. ★剪式举升器多为（　　）。
    A. 手动式举升器　B. 电动式举升器　C. 固定式举升器　D. 移动式举升器

28. ★下列各项中，（　　）是汽车底盘一级维护作业内容。
    A. 检查转向角　　　　　　　　　　B. 检查变速器润滑油质量
    C. 检查备胎　　　　　　　　　　　D. 检查减振器性能

29. ★汽车直线行驶时，个别车轮有异响是（　　）的故障现象。
    A. 车架异响　　　B. 车桥异响　　　C. 轮毂异响　　　D. 车身异响

30. ★检查转向盘自由转动量时，应使（　　）处于直线行驶位置。
    A. 转向轮　　　　B. 后轮　　　　　C. 驱动轮　　　　D. 传动轴

31. ★无轨电车属于（　　）。
    A. 普通乘用车　　B. 货车　　　　　C. 客车　　　　　D. 乘用车

32. ★小型客车的座位数不超过（　　）座。
    A. 9　　　　　　　B. 5　　　　　　 C. 16　　　　　　D. 20

33. ★座位在9座以上（包括驾驶员座位在内）的载客汽车称为（　　）。
    A. 小型乘用车　　B. 普通乘用车　　C. 高级乘用车　　D. 客车

34. ★发动机在起动前不应（　　）。
    A. 检查油底壳　　　　　　　　　　B. 检查冷却液
    C. 换挡开关在空挡位置　　　　　　D. 放开驻车制动器

35. ★气缸的排量等于（　　）。
    A. 气缸的总容积　B. 气缸的工作容积　C. 气缸燃烧室容积　D. 气缸行程

36. ★发动机工作时，（　　）带动凸轮轴正时齿轮，使凸轮轴转动。
    A. 曲轴正时齿轮　B. 发电机皮带轮　C. 曲轴皮带轮　　D. 水泵皮带轮

37. ★气缸体的气缸排列形式主要有单排直列式和（　　）排列。
    A. V形　　　　　　B. L形　　　　　　C. 双列式　　　　D. 直列式

练习二 基础知识

38. ★现代汽车较多采用的起动机是（　　）。
    A. 直接操纵式　　B. 惯性啮合式　　C. 移动电枢啮合式　　D. 强制啮合式
39. ★汽车使用技术状况包括汽车的动力性、（　　）和燃、润料消耗等。
    A. 起动性　　B. 加速性　　C. 工作可靠性　　D. 爬坡性
40. ★运动型轿车和方程式赛车多采用的布置形式是（　　）。
    A. 发动机后置后轮驱动　　B. 发动机中置后轮驱动
    C. 发动机前置前轮驱动　　D. 发动机前置后轮驱动
41. ★汽车的前束值一般都小于（　　）mm。
    A. 5　　B. 8　　C. 10　　D. 12
42. ★汽车行驶7 500~8 000km 应对空气滤清器进行（　　）。
    A. 更换　　B. 维护　　C. 检查　　D. 冲洗
43. ★机油牌号中，在数字后面带"W"字母的，（　　），数字代表黏度等级。
    A. 表示夏季使用机油　　B. 表示柴油机油
    C. 表示汽油机油　　D. 表示低温系列，W 表示冬季使用
44. ★汽车上手动变速器（　　）轴的轴承盖回油螺纹积污过多会出现漏油故障。
    A. 第一　　B. 第二　　C. 倒挡　　D. 中间
45. ★汽车驱动桥的主要组成不包括（　　）。
    A. 主减速器　　B. 差速器　　C. 离合器　　D. 半轴
46. ★变速器如果只有（　　）和空挡能行驶，而其他挡均不能行驶，则拆下变速器检查第二轴前端滚针轴承是否烧结。
    A. 倒挡　　B. 直接挡　　C. 前进挡　　D. 超速挡
47. ★通常汽车传动系动力最后经过（　　）传递给驱动轮。
    A. 离合器　　B. 变速器　　C. 主减速器　　D. 半轴
48. ★下列各项中，（　　）不是汽车悬架所用的弹性元件。
    A. 钢板弹簧　　B. 螺旋弹簧　　C. 扭杆弹簧　　D. 牵引钩弹簧
49. ★悬架由（　　）、导向装置和减振器等三部分组成。
    A. 弹性元件　　B. 传动装置　　C. 固定装置　　D. 锁止装置
50. ★压紧的钢板弹簧在其中部各片应紧密贴合，且相邻两片在总接触长度1/4 内的间隙一般应不大于（　　）mm。
    A. 1.0　　B. 1.1　　C. 1.3　　D. 1.2
51. ★采用（　　）时，车桥都是断开式的。
    A. 独立悬架　　B. 非独立悬架　　C. 单级主减速器　　D. 双级主减速器

52. ★减振器内的活塞及缸筒表面磨损后，使配合间隙大于（　　）mm 时，应更换减振器总成。
   A. 0.05　　　　B. 0.10　　　　C. 0.15　　　　D. 0.20

53. ★各片钢板弹簧的中心螺栓孔应对正，且每片的横向位移不得超过主片的（　　）mm。
   A. 1.5　　　　B. 2.0　　　　C. 2.5　　　　D. 3.0

54. ★四冲程柴油机在工作时，混合气体是（　　）的。
   A. 点燃　　　B. 压燃　　　C. 点燃、压燃均可　　　D. 以上选项均不正确

55. ★曲轴飞轮组主要由曲轴、（　　）和附件等组成。
   A. 齿轮　　　　B. 链轮　　　　C. 带轮　　　　D. 飞轮

56. ★曲柄连杆机构的（　　）是由活塞、活塞环、活塞销、连杆等机件组成的。
   A. 曲轴箱组　　B. 活塞连杆组　　C. 曲轴飞轮组　　D. 以上选项都不正确

57. ★曲轴后油封在安装时，应将油封座孔槽清洗干净，在孔槽侧面涂一层（　　）。
   A. 密封胶　　　B. 机油　　　　C. 柴油　　　　D. 润滑脂

58. ★当凸轮的尖顶转过挺杆向下运动时，气门在弹簧张力的作用下（　　），进气或排气过程即宣告结束。
   A. 逐渐打开　　B. 进气门打开　　C. 排气门打开　　D. 逐渐关闭

59. ★曲柄连杆机构由机体组、（　　）、曲轴飞轮组三部分组成。
   A. 活塞组　　　B. 活塞连杆组　　C. 连杆组　　　D. 活塞销组

60. ★良好的节温器阀门全开时，要求阀门的升起高度应不小于（　　）mm。
   A. 9　　　　　B. 10　　　　　C. 11　　　　　D. 12

61. ★冷却液是由（　　）、防冻剂、添加剂三部分组成的。
   A. 酒精　　　　B. 乙二醇　　　C. 甘油　　　　D. 水

62. ★补充冷却液时，一定要等待发动机（　　）后再打开加水盖，以防止缸体变形。
   A. 加速　　　　B. 制动　　　　C. 冷却　　　　D. 润滑

63. ★发动机机油泵通常用外啮合齿轮泵，其组成主要有齿轮、轴承、泵盖及（　　）等。
   A. 叶片　　　　B. 柱塞　　　　C. 油管　　　　D. 传动轴

64. ★更换发动机润滑油时，技术要求是润滑油量应位于油标尺（　　）。
   A. 上刻线与下刻线之间　　　　B. 下刻线以下
   C. 上刻线以上　　　　　　　　D. 任意位置均可

65. ★紧固、润滑（　　）球头销是汽车底盘一级维护的作业内容。
   A. 前桥　　　　B. 后桥　　　　C. 传动轴　　　D. 支架

66. ★更换发动机润滑油后，应（　　），检查滤清器处应无润滑油泄漏。
   A. 起动发动机　B. 清洁发动机　C. 盖上机器盖　D. 检查冷却液

练习二 基础知识

67. ★变速器操纵机构由（   ）、拨叉、拨叉轴、锁止装置和变速器盖等组成。
    A. 变速器操纵杆   B. 输入轴   C. 变速器壳体   D. 控制系统
68. ★转向桥主要的功用是承受地面和车架之间的垂直载荷、纵向力和横向力，并保证（   ）做正确的运动。
    A. 驱动轮   B. 皮带轮   C. 后轮   D. 转向轮
69. ★离合器的从动部分不包括（   ）。
    A. 从动盘   B. 变速器输入轴   C. 离合器输出轴   D. 飞轮
70. ★单片离合器多应用于（   ）上。
    A. 大型货车   B. 大型工程机械车   C. 中、小型汽车   D. 摩托车
71. ★为分析离合器打滑故障存在的原因，应最先进行检查的项目是（   ）。
    A. 离合器踏板自由行程   B. 离合器盖、飞轮连接螺钉是否松动
    C. 离合器分离杠杆内端面高低   D. 离合器摩擦片
72. ★汽车起步时，强行挂挡后，在未抬离合器踏板的情况下，汽车出现（   ）现象时，说明离合器存在分离不彻底的故障。
    A. 抖动   B. 后移   C. 前移   D. 跑偏
73. ★（   ）装置用于使停驶的汽车驻留在原位不动。
    A. 紧急制动   B. 安全制动   C. 行车制动   D. 驻车制动
74. ★安装锯条时，锯齿的齿尖要（   ）。
    A. 朝前   B. 朝后   C. 倾斜   D. 无要求
75. ★（   ）是指为维持汽车完好技术状况或工作能力而进行的作业，应贯彻"预防为主、强制维护"的原则。
    A. 汽车维护   B. 汽车维护的目的
    C. 延长汽车大修间隔里程   D. 保持车容整洁
76. ★A级火灾发生时可用（   ）灭火法。
    A. 冷却   B. 二氧化碳   C. 绝缘灭火剂   D. 特殊灭火剂盖息
77. ★若在火场时衣服着火了，下列选项中不正确的是（   ）。
    A. 尽快脱掉衣帽   B. 就地倒下打滚   C. 快跑   D. 将衣服撕碎扔掉
78. ★在火场的浓烟区被围困时，正确的做法是（   ）。
    A. 低姿势行走
    B. 短呼吸
    C. 用湿毛巾捂住嘴
    D. 以上选项都正确

第一部分　理论知识

79. ★C级火灾发生时可用（　　）灭火法。
    A. 冷却　　　　　B. 二氧化碳　　　C. 绝缘灭火剂　　D. 特殊灭火剂盖息

80. ★全面质量管理这一概念最早在（　　）由美国质量管理专家提出。
    A. 19世纪50年代　B. 20世纪30年代　C. 20世纪40年代　D. 20世纪50年代

81. ★全面质量管理这一概念最初由（　　）质量管理专家提出。
    A. 中国　　　　　B. 日本　　　　　C. 美国　　　　　D. 英国

82. ★全面的质量管理是把（　　）和效益统一起来的质量管理。
    A. 产品质量　　　B. 工作质量　　　C. 质量成本　　　D. 使用成本

83. ★（　　）是保证和提高维修质量的先决条件。
    A. 加强教育　　　B. 抓技术管理　　C. 应用新技术　　D. 推行管理新经验

84. ★全面质量管理的主要特点是突出一个（　　）。
    A. 质量　　　　　B. 管理　　　　　C. "全"　　　　　D. 质量管理

85. ★每个工作人员的（　　）会直接或间接地影响产品质量。
    A. 体质　　　　　B. 能力　　　　　C. 精神　　　　　D. 工作质量

86. ★对全面质量管理方法的特点描述恰当的是（　　）。
    A. 单一性　　　　B. 机械性　　　　C. 多样性　　　　D. 专一性

87. ★下列选项不属于可撤销合同的是（　　）。
    A. 依法订立的合同　　　　　　　　B. 显失公平的合同
    C. 乘人之危订立的合同　　　　　　D. 因重大误解订立的合同

88. ★《劳动法》规定劳动者可享有的权利是（　　）。
    A. 平等就业的权利
    B. 选择职业的权利
    C. 提请劳动争议处理的权利
    D. 以上选项都正确

89. ★合同内容由（　　）约定。
    A. 代理人　　　　　　　　　　　　B. 当事人
    C. 合同建议的提出者　　　　　　　D. 旁观者

90. ★合同是由当事人在（　　）的基础上意思表示一致而订立的。
    A. 有领导关系　　B. 有亲属关系　　C. 平等　　　　　D. 对立

91. ★在民事法律关系中（　　）是合同主体。
    A. 自然人　　　　　　　　　　　　B. 法人
    C. 其他组织　　　　　　　　　　　D. 自然人、法人、其他组织

92. ★（　　）是确定合同双方当事人权利义务关系的根本依据，也是判断合同是否有效的客观依据。
    A. 合同的形式　　B. 合同的主体　　C. 合同的内容　　D. 合同订立

练习二 基础知识

93. ★《劳动法》中权利和义务的关系是（　　）。
   A. 相辅相成的
   B. 互为条件的
   C. 相互统一的
   D. 以上选项都正确

94. ☆游标卡尺上游标的刻线数越多则游标的（　　）。
   A. 结构越小　　B. 长度越短　　C. 分度值越大　　D. 读数精度越高

95. ☆百分表是一种比较性测量仪器，主要用于测量工件的（　　）。
   A. 公差值　　B. 偏差值　　C. 实际值　　D. 极值

96. ☆百分表的精度值为（　　）mm。
   A. 0.01　　B. 0.02　　C. 0.001　　D. 0.002

97. ☆百分表的表盘刻度为100格，长指针每偏转一格表示（　　）。
   A. 0.1mm　　B. 0.2mm　　C. 0.01mm　　D. 0.02mm

98. ☆用内径百分表测量气缸磨损量时，应使内径百分表的测量杆与气缸轴线（　　）。
   A. 垂直　　B. 平行　　C. 倾斜　　D. 成45°角

99. ☆检查紧固差速器壳固定螺栓时，螺栓的（　　）必须齐全，并且锁止有效。
   A. 锁止装置　　B. 连接装置　　C. 联动装置　　D. 解锁装置

100. ☆在拆卸发动机气门旧座圈时，应用（　　）或撬棒将旧的气门座圈取出。拆卸后，清理气门座孔，将积炭清除干净。
   A. 一字螺丝刀　　B. 十字螺丝刀　　C. 尖嘴钳子　　D. 专用拉器

101. ☆在配制电解液时，应使用（　　），将硫酸慢慢地倒入水中。
   A. 不锈钢容器　　B. 金属容器　　C. 塑料容器　　D. 陶瓷或玻璃容器

102. ☆青铜原指铜与（　　）合金。
   A. 锡　　B. 锌　　C. 镍　　D. 铝

103. ☆下列工业纯铝的牌号中其纯度最高的是（　　）。
   A. L1　　B. L2　　C. L3　　D. L4

104. ☆常用来制作永久磁铁的磁性材料是（　　）。
   A. 软磁材料　　B. 硬磁材料　　C. 矩磁材料　　D. 顺磁材料

105. ☆通电线圈插入铁芯后，其磁感应强度将（　　）。
   A. 减弱　　B. 增强　　C. 不变　　D. 不确定

106. ☆若摩擦片有油污应用（　　）清洗并烘干，然后找出油污来源，予以排除。
   A. 柴油　　B. 汽油　　C. 清洁剂　　D. 机油

第一部分　理论知识

107. ☆汽车变速器、驱动桥的润滑油面应在检视口下沿（　　）mm 处。
    A. 0~30   B. 0~25   C. 0~15   D. 0~20

108. ☆用电桥测电阻属于（　　）。
    A. 直接测量   B. 间接测量
    C. 比较测量   D. 以上选项都不正确

109. ☆前照灯不亮故障的处理方法是：首先检查灯泡良好，然后从（　　）开始顺着线路做有无电压的导通检查。
    A. 起动机   B. 高压线圈   C. 电源   D. 分电器

110. ☆ECU 可为传感器提供（　　）V 的参考电压。
    A. 5   B. 9   C. 12   D. 以上选项都正确

111. ☆电子调节器都是根据发电机端电压的变化，使（　　）及时地导通或截止，进一步控制大功率三极管饱和或截止，使发电机端电压不变。
    A. 二极管   B. 稳压管   C. 电阻器   D. 电容器

112. ☆下列各项中，对蓄电池安全操作正确的是（　　）。
    A. 配制电解液时应将硫酸倒入水中
    B. 配制电解液时应将水倒入硫酸中
    C. 观看检查电解液用的仪器时应远离电解液注口
    D. 蓄电池壳上可以放置较轻的物体

113. ☆下列各项中，不是点火初级电路短路的故障现象的是（　　）。
    A. 打开点火开关，电流表指示值小于正常放电值且不摆动
    B. 打开点火开关，电流表指在"0"不动
    C. 发动机不能起动
    D. 发动机温度容易升高

114. ☆发电机电刷二级维护作业的技术要求是磨损不超过基本尺寸的（　　）。
    A. 1/2   B. 1/3   C. 1/4   D. 1/5

115. ☆电喇叭上共鸣片、膜片、衔铁及（　　）刚性连为一体。
    A. 上铁芯   B. 下铁芯   C. 弹簧   D. 按钮

116. ☆电工作业时，杆上电工操作不正确的是（　　）。
    A. 杆上物品必须吊取   B. 保持身体平衡
    C. 腰带不能束得过高   D. 可以借助上层带电架空线以保持身体平衡

117. ☆蓄电池至分电器触点之间断路是（　　）的故障原因之一。
    A. 点火次级电路断路   B. 点火次级电路短路

练习二 基础知识

C. 点火初级电路断路　　　　　　　D. 点火初级电路短路

118. ☆轮胎应当定期做动平衡检查，用（　　）检查。
   A. 静平衡检测仪　　　　　　　　B. 动平衡检测仪
   C. 扒胎机　　　　　　　　　　　D. 测功机

119. ☆下列各项中，对于轮毂异响故障的原因叙述不正确的是（　　）。
   A. 轮毂轴承与半轴套管配合处磨损严重　　B. 轮毂轴承外座圈与轮毂配合松动
   C. 轮毂轴承外座圈与后桥配合松动　　　　D. 半轴套管与后桥配合松动

120. ☆就车式平衡机按（　　）原理工作。
   A. 静平衡　　　　　　　　　　　B. 动平衡
   C. 平衡块　　　　　　　　　　　D. 以上选项均不正确

121. ☆检查、清洁电器元件时，不许用（　　）清洁电器元件。
   A. 汽油　　　　B. 湿布　　　　C. 干布　　　　D. 麂皮

122. ☆台虎钳的丝杠、螺母及其他活动表面（　　），并保持清洁。
   A. 要随用随加润滑油　　　　　　B. 要经常加润滑油
   C. 可以不加润滑油　　　　　　　D. 绝对不允许加润滑油

123. ☆更换水泵的水封总成后应进行（　　）试验，确保各处应无漏水。
   A. 水压　　　　B. 水流速　　　C. 漏水　　　　D. 水质

124. ☆当电解液中含有（　　）会造成蓄电池自放电故障。
   A. 盐酸　　　　B. 硝酸　　　　C. 蒸馏水　　　D. 杂质

125. ☆下列各项中，对于曲轴后油封的安装叙述正确的是（　　）。
   A. 将油封座孔槽清洗干净，在槽侧面涂一层润滑脂
   B. 把油封唇口处均匀涂上密封胶，然后用专用工具轻轻敲击其端面，将油封敲入油封座中
   C. 在安装曲轴后油封时应歪斜安装
   D. 将油封敲入油封座时不得歪斜

126. ☆下列各项中，对于手动变速器乱挡的故障现象叙述不正确的是（　　）。
   A. 自动脱挡　　　　　　　　　　B. 挂上挡后不能移至空挡
   C. 挂入的挡位与应该挂入的挡位不相符　　D. 一次同时挂两个挡

127. ☆汽油泵泵油压力过大可能是造成（　　）的故障原因之一。
   A. 混合气过稀　　B. 混合气过浓　　C. 发动机怠速不稳　　D. 发动机抖动

128. ☆下列各项中，（　　）不是混合气过浓故障的原因。
   A. 油箱油量过少　　　　　　　　B. 浮子室油面过高

C. 阻风门开度不足　　　　　　　　D. 空气滤清器堵塞

129. ☆柴油机燃料供给装置由柴油箱、输油泵、喷油泵、回油管、（　　）以及低、高压油路等组成。

　　A. 进油管　　　B. 喷油管　　　C. 喷油器　　　D. 滤清器

130. ☆（　　）属于压燃式发动机。

　　A. 汽油机　　　　　　　　　　　B. 煤气机

　　C. 柴油机　　　　　　　　　　　D. 以上选项均不正确

131. ☆（　　）轻柴油适合于高寒地区严冬使用。

　　A. -50 号　　　B. -10 号　　　C. 0 号　　　D. 10 号

132. ☆柴油机燃料系由燃料供给装置、空气供给装置、（　　）和废气排出装置组成。

　　A. 混合气形成装置　　　　　　　B. 混合气燃烧装置

　　C. 混合气传输装置　　　　　　　D. 混合气排出装置

133. ☆下列各项中，对于点火次级电路断路的故障原因叙述不正确的是（　　）。

　　A. 分火头漏电　　　　　　　　　B. 高压线短路

　　C. 高压线断路　　　　　　　　　D. 分电器中心炭极脱落

134. ☆X431 解码仪触摸屏应用（　　）书写。

　　A. 手指　　　　　　　　　　　　B. 专用的手写笔

　　C. 专用的手写笔或手指　　　　　D. 金属细丝

135. ☆ROM 表示（　　）。

　　A. 随机存储器　　B. 只读存储器　　C. 中央处理器　　D. 转换器

136. ☆更换喇叭时，喇叭通常固定在（　　）上。

　　A. 固定支架　　　B. 缓冲支架　　　C. 旋转支架　　　D. 固定支撑板

137. ☆转向节轴颈与轴承（　　）的配合应符合规定。

　　A. 中部　　　　　B. 外圈　　　　　C. 内圈　　　　　D. 右部

138. ☆转向失控时，需要检查的项目是（　　）。

　　A. 两前轮胎压　　　　　　　　　B. 钢板弹簧是否折断

　　C. 两侧轴距是否相等　　　　　　D. 以上选项都正确

139. ☆液压传动是以（　　）作为工作介质进行能量传递和控制的传动形式。

　　A. 固体　　　　　B. 液体　　　　　C. 气体　　　　　D. 机械力

140. ☆电器设备二级维护作业内容包括检查电解液密度，根据情况加注（　　）。

　　A. 盐酸　　　　　B. 硫酸　　　　　C. 井水　　　　　D. 蒸馏水

练习二 基础知识

141. ☆当发动机处于低速运转，发电机的端电压低于蓄电池电压时，由（   ）向用电设备供电。

    A. 发动机　　　　B. 发电机　　　　C. 起动机　　　　D. 蓄电池

142. ☆发动机怠速时熄火是（   ）故障的现象。

    A. 发动机怠速不良　　　　　　　　B. 发动机加速不良
    C. 发动机起动困难　　　　　　　　D. 发动机无法起动

143. ☆为进一步证明起动机离合器是否失效，应检查起动机的单向离合器的（   ）。

    A. 锁止力矩　　　B. 间隙　　　　　C. 卡滞　　　　　D. 装反

144. ☆（   ）用来吸收汽车空调系统中制冷剂中的水分。

    A. 储液干燥器　　B. 冷凝器　　　　C. 膨胀阀　　　　D. 蒸发器

145. ☆在制冷系统中，用作热交换器的是（   ）。

    A. 冷凝器　　　　B. 膨胀阀　　　　C. 储液干燥器　　D. 空调压缩机

146. ☆（   ）空气流量传感器可分为主流量方式和旁通流量方式两种。

    A. 翼板式　　　　B. 热线式　　　　C. 热膜式　　　　D. 卡门涡旋式

147. ☆热敏电阻式传感器的组成中，（   ）在环境温度降低时，其阻值升高；反之，其阻值降低。

    A. 负温度系数热敏电阻　　　　　　B. 正温度系数热敏电阻
    C. 填料　　　　　　　　　　　　　D. 壳体

148. ☆空气流量传感器是用来测量（   ）的装置。

    A. 混合气量　　　B. 燃油量　　　　C. 进气量　　　　D. 排气量

149. ☆氧化钛型氧传感器通常具有（   ）个二氧化钛元件。

    A. 1　　　　　　　B. 2　　　　　　　C. 3　　　　　　　D. 4

150. ☆氧化锆型氧传感器的输出特性与（   ）有关。

    A. 排气压力　　　　　　　　　　　B. 大气温度
    C. 排气管中氧含量　　　　　　　　D. 气体中二氧化碳含量

151. ☆氧化钛型氧传感器的半导体材料二氧化钛的阻值大小取决于（   ）。

    A. 周围环境的氧浓度　　　　　　　B. 周围环境的二氧化碳浓度
    C. 周围环境温度的高低　　　　　　D. 周围环境气压的高低

152. ☆氧化锆型氧传感器应安装在（   ）的位置。

    A. 进气温度高　　B. 进气温度低　　C. 排气温度高　　D. 排气温度低

153. ☆装有液压制动装置的汽车，行驶一定里程后，用手触摸各制动鼓均感觉发热，故障可

第一部分　理论知识

能是由（　　）引起的。

　　A. 制动主缸　　　　　　　　　　B. 制动蹄片

　　C. 制动鼓　　　　　　　　　　　D. 制动踏板自由行程过大

154. ☆车轮制动器制动蹄装配时，支承销其偏心部位（　　）靠边，此时两支承销外端面上标记也应相对。

　　A. 朝右　　　B. 朝左　　　C. 朝外　　　D. 朝内

155. ☆踏下制动踏板时，液压油推动分泵活塞向两侧撑开，将（　　）压向制动鼓，产生制动力。

　　A. 制动器　　　B. 制动蹄　　　C. 摩擦片　　　D. 回位弹簧

156. ☆下列各项中，有关车底安全操作不正确的是（　　）。

　　A. 不要直接躺在地上　　　　　　B. 不准对发动机进行起动检查

　　C. 不准拉紧驻车制动器　　　　　D. 不准用手试探螺孔

157. ☆电工作业时，停电检修时不正确的操作是（　　）。

　　A. 断开检修段的电源总开关　　　B. 约时送电

　　C. 挂警告牌　　　　　　　　　　D. 清除边角废料

158. ☆下列各项中，有关电工作业叙述不正确的是（　　）。

　　A. 电工服的袖口、裤管口必须扣紧　　　B. 应穿电工鞋

　　C. 应戴绝缘胶质手套　　　　　　　　　D. 以上三项都正确

159. ☆电工登高操作时，最好使用（　　）的梯子。

　　A. 铁架　　　B. 钢架　　　C. 铝架　　　D. 竹木

160. ☆一般清洗用的化学溶液可采用（　　）与热水的混合溶液。

　　A. 中性肥皂　　　B. 碱面　　　C. 稀酸　　　D. 酒精

161. ☆下列各项中，对乙基汽油有关说法不正确的是（　　）。

　　A. 有毒　　　　　　　　　　　　B. 无毒

　　C. 在修理车间须通风　　　　　　D. 避免人体接触

162. ☆对于汽油罐的使用，下列说法不正确的是（　　）。

　　A. 放在通风良好的地方

　　B. 小型汽油罐可以放在汽车的行李厢中

　　C. 容积在 3.8L 以上的油罐出口要有防火滤网

　　D. 严禁明火

练习二 基础知识

163. ☆发动机润滑系中用来储存润滑油的装置是（　　）。
   A. 集滤器　　　　B. 滤清器　　　　C. 油底壳　　　　D. 机油泵

164. ☆下列各项中，对《劳动法》有关规定理解正确的是（　　）。
   A. 享有所有权利
   B. 只享有平等就业的权利
   C. 享有一定的权利，又要履行一定的义务
   D. 不享有社会保险和福利的权利

165. 游标卡尺是一种能直接测量工件（　　）的中等精度量具。
   A. 长度、宽度、角度、直径
   B. 长度、宽度、粗糙度、直径
   C. 长度、宽度、深度、直径
   D. 宽度、深度、角度、直径

166. 在生产中通常把金属零件淬火加高温回火称为（　　）处理。
   A. 时效　　　　B. 调质　　　　C. 回火　　　　D. 退火

167. 在电磁学中，关于磁路的概念，下列说法正确的是（　　）。
   A. 磁力线所经过的路线
   B. 主磁通形成闭合回路所经过的路径
   C. 漏磁通形成闭合回路所经过的路径
   D. 主磁通与漏磁通共同经过的路径

168. 在电磁学中，穿出磁路节点的磁通的代数和恒等于零，这个定律称为（　　）。
   A. 法拉第电磁感应定律
   B. 楞次定律
   C. 磁路的基尔霍夫第一定律
   D. 磁路的基尔霍夫第二定律

169. 2.5t 以下的各种小轿车、面包车适宜选用（　　）进行举升。
   A. 气动式举升器
   B. 电动式举升器
   C. 液压式举升器
   D. 移动式举升器

170. 轿车类别代号是（　　）。
   A. 4　　　　B. 5　　　　C. 6　　　　D. 7

171. 下列各项中，对于发动机总成的拆装要领叙述正确的是（　　）。
   A. 拆下蓄电池的正极线及所有电线接头，并依次做好记号
   B. 放掉油底壳内的润滑油，并关闭油箱开关
   C. 拆下发动机罩后围、散热器等
   D. 将发动机平稳抬出

172. 汽车发动机一般采用多缸直列或（　　）结构。
   A. L 形　　　　B. H 形　　　　C. V 形　　　　D. 对置形

173. 手动变速器的齿轮、齿圈的啮入端（　　）方向形成锥形时，是造成自动脱挡的故障的原因之一。
   A. 齿顶　　　　B. 齿中　　　　C. 齿根　　　　D. 齿长

174. 当车桥（或车轮）与车架间的相对速度过大时，为避免承受过大的冲击载荷，要求（　　）起主要作用衰减振动。

    A. 导向装置　　　B. 减速器　　　C. 差速器　　　D. 减振器

175. 四冲程柴油机在进气行程时进入到气缸内的是（　　）。

    A. 空气　　　B. 柴油　　　C. 汽油　　　D. 可燃混合气

176. 曲轴要求用强度、冲击韧性和耐磨性都比较高的材料制造，一般都采用（　　）。

    A. 高级合金钢　　B. 中碳合金钢　　C. 镍铬不锈钢　　D. 低碳合金钢

177. 发动机工作时，曲轴正时齿轮带动（　　），使凸轮轴转动。

    A. 凸轮轴皮带轮　B. 凸轮轴正时齿轮　C. 发电机皮带轮　D. V形带轮

178. 更换气门座圈后，检查座圈上端面应与（　　）平面平齐，并将高出部分修平。

    A. 气门　　　B. 气缸体　　　C. 气缸盖　　　D. 气缸

179. 检查储液罐，如果冷却液变得污浊或充满水垢并低于最小线，应将冷却液（　　），并清洗冷却系。

    A. 补足　　　B. 全部放掉　　　C. 加水　　　D. 补充白酒

180. 等速万向节的基本原理是从结构上保证万向节在工作过程中，其传力点永远位于（　　）上。

    A. 两轴交点上　　　　　　　B. 两轴交点的平分面上
    C. 两轴交点的平分线上　　　D. 两轴交点的1/2处

181. 汽车在修理过程中，其维修质量取决于汽车修理的（　　）。

    A. 工艺规程　　　　　　　　B. 工艺设备
    C. 工作人员的工作素质　　　D. 以上选项都正确

二、判断题

1. （　　）★轿车类别代号是7。

2. （　　）★气缸盖衬垫安装在气缸套与气缸体之间。

3. （　　）★机油牌号中10W/30这种形式称为多级机油，可四季通用。

4. （　　）★汽车直线行驶时差速器不起差速作用。

5. （　　）★变速器操纵机构的互锁装置损坏能造成乱挡现象。

6. （　　）★主销内倾角可以调整其大小。

7. （　　）★四冲程汽油机可燃混合气需要点燃。

8. （　　）★节温器是润滑系的重要组成部件。

9. （　　）★离合器分离爪内端高低不一致能造成离合器发抖。

10. （　　）★离合器压紧弹簧过硬也是造成离合器打滑的原因。

11. （　　）☆游标卡尺按其测量功能不同可分为0.10mm、0.02mm和0.05mm三种。

练习二 基础知识

12. (   ) ☆百分表的工作原理是将测杆的角度位移转变为指针的直线位移。
13. (   ) ☆百分表是一种比较性测量仪器。
14. (   ) ☆板牙是加工外螺纹的工具，由切削部分、校准部分和排屑部分组成。
15. (   ) ☆白口铸铁属于有色金属。
16. (   ) ☆可焊性主要是指金属熔化后的流动性和冷凝性。
17. (   ) ☆延展性是指金属材料能够拉拔成线或能够碾轧成板的性能。
18. (   ) ☆柴油机在压缩行程中压缩的是可燃混合气。
19. (   ) ☆目前我国还没有制定出中负荷汽车齿轮油规格的国家标准。
20. (   ) ☆更换机油后，起动发动机，滤清器处应无机油泄漏。
21. (   ) ☆交流电的有效值是最大值的$\sqrt{2}$倍。
22. (   ) ☆蓄电池的电解液由专用盐酸和蒸馏水配制而成。
23. (   ) ☆电流表可以并联不同的电阻扩大其量程。
24. (   ) ☆逻辑电路是利用半导体的开关特性来工作的。
25. (   ) ☆晶体三极管共有三个PN结。
26. (   ) ☆普通电磁继电器由电磁铁和触点组成。
27. (   ) ☆通电导体与磁场平行时，导体电磁力最大。
28. (   ) ☆液压传动系统中的容积调速回路可实现无级调速。
29. (   ) ☆液压传动系统中的减压回路主要减主油路的压力。
30. (   ) ☆六轮汽车的六个轮有时都是驱动轮。
31. (   ) ☆转盘式清洗机主要用于整车清洗。
32. (   ) ☆干式气缸套的外表面可以与冷却水接触。
33. (   ) ☆发动机在使用中，任何水都可以直接作为冷却水加注。
34. (   ) ☆一般汽车多以前桥为转向桥，后桥为驱动桥。
35. (   ) ☆发动机的曲轴正时齿轮与凸轮轴正时齿轮的传动比为2∶1。
36. (   ) ☆乙二醇型冷却液易溶于水，加水可以任意配成各种冰点的冷却液。
37. (   ) ☆汽油的辛烷值越高其抗爆性能越好。
38. (   ) ☆发动机电控燃油喷射系统具有维修简单的特性。
39. (   ) ☆柴油机混合气是在燃烧室中形成的。
40. (   ) ☆磁场的本质是运动的电荷产生的。
41. (   ) ☆转向传动机构的作用是将转向器输出的转向力传送给转向车轮。
42. (   ) ☆蓄电池是起动系的组成部分。
43. (   ) ☆目前汽车采用的空调压缩机多为独立式的。
44. (   ) ☆节气门位置传感器有线性输入和开关量输入两种形式。

45. （   ）☆常见车用氧传感器的结构主要由锆管、铂电极及护罩等组成。
46. （   ）☆行车制动器的功用是使汽车停放可靠，防止汽车滑溜。
47. （   ）☆汽车维护的目的是贯彻"预防为主、强制维护"。
48. （   ）☆变速器在进行一级维护的检查时，应将变速器手柄置于倒车挡位置。
49. （   ）☆水是天然灭火剂，适用于B级火灾。
50. （   ）☆被围困浓烟区的人要短呼吸，匍匐穿过浓烟区。
51. （   ）☆电工在进行停电检修时要采用约时送电。
52. （   ）☆润滑系除了具有润滑作用外，还有冷却、清洁、密封和吸振等作用。
53. （   ）☆《劳动法》中所说的权利和义务是相互统一、互为条件的。
54. （   ）发动机润滑油往往使用很短时间颜色就会发黑，这是润滑油质量不好所导致的。
55. （   ）汽车行驶系由车架、车桥、车身和悬架等组成。
56. （   ）四冲程发动机完成一个工作循环进、排气门各开、闭两次。
57. （   ）曲轴前油封在安装时，密封唇即油封敞开端应朝向存油的一边。
58. （   ）大修的离合器应在装车前与曲轴飞轮组一起进行平衡。
59. （   ）采用液力挺杆的配气机构不需要预留气门间隙。
60. （   ）目前我国发动机所使用的冷却液几乎都是乙二醇型冷却液。
61. （   ）汽车传动系的基本功用是将发动机输出的动力传递给各车轮。

练习三 汽车维护理论知识

一、选择题

1. ★电器设备一级维护作业内容包括检查蓄电池液面高度，一般补充（   ）。
   A. 蒸馏水   B. 水   C. 硫酸   D. 盐酸

2. ★检查调整行车制动踏板自由行程和驻车制动自由行程是汽车底盘（   ）维护作业的内容。
   A. 一级   B. 二级   C. 日常   D. 特殊

3. ★下列各项中，不属于汽车底盘一级维护作业内容的是（   ）。
   A. 检查离合器片   B. 检查转向器
   C. 检查离合器自由行程   D. 检查轮胎气压

4. ★一级维护竣工检验技术要求中：转向臂、转向拉杆、制动操纵机构工作可靠，锁销（   ），转向杆球头、转向传动十字轴承、传动轴十字轴承（   ）。
   A. 可有可无   间隙可大些   B. 齐全有效   无松旷
   C. 无须检查   紧固   D. 紧固   无裂纹

5. ★一级维护竣工检验技术要求中：发动机前后悬挂、进排气歧管、散热器、轮胎、传动轴、车身、附件支架等外露件螺母（   ）。
   A. 必须齐全、紧固、无裂纹   B. 必须齐全、紧固、有裂纹
   C. 必须大多数齐全、紧固、无裂纹即可   D. 无须检查

6. ★汽车行驶7 500~8 000km应对空气滤清器进行（   ）。
   A. 更换   B. 维护   C. 检查   D. 冲洗

7. ★汽车维护中常用扭力扳手的规格为（   ）。
   A. 0~300N·m   B. 0~500N·m   C. 0~1 000N·m   D. 0~2 000N·m

8. ★汽车维护是指为维持（   ）或工作能力而进行的作业，应贯彻"预防为主、强制维护"的原则。
   A. 车容整洁   B. 汽车大修间隔里程
   C. 汽车完好技术状况   D. 机油量应位于油标尺上、下刻线之间

9. ★牌号5W/40、10W/40、20W/40为（   ）。
   A. 汽油机油   B. SF汽油机油   C. 柴油机油   D. SD汽油机油

10. ★机油牌号中，在数字后面带"W"字母的，（   ），数字代表黏度等级。
    A. 表示夏季使用机油   B. 表示柴油机油
    C. 表示汽油机油   D. 表示低温系列，W表示冬季使用

第一部分　理论知识

11. ★在汽车制造厂有特别说明或标明润滑油是汽油机和柴油机的通用油时,（　　）。
　　A. 可以任意通用　　　　　　　　B. 可在标明的级别内通用
　　C. 也不能通用　　　　　　　　　D. 大型货车可以通用

12. ★更换发动机机油时是（　　）。
　　A. 将汽车停放于平坦场地上,在前、后车轮外垫上止滑块
　　B. 将汽车停放于坡道上
　　C. 在冷车状态下
　　D. 润滑油黏度越大越好

13. ★拆装油底壳、变速器等设备的放油螺栓通常选用（　　）。
　　A. 内六角扳手　　B. 方扳手　　C. 钩形扳手　　D. 圆螺母扳手

14. ★在车速不高的平原地区,除冬季外,可选（　　）级的制动液。
　　A. JG0　　　　　B. JG1　　　　C. JG2　　　　D. JG3

15. ★按时更换发动机冷却液,（　　）应每 6 个月更换一次。
　　A. 长效防锈防冻液　　　　　　　B. 水
　　C. 普通冷却液　　　　　　　　　D. 甘油型冷却液

16. ★更换发动机冷却液的时间要求是长效防锈防冻液每（　　）更换一次。
　　A. 6 个月　　　B. 两年　　　　C. 一年　　　　D. 三年

17. ★汽车转向器一级维护的内容主要有检查（　　）、转向传动机构的工作状况和密封性,并校紧各螺栓。
　　A. 转向盘　　　B. 转向器　　　C. 转向传动轴　　D. 转向横拉杆

18. ★汽车二级维护时首先要进行检测,汽车进厂后,根据汽车技术档案的记录资料和驾驶员反映的汽车使用技术状况,（　　）。
　　A. 确定所需检测项目　　　　　　B. 进行技术评定
　　C. 进行维护作业　　　　　　　　D. 确定附加作业项目

19. ★《汽车运输业车辆技术管理规定》将汽车维护分为日常维护、一级维护、（　　）三个等级。
　　A. 发动机二级维护　　　　　　　B. 更换润滑油维护
　　C. 二级维护　　　　　　　　　　D. 轮胎维护

20. ★（　　）由维修企业进行,以检查、调整为中心内容。
　　A. 日常维护　　B. 一级维护　　C. 二级维护　　D. 三级维护

21. ★制动液更换一般在汽车行驶（　　）km。
　　A. 10 000~20 000　　　　　　　B. 20 000~30 000
　　C. 10 000~30 000　　　　　　　D. 20 000~40 000

22. ★进行汽车二级维护前,检查发动机的转速为（　　）r/min 时,点火提前角应为 9°。
　　A. 200　　　　B. 400　　　　C. 600　　　　D. 800

23. ★进行汽车二级维护前，检查发动机的转速为（　　）r/min 时，点火电压应为 8～10kV。
    A. 200　　　　　　B. 400　　　　　　C. 600　　　　　　D. 800
24. ★以下属于发动机二级维护作业内容的是（　　）。
    A. 拆检清洗机油盘、集滤器；检查曲轴轴承松紧度，校紧曲轴轴承螺栓、螺母
    B. 更换气门油封
    C. 更换曲轴前后油封
    D. 检查与更换节温器
25. ★以下不属于发动机二级维护内容的是（　　）。
    A. 按规定次序和扭矩校紧缸盖螺栓　　　B. 检查发动机支架的连接及损坏情况
    C. 更换气门油封　　　　　　　　　　　D. 检查、紧固、调整散热器及百叶窗
26. ★以下不属于柴油机喷油器二级维护技术要求的是（　　）。
    A. 供油提前角符合规定
    B. 喷油器雾化良好，无滴油、漏油现象
    C. 喷油压力符合规定，同一台柴油机的喷油压力差不超过 1.0MPa
    D. 清洗火花塞积碳，校正电极间隙，检查有无漏油现象
27. ★电器设备二级维护作业内容包括检查电解液密度，根据情况加注（　　）。
    A. 盐酸　　　　　　B. 硫酸　　　　　　C. 井水　　　　　　D. 蒸馏水
28. ★电器设备二级维护作业内容包括清除发电机滑环表面油污，清洗检查轴承，填充（　　）。
    A. 润滑脂　　　　　B. 机油　　　　　　C. 密封胶　　　　　D. 汽油
29. ★通常情况下，汽车每行驶 2 000～3 000km，必须进行一次（　　）。
    A. 一级维护　　　　B. 二级维护　　　　C. 日常维护　　　　D. 轮胎维护
30. ★下列各项中，（　　）是汽车底盘一级维护作业内容。
    A. 检查转向角　　　　　　　　　　　　B. 检查变速器润滑油质量
    C. 检查备胎　　　　　　　　　　　　　D. 检查减振器性能
31. ★紧固、润滑（　　）球头销是汽车底盘一级维护的作业内容。
    A. 前桥　　　　　　B. 后桥　　　　　　C. 传动轴　　　　　D. 支架
32. ★电器设备一级维护作业内容包括检查蓄电池液面高度，一般补充（　　）。
    A. 蒸馏水　　　　　B. 水　　　　　　　C. 硫酸　　　　　　D. 盐酸
33. ★清除蓄电池电桩及夹头氧化物是电器设备的（　　）的作业内容。
    A. 一级维护　　　　B. 二级维护　　　　C. 特殊维护　　　　D. 大修
34. ★电器设备在进行（　　）维护时，要求灯光、喇叭、仪表齐全有效。
    A. 一级　　　　　　B. 出车前　　　　　C. 特殊　　　　　　D. 日常
35. ★电器设备在进行一级维护时，要求蓄电池电解液液面（　　）极板 10～15mm。
    A. 低于　　　　　　B. 高于　　　　　　C. 等于　　　　　　D. 有时低于

36. ★二级维护前检测轿车，轮胎气压应符合规定：前轮（　　）kPa，后轮 190kPa；车轮动不平衡量为 0。
　　A. 180　　　　　　B. 200　　　　　　C. 300　　　　　　D. 400

37. ☆检查灯光、仪表、信号装置是电器设备（　　）维护的作业内容。
　　A. 一级　　　　　　B. 二级　　　　　　C. 三级　　　　　　D. 日常

38. ☆电器设备在进行（　　）维护时，要求蓄电池通风孔畅通。
　　A. 一级　　　　　　B. 二级　　　　　　C. 特殊　　　　　　D. 大修

39. ☆电器设备一级维护作业内容包括检查蓄电池电解液的液面高度，应（　　）。
　　A. 低于极板　　　　B. 高于极板　　　　C. 与极板等高　　　D. 充满整个容积

40. ☆在装配车轮制动器的支承销时应使其偏心部位朝（　　）靠边。
　　A. 左　　　　　　　B. 右　　　　　　　C. 外　　　　　　　D. 内

41. ☆汽车制动器的内张双蹄式鼓式制动器，以制动鼓的（　　）为工作表面。
　　A. 内圆柱面　　　　　　　　　　　　　B. 外圆柱面
　　C. 端面　　　　　　　　　　　　　　　D. 以上选项都不正确

42. ☆补充冷却液时，一定要等待发动机（　　）后再打开加水盖，以防止缸体变形。
　　A. 加速　　　　　　B. 制动　　　　　　C. 冷却　　　　　　D. 润滑

43. ☆在更换变速器齿轮油时，应先使变速器齿轮油升温，在齿轮油处于（　　）状态时，拧下放油孔螺塞，放出齿轮油，再将放油孔螺塞拧牢固。
　　A. 冷　　　　　　　B. 温热　　　　　　C. 常温　　　　　　D. 任意温度

44. ☆在加注变速器齿轮油时，应加入符合要求的新齿轮油，直到（　　）为止，然后装好检查孔螺塞。
　　A. 齿轮油从油位检查孔向外溢出　　　　B. 齿轮油距油位检查孔 20mm 处
　　C. 齿轮油距油位检查孔 30mm 处　　　　D. 齿轮油距油位检查孔 25mm 处

45. ☆按汽车使用说明书的要求，按期更换制动液，更换期一般为汽车行驶（　　）km。
　　A. 25 000～40 000　　　　　　　　　　B. 20 000～40 000
　　C. 20 000～30 000　　　　　　　　　　D. 25 000～45 000

46. ☆（　　）是以动植物脂肪酸钠皂稠化矿物润滑油制成的耐高温但不耐水的普通润滑脂。
　　A. 钙基润滑脂　　　　　　　　　　　　B. 钠基润滑脂
　　C. 通用锂基润滑脂　　　　　　　　　　D. 石墨钙基润滑脂

47. ☆润滑脂的使用性能包括低温性、高温性、抗水性和（　　）等。
　　A. 黏性　　　　　　B. 凝点　　　　　　C. 稠度　　　　　　D. 安定性

48. ☆下列各项中，对于轮胎换位的操作要点说法不正确的是（　　）。
　　A. 轮胎不论采用哪一种方法进行换位，都不会影响到轮胎的使用寿命
　　B. 换位后轮胎应按新的位置规定值充气
　　C. 做好标记或记录，以便以后换位方便

D. 翻新胎、有损伤的轮胎或磨损比较严重的轮胎不得安装在前轮

49. ☆轮胎应当定期做动平衡检查，用（　　）检查。
    A. 静平衡检测仪　　B. 动平衡检测仪　　C. 扒胎机　　D. 测功机

50. ☆检查紧固轮胎螺栓时，应按照规定的力矩（　　）进行。
    A. 对称　　B. 逐个　　C. 随便　　D. 中间间隔一个

51. ☆经过维护的汽车发动机的燃油经济性常用（　　）来评定。
    A. 油耗量（L）/50km　　　　　　B. 油耗量（L）/80km
    C. 油耗量（L）/100km　　　　　D. 油耗量（L）/120km

52. ☆维护后的发动机使用废气分析仪检测发动机的废气，当检测完毕后应（　　）。
    A. 立即抽出探头及时关闭分析仪
    B. 不得即时抽出探头，但应及时关闭分析仪，以防仪器过热
    C. 即时抽出探头，但应待分析仪回"0"后再关闭分析仪
    D. 不得即时抽出探头，待指针稳定5s后，才抽出探头并及时关闭分析仪

53. ☆汽车维护过程中，发动机点火系统直接影响发动机的性能，汽油机点火时间越早，发生爆燃的可能性将（　　）。
    A. 越大　　B. 越小　　C. 不变　　D. 与点火时间无关

54. ☆在对蓄电池进行维护时，快速充电的不足之处是（　　）。
    A. 易使蓄电池硫化　　　　　　B. 蓄电池容量不足
    C. 对极板的活性作用物质冲击大　　D. 只适用于免维护蓄电池

55. ☆对汽车上使用的免维护蓄电池的容量检测，从蓄电池上部的密度表中观察，如果密度表呈现（　　）色表示蓄电池的容量状况良好。
    A. 红　　B. 绿　　C. 黄　　D. 暗

56. ☆汽车的干荷蓄电池，在充注电解液后（　　）就可使用。
    A. 立即　　B. 静置10min　　C. 静置30min　　D. 静置50~60min

57. ☆给汽车蓄电池充电，应控制其温度不得超过（　　）。
    A. 40℃　　B. 45℃　　C. 50℃　　D. 55℃

58. ☆下列各项中，叙述不正确的是（　　）。
    A. 国家规定，汽车一级维护、小修及专项修理质量保证期为车辆行驶2 000km或者从出厂之日10天内
    B. 国家规定，整车修理或者总成修理质量保证期为车辆行驶1 000km或者从出厂之日80天内
    C. 国家规定，总成修理质量保证期为车辆行驶1 000km或者从出厂之日100天内
    D. 国家规定，总成修理质量保证期为车辆行驶50 000km或者从出厂之日100天内

59. ☆汽车二级维护的行驶里程为（　　）km。
    A. 5 000~10 000　　　　　　B. 10 000~15 000
    C. 20 000~30 000　　　　　D. 30 000~40 000

第一部分 理论知识

60. ☆以下不属于发动机曲轴轴承二级维护的技术要求的是（　　）。
    A. 曲轴径向和轴向间隙符合规定要求
    B. 连杆轴承间隙符合规定要求
    C. 清除火花塞积碳，矫正电极间隙
    D. 主轴承和连杆轴承螺栓拧紧力矩应符合规定要求

61. ☆下列各项中，对于底盘二级维护作业的技术要求叙述不正确的是（　　）。
    A. 变速器的油质和油面应符合要求　　B. 差速器齿轮损伤应不超过齿高的1/3
    C. 差速器齿轮损伤应不超过齿高的1/5　D. 转向盘自由转动量符合规定

62. ☆底盘二级维护作业内容包括检查紧固变速器（　　）凸缘螺母。
    A. 第一轴　　　　B. 第二轴　　　　C. 中间轴　　　　D. 倒挡轴

63. ☆底盘二级维护作业内容包括检查（　　）与分离轴承之间的间隙。
    A. 支承销　　　　B. 分离杠杆　　　C. 调整臂　　　　D. 横直拉杆

64. ☆底盘二级维护作业内容包括润滑变速器（　　）前轴承和分离轴承。
    A. 第一轴　　　　B. 第二轴　　　　C. 中间轴　　　　D. 倒挡轴

65. ☆发电机电刷二级维护作业的技术要求是磨损不超过基本尺寸的（　　）。
    A. 1/2　　　　　B. 1/3　　　　　C. 1/4　　　　　D. 1/5

66. ☆（　　）二级维护作业内容包括清除发电机滑环表面油污，清洗检查轴承，填充润滑脂。
    A. 电器设备　　　B. 底盘　　　　　C. 发动机　　　　D. 起动机

67. ☆二级维护前检测轿车轮胎，应无异常磨损。轮胎胎冠花纹深度应大于（　　）mm。
    A. 1.2　　　　　B. 1.6　　　　　C. 1.8　　　　　D. 2.0

68. ☆柴油发动机的（　　）开始压油到上止点为止的曲轴转角称为喷油提前角。
    A. 机油泵　　　　B. 汽油泵　　　　C. 输油泵　　　　D. 喷油泵

69. ☆柴油机燃料系由燃料供给装置、空气供给装置、（　　）和废气排出装置组成。
    A. 混合气形成装置　　　　　　　　　B. 混合气燃烧装置
    C. 混合气传输装置　　　　　　　　　D. 混合气排出装置

70. ☆柴油机燃料供给装置由柴油箱、输油泵、喷油泵、（　　）、回油管和低、高压油路等组成。
    A. 进油管　　　　B. 喷油管　　　　C. 喷油器　　　　D. 滤清器

71. ☆定位前检查轮胎，充气轮胎的内胎尺寸应比外胎内壁尺寸（　　）。
    A. 略大　　　　　B. 略小　　　　　C. 相等　　　　　D. 无规定

72. ☆前轮定位包括（　　）、主销内倾、车轮外倾和前轮前束4个参数。
    A. 主销前倾　　　B. 主销后倾　　　C. 主销外倾　　　D. 主销左倾

73. ☆前轮、前轴、转向节与（　　）的相对安装位置，称为转向车轮定位。
    A. 悬架　　　　　B. 半轴　　　　　C. 车架　　　　　D. 车桥

练习三　汽车维护理论知识

74. ☆汽车制动系一般包括两套独立的制动装置，一套是行车制动装置，另一套是（　　）装置。
    A. 紧急制动　　　　B. 安全制动　　　　C. 发动机制动　　　　D. 驻车制动
75. ☆（　　）装置通常由驾驶员用手操纵。
    A. 行车制动　　　　　　　　　　　　　B. 驻车制动
    C. 发动机制动　　　　　　　　　　　　D. 以上选项都不正确
76. ☆（　　）装置用于汽车行驶时减速或停车。
    A. 紧急制动　　　　B. 安全制动　　　　C. 行车制动　　　　D. 驻车制动
77. ☆驻车制动器可以配合（　　）进行紧急制动。
    A. 行车制动装置　　B. 气压制动装置　　C. 液压制动装置　　D. 手动拉杆
78. ☆（　　）装置用于停驶的汽车驻留在原位不动。
    A. 紧急制动　　　　B. 安全制动　　　　C. 行车制动　　　　D. 驻车制动
79. ☆发动机在发动前不应（　　）。
    A. 检查油底壳　　　　　　　　　　　　B. 检查冷却液
    C. 换挡开关在空挡位置　　　　　　　　D. 放开驻车制动器
80. ☆驻车制动器多安装在（　　）或分动器之后。
    A. 离合器　　　　　B. 变速器　　　　　C. 差速器　　　　　D. 主减速器
81. ☆转向系一般由（　　）和转向传动机构两部分组成。
    A. 转向横拉杆　　　B. 转向摇臂　　　　C. 转向节　　　　　D. 转向器
82. ☆汽车液压动力转向系统的原始动力来自（　　）。
    A. 蓄电池　　　　　B. 马达　　　　　　C. 发动机　　　　　D. 油泵
83. ☆转向系按使用能源不同分为机械式转向系和（　　）转向系两种。
    A. 电液式　　　　　　　　　　　　　　B. 电控液压式
    C. 动力式　　　　　　　　　　　　　　D. 以上选项均不正确
84. ☆（　　）是连接汽车转向系转向摇臂和转向节臂的杆件。
    A. 转向直拉杆　　　B. 转向横拉杆　　　C. 摇臂轴　　　　　D. 转向节
85. ☆有内胎的充气轮胎是由外胎、内胎和（　　）组成的。
    A. 胎圈　　　　　　B. 胎面　　　　　　C. 垫带　　　　　　D. 缓冲层
86. ☆高压充气轮胎的胎压是（　　）MPa。
    A. >0.5　　　　　　B. 0.5~0.7　　　　 C. 0.15~0.45　　　 D. >0.15
87. ☆对于三轴式五挡变速器，当处于空挡位置时，第一轴旋转，常啮合传动齿轮带动（　　）及其上的各齿轮旋转。
    A. 中间轴　　　　　B. 第二轴　　　　　C. 倒挡轴　　　　　D. 输出轴
88. ☆变速器挂挡后不能脱回空挡，应拆下（　　），检查操纵杆下端弧形工作面和拨叉导块凹槽磨损是否过大。

　　A. 互锁装置　　　　B. 传动装置　　　　C. 变速器操纵杆　　D. 拨叉

89. ☆三轴式五挡变速器的1挡、倒挡从动齿轮与（　　）以矩形花键连接。

　　A. 中间轴　　　　　B. 输出轴　　　　　C. 输入轴　　　　　D. 倒挡轴

90. ☆汽车前轮高速摆头的可能原因是（　　）。

　　A. 前钢板弹簧刚度过小　　　　　　　　B. 前轮过载

　　C. 车架变形　　　　　　　　　　　　　D. 前轮胎气压不足

91. 属于预防性维护作业的是（　　）。

　　A. 日常维护　　　　B. 一级维护　　　　C. 二级维护　　　　D. 三级维护

92. 进行汽车二级维护前，检查发动机的转速为（　　）r/min时，单缸发动机断火转速下降应不小于90r/min。

　　A. 600　　　　　　B. 800　　　　　　C. 1 000　　　　　　D. 1 200

93. 更换发动机润滑油时汽油机润滑油和柴油机润滑油（　　）。

　　A. 一般不能通用　　　　　　　　　　　B. 牌号相差不大时可以通用

　　C. 夏季可以通用　　　　　　　　　　　D. 冬季可以通用

94. 检查储液罐，如果冷却液变得污浊或充满水垢并低于最小线，应将冷却液（　　）并清洗冷却系。

　　A. 补足　　　　　　B. 全部放掉　　　　C. 加水　　　　　　D. 补充白酒

95. 发电机二级维护作业中要求电刷与滑环的接触面积（　　），且滑环表面光滑。

　　A. <75%　　　　　B. >75%　　　　　C. <70%　　　　　D. >70%

96. 进行汽车二级维护前，检查发动机的转速为1 200r/min时，点火提前角应为（　　）±1°。

　　A. 9°　　　　　　B. 11°　　　　　　C. 13°　　　　　　D. 15°

97. 电器设备二级维护作业内容包括清洁蓄电池表面和极桩，并在接线头上涂（　　）。

　　A. 润滑脂　　　　　B. 不干胶　　　　　C. 密封胶　　　　　D. 绝缘胶

98. 汽车一级维护工艺过程是进厂、（　　）、竣工检验、出厂等。

　　A. 更换机油　　　　B. 更换冷却液　　　C. 作业　　　　　　D. 作预算

99. 下列各项中，属于汽车底盘二级维护作业内容的是（　　）。

　　A. 检查曲轴磨损　　　　　　　　　　　B. 检查变速器齿轮

　　C. 检查离合器片厚度　　　　　　　　　D. 检查调整气门间隙

100. 手动变速器在进行维护检查时，首先应将变速器手柄置于（　　）挡位置。

　　A. 前进　　　　　　B. 滑行　　　　　　C. 倒车　　　　　　D. 空

101. 发动机一级维护作业的内容主要有更换发动机机油和（　　）、补充冷却液、维护或更换空气滤清器滤芯、清洁火花塞、维护燃料系统、维护点火系统等。

　　A. 机油滤清器　　　B. 制动液　　　　　C. 冷却液　　　　　D. 高压线

练习三　汽车维护理论知识

102. 一级维护竣工检验技术要求中：转向器、变速器、驱动桥的润滑油面，应在检视口下沿（　　）处，通风孔应畅通；变速器、减速器的凸缘螺母紧固可靠。
    A. 15～25mm　　　B. 0～25mm　　　C. 0～15mm　　　D. 20mm

103. 为了检查、清洁电器元件而拆卸蓄电池电缆时，（　　）。
    A. 应先拆负极　　　　　　　　　B. 应先拆正极
    C. 正、负极同时拆卸　　　　　　D. 正、负极拆装顺序没有要求

104. 更换发动机润滑油技术要求是润滑油量应位于油标尺（　　）。
    A. 上刻线以上或下刻线以下　　　B. 上刻线与下刻线之间
    C. 上刻线以上　　　　　　　　　D. 任意位置即可

105. 一级维护竣工检验技术要求中：各润滑脂油嘴齐全有效，安装位置正确，所有润滑点（　　）。
    A. 可不润滑　　　　　　　　　　B. 无须检查
    C. 需清洁　　　　　　　　　　　D. 均已润滑，无遗漏

106. 制动液应按汽车使用说明书的要求按期更换，其更换期一般为（　　）年。
    A. 1　　　　　B. 1.5　　　　　C. 2　　　　　D. 2.5

107. 汽车进行二级维护时，依据检测结果及汽车实际技术状况进行故障诊断，从而确定（　　），附加作业项目确定后与基本作业项目一并进行二级维护作业。
    A. 技术状况　　　B. 工时内容　　　C. 检验内容　　　D. 附加作业项目

108. 下列各项中，属于二级维护内容的是（　　）。
    A. 检查、调整转向节　　　　　　B. 更换活塞环
    C. 更换活塞销　　　　　　　　　D. 检查曲轴轴向间隙

109. 汽车底盘一级维护要求各润滑脂油嘴齐全有效，安装位置正确，所有润滑点（　　）。
    A. 均已润滑　　　B. 部分润滑　　　C. 无须润滑　　　D. 需清洁

二、判断题

1. （　　）★在底盘二级维护作业中，要求轮胎螺栓规格一致。
2. （　　）★二级维护前检测轿车时，轮胎车轮动不平衡量为0。
3. （　　）★行车制动器的功用是使汽车停放可靠，防止汽车滑溜。
4. （　　）★二级维护过程中检验项目的技术要求应满足有关技术要求或规范。
5. （　　）★包括驾驶员座位在内最多不超过9个座位，封闭车身，用于载运乘客的汽车称为商用车。
6. （　　）☆《汽车运输业车辆技术管理规定》将汽车维护分为常规检查、日常维护、一级维护、二级维护4个等级。
7. （　　）☆《汽车运输业车辆技术管理规定》将汽车大修分为日常维护、一级维护、二级维护三个等级。
8. （　　）☆检查清除电桩及夹头氧化物是电器设备一级维护作业内容之一。

第一部分 理论知识

9. (　　) ☆在安装万向传动装置时,油嘴的方向应便于加注润滑脂,十字轴也不可装反。

10. (　　) ☆安装火花塞时,如果拧入费力,千万不能强行拧入,以免损坏螺纹孔。

11. (　　) ☆《汽车维护、检测、诊断技术规范》是汽车二级维护质量保证体系必不可少的组成部分。

12. (　　) ☆机油牌号中,在数字后面带"W"字母的表示夏季使用机油,数字代表黏度等级。

13. (　　) ☆在汽车制造厂有特别说明或标明润滑油是汽油机和柴油机的通用油时,可以任意通用。

14. (　　) ☆根据制动液的组成和特性,一般分为醇型、醇醚型、脂型、柴油型和硅油型5种。

15. (　　) ☆各种制动液不能混用。

16. (　　) ☆为了使轮胎不过度磨损,应在轮胎维修时进行轮胎换位。

17. (　　) ☆一级维护的质量保证期为车辆行驶300km或从出厂之日2天内。

18. (　　) ☆维护后的发动机使用废气分析仪检测发动机的废气,当检测完毕后应立即抽出探头并及时关闭分析仪。

19. (　　) ☆免维护蓄电池在启用前,由于极板表面会有一定程度的氧化,应对其进行充电处理。

20. (　　) ☆汽车维修设备的维护一般采用二级维护制度。

21. (　　) ☆国家规定,汽车小修质量保证期为车辆行驶1 000km或从出厂之日5天内。

22. (　　) ☆汽车每行驶2 000～3 000km,必须进行一次二级维护,由专业维修工负责实施。

23. (　　) ☆发电机二级维护作业中要求电刷与滑环的接触面积小于70%,且滑环表面光滑。

24. (　　) ☆行车制动装置和驻车制动装置都由制动器和制动传动机构组成。

25. (　　) ☆制动鼓的功用是使汽车停放可靠,防止汽车滑溜,便于上坡起步。

26. (　　) ☆超低压轮胎的胎压应小于0.5MPa。

27. (　　) ☆充气轮胎按胎面花纹的不同可分为普通花纹轮胎、越野花纹轮胎和混合花纹轮胎。

28. (　　) ☆手动变速器在拆装时应注意零部件上的标记和配合要求。

29. (　　) ☆变速器与飞轮壳固定螺栓紧固过紧能造成离合器发抖。

30. (　　) 进行汽车二级维护前,检查发动机的转速到800r/min时,点火提前角应为7°。

31. (　　) 一般情况下润滑脂的稠度等级多选用2号。

32. (　　) 更换发动机润滑油时,汽油机润滑油和柴油机润滑油牌号相差不大时可以通用。

33. (　　) 一般情况下,发动机冷却液三年不需要更换,只需要补充。

34. (　　) 汽车在进行一级维护作业时应检查转向传动轴十字轴承,确保传动轴十字轴承应无松旷现象。

35. （   ）起动机的直流串励式电动机将蓄电池的电能转换为机械能，产生转矩，从而起动发动机。
36. （   ）翼板式空气流量传感器通常安装在电动机上。
37. （   ）车用压力传感器主要是排气管压力传感器。
38. （   ）一般汽车的驱动桥主要由主减速器、差速器、半轴和驱动桥壳等组成。
39. （   ）大修的离合器应在装车前与曲轴飞轮组一起进行平衡试验。
40. （   ）当汽车采用非独立悬架时，车桥都是断开式的。
41. （   ）检查紧固全车线路不是电器设备二级维护作业的内容。
42. （   ）为诊断和排除汽油发动机油路故障，需要掌握发动机动力及烟度等情况。
43. （   ）热敏电阻式传感器中的热敏元件是一个电阻器。
44. （   ）汽车维护的目的是减少汽车噪声和排放的污染物对环境的污染。

练习四　检修汽车发动机理论知识

一、选择题

1. ★直列四缸四冲程发动机曲拐布置形式分为 1-3-4-2 和（　　）两种。
   A. 1-3-2-4　　　　B. 1-2-4-3　　　　C. 1-4-2-3　　　　D. 1-2-3-4

2. ☆发动机高速运转时由（　　）向蓄电池充电。
   A. 分电器　　　　B. 交流发电机　　　C. 电动机　　　　D. 起动机

3. ☆三相同步交流发电机的组成中（　　）用来产生三相交流电。
   A. 转子总成　　　B. 定子总成　　　　C. 电刷　　　　　D. 电刷架

4. ☆三相同步交流发电机的组成中（　　）又称为电枢。
   A. 定子总成　　　B. 转子总成　　　　C. 电刷　　　　　D. 电刷架

5. ☆汽车中除了蓄电池外，另一个重要电源是（　　）。
   A. 电动机　　　　B. 起动机　　　　　C. 点火线圈　　　D. 交流发电机

6. ☆下列选项中能把其他形式的能转换为电能的是（　　）。
   A. 电动机　　　　B. 发电机　　　　　C. 开关　　　　　D. 继电器

7. ☆当发动机处于低速运转时，发电机的端电压低于蓄电池电压时，由（　　）向用电设备供电。
   A. 发动机　　　　B. 发电机　　　　　C. 起动机　　　　D. 蓄电池

8. ☆交流发电机过载时，（　　）可协同发电机向用电设备供电。
   A. 分电器　　　　B. 电动机　　　　　C. 蓄电池　　　　D. 起动机

9. ☆发电机正常发电现象为发动机（　　）运转时，电流表放电的指示灯熄灭。
   A. 高于怠速　　　B. 500 r/min　　　　C. 400 r/min　　　D. 550 r/min

10. ☆在发动机运转及汽车行驶的大部分时间中，由（　　）向用电设备供电。
    A. 电动机　　　　B. 起动机　　　　　C. 点火线圈　　　D. 交流发电机

11. ☆发电机电刷二级维护作业的技术要求是磨损不超过基本尺寸的（　　）。
    A. 1/2　　　　　B. 1/3　　　　　　C. 1/4　　　　　　D. 1/5

12. ☆清洁发电机前，应拆下（　　）上的硅整流组合件的保护罩，拆下固定在硅整流组合件上的定子线圈的三个接线头固定螺栓，将发电机的定子线路与硅整流组合件线路分离。
    A. 前端盖　　　　B. 后端盖　　　　　C. 带轮　　　　　D. 轴承盖

13. ☆清洁发电机前，应拆下带轮固定螺母，用（　　）拉下带轮，取下风扇，剔下转子轴上的半圆键，拉下前端盖。
    A. 螺丝刀　　　　B. 尖嘴钳子　　　　C. 拉拔器　　　　D. 撬棍

练习四　检修汽车发动机理论知识

14. ☆发电机不发电故障可能是（　　）。
   A. 风扇损坏　　　B. 风扇V带装反　　　C. 发电机V带损坏　　　D. 风扇叶片损坏
15. ☆起动系的功用是将（　　）的电能转变为机械能，产生转矩，起动发动机。
   A. 发电机　　　B. 蓄电池　　　C. 电容器　　　D. 点火线圈
16. ☆起动机一般由直流电动机、传动机构和（　　）三部分组成。
   A. 电磁开关　　　B. 吸拉线圈　　　C. 点火开关　　　D. 减速机构
17. ☆发动机起动时，蓄电池可向起动机提供高达（　　）A的起动电流。
   A. 100～200　　　B. 100～300　　　C. 200～300　　　D. 200～600
18. ☆在车上使用起动机，每次起动时间不准超过（　　）s，再次起动时间应间隔15s。
   A. 15　　　B. 12　　　C. 8　　　D. 5
19. ☆起动发动机时，接通点火开关至起动挡，起动机不转，应检查起动机电磁开关保持线圈是否（　　），若有应予以更换。
   A. 击穿　　　B. 锈蚀　　　C. 断路　　　D. 搭铁
20. ☆为进一步证明起动机离合器是否失效，应检查起动机的单向离合器的（　　）。
   A. 锁止力矩　　　B. 间隙　　　C. 卡滞　　　D. 装反
21. ☆汽车用的起动机电机一般为直流串励式电动机，这种电动机（　　）。
   A. 可在高速时产生较大的扭矩　　　B. 可在高速时产生较大的电流
   C. 可在低速时产生较大的扭矩　　　D. 可在低速时产生较大的电流
22. ☆起动机的组成中，（　　）在发动机起动后使起动机驱动齿轮与飞轮起动齿环脱离，起到保护作用。
   A. 单向离合器　　　B. 控制装置　　　C. 电刷　　　D. 电枢
23. ☆在使用时，靠起动机磁极的电磁吸力使电枢轴向移动而使传动小齿轮与飞轮齿环进入啮合的起动机是（　　）。
   A. 直接操纵式　　　B. 惯性啮合式　　　C. 移动电枢啮合式　　　D. 强制啮合式
24. ☆液压转向助力泵的作用是将发动机的（　　）变为驱动转向动力缸工作的液压能，再由转向动力缸输出转向力，驱动转向轮转向。
   A. 机械能　　　B. 热能　　　C. 化学能　　　D. 转矩
25. ☆液压转向助力泵的类型有齿轮式、（　　）和转子式。
   A. 柱塞式　　　B. 叶片式　　　C. 活塞式　　　D. 齿条式
26. ☆转向油泵的拆卸顺序是（　　）。①拆卸转向油泵后支架上的固定螺栓；②拆卸油泵上回油软管的高压软管的泄放螺栓排放ATF润滑油；③举升车辆；④拆卸转向油泵前支架上的张紧螺栓；⑤松开转向油泵中心支架上的固定螺母和螺栓。
   A. ①②③④⑤　　　B. ③②④①⑤　　　C. ③②⑤①④　　　D. ②①③⑤④
27. ☆（　　）的作用是封闭气缸上部，并与活塞顶部和气缸壁一起形成燃烧室。
   A. 气缸盖　　　B. 气缸体　　　C. 气缸垫　　　D. 气缸套

35

28. ☆（　　）是发动机各个机构和系统的装配基体，并由它来保持发动机各运动件相互之间的准确位置关系。

　　A. 气缸盖　　　　B. 气缸体　　　　C. 气缸套　　　　D. 气缸垫

29. ☆气缸垫用来保证气缸体与（　　）结合面间的密封，防止漏气、漏水。

　　A. 气缸套　　　　B. 活塞　　　　　C. 气门室罩盖　　D. 气缸盖

30. ☆目前应用较多的有三种气缸垫，分别是金属—石棉气缸垫、（　　）和金属片气缸垫。

　　A. 金属骨架—石棉垫　　　　　　　B. 金属骨架—塑胶垫

　　C. 石棉气缸垫　　　　　　　　　　D. 塑胶气缸垫

31. ☆活塞的基本结构由顶部、头部、（　　）三部分组成。

　　A. 活塞销　　　　B. 裙部　　　　　C. 上部　　　　　D. 裙边

32. ☆活塞顶部形状与燃烧室形式有关，一般有（　　）、凸顶和凹顶三种。

　　A. 平顶　　　　　B. 尖顶　　　　　C. 圆顶　　　　　D. ω形

33. ☆气环的作用是保证活塞与气缸壁间的密封，防止高温、高压的燃气漏入曲轴箱，同时将活塞顶部的热量传导到（　　），再由冷却液或空气带走。一般发动机每个活塞上装有两三道气环。

　　A. 气缸垫　　　　B. 气缸盖　　　　C. 气缸体　　　　D. 气缸壁

34. ☆油环用来刮除气缸壁上多余的（　　），并在气缸壁上布上一层均匀的油膜。通常发动机上有一两道油环。

　　A. 冷却液　　　　B. 机油　　　　　C. 齿轮油　　　　D. 黄油

35. ☆活塞环有气环和（　　）两种。

　　A. 扭曲环　　　　B. 矩形环　　　　C. 锥形环　　　　D. 油环

36. ☆气环有5种结构形式：扭曲环、矩形环、锥形环、（　　）和桶面环。

　　A. 组合环　　　　B. 棱形环　　　　C. 梯形环　　　　D. 斜面环

37. ☆活塞销的作用是连接活塞和连杆小头，将（　　）承受的气体作用力传给连杆。

　　A. 曲轴　　　　　B. 活塞　　　　　C. 连杆　　　　　D. 飞轮

38. ☆活塞销的连接方式有两种：全浮式和（　　）。

　　A. 分体式　　　　B. 整体式　　　　C. 半浮式　　　　D. 固定式

39. ☆连杆组的作用是将活塞承受的力传给（　　），推动曲轴转动对外输出转矩。

　　A. 连杆　　　　　B. 曲轴　　　　　C. 活塞销　　　　D. 飞轮

40. ☆连杆组件包括连杆、连杆盖、（　　）、连杆螺栓等。

　　A. 卡环　　　　　B. 主轴瓦　　　　C. 活塞销　　　　D. 连杆轴承

41. ☆连杆由小头、（　　）、大头三部分组成。

　　A. 中段　　　　　B. 杆身　　　　　C. 端盖　　　　　D. 衬套

42. ☆V形发动机由于左右两缸的连杆装在同一个连杆轴颈上，因此其结构随安装布置而不同，有并列式、主副连杆式和（　　）三种形式。

练习四 检修汽车发动机理论知识

  A. 叉形连杆式 B. 对置式 C. Y形连杆式 D. V形

43. ☆（ ）的功用是将活塞连杆组传来的气体作用力转变为扭矩并输出动力。

  A. 曲轴 B. 连杆 C. 活塞销 D. 飞轮

44. ☆气门组一般由气门、气门导管、（ ）、气门弹簧、气门弹簧座、气门锁片（锁销）等零件组成。

  A. 凸轮轴 B. 气门传动组 C. 挺柱 D. 气门座

45. ☆气门传动组一般包括凸轮轴驱动件、凸轮轴、气门挺杆、（ ）、摇臂及摇臂轴总成等。

  A. 曲轴 B. 气门弹簧 C. 推杆 D. 气门导管

46. ☆（ ）的功用是用来控制各气缸的进、排气门的开闭时刻，使之符合发动机工作次序和配气相位的要求，同时控制气门开度的变化规律。

  A. 推杆 B. 凸轮轴 C. 正时齿轮 D. 气门导管

47. ☆发动机工作时，曲轴正时齿轮带动（ ），使凸轮轴转动。

  A. 凸轮轴皮带轮   B. 凸轮轴正时齿轮

  C. 发电机皮带轮   D. V形皮带轮

48. ☆凸轮轴主要由（ ）和凸轮轴轴颈组成。

  A. 凸轮轴正时齿轮 B. 齿条式 C. 凸轮 D. 铰链式

49. ☆凸轮轴分为进气凸轮轴和（ ）两种。

  A. 排气凸轮轴 B. 曲轴 C. 凸轮轴 D. 偏心轴

50. ☆凸轮轴的传动方式可分为齿轮式、链条式和（ ）。

  A. 铰链式 B. 齿条式 C. 绳索式 D. 齿带式

51. ☆四冲程发动机曲轴与凸轮轴之间的传动比为（ ）。

  A. 1∶2 B. 2∶1 C. 1∶3 D. 3∶1

52. ☆四冲程发动机曲轴旋转（ ），凸轮轴旋转（ ）。

  A. 180° 360° B. 360° 360° C. 360° 720° D. 720° 360°

53. ☆四冲程发动机凸轮轴正时齿轮齿数是曲轴正时齿轮的（ ）倍。

  A. 1 B. 2 C. 3 D. 4

54. ☆四冲程发动机凸轮轴旋转一周，曲轴旋转（ ）。

  A. 半周 B. 一周 C. 二周 D. 三周

55. ☆（ ）是指为保证气门关闭严密，通常发动机在冷态装配时，在气门杆尾端与气门驱动零件（摇臂、挺柱或凸轮）之间留有适当的间隙。

  A. 气门重叠角 B. 气门间隙 C. 配气相位 D. 配气相位图

56. ☆气门间隙的大小由发动机制造厂根据试验确定，如果间隙（ ），发动机在热态下可能会漏气，导致功率下降，甚至将气门烧坏。

  A. 过小 B. 过大 C. 过大或过小 D. 以上选项都不正确

57. ☆如果气门间隙（　　），则传动零件之间以及气门与气门座之间将产生撞击并发出响声，一方面加剧了零件的磨损，同时也会使气门开启的持续时间减少，气缸的充气及排气情况变坏。

　　A. 过小　　　　　B. 过大　　　　　C. 过大或过小　　　D. 三者都不正确

58. ☆清洁起动机前，应拆下连接驱动端盖与后端盖上的两个长螺栓，将（　　）与定子总成、驱动端盖分离。

　　A. 前端盖　　　　B. 后端盖　　　　C. 壳体　　　　　　D. 轴承

59. ☆以下不属于发动机拆装作业技术要求的是（　　）。

　　A. 拆下空气滤清器，更换滤芯

　　B. 更换的机油粗、细滤清器密封圈应完好有效，油道（喷孔）畅通，性能良好

　　C. 清除火花塞积碳，矫正电极间隙

　　D. 气缸盖螺栓齐全完好，其拧紧扭矩符合车型技术要求

60. ☆以下各项中不属于发动机拆装作业的技术要求是（　　）。

　　A. 校紧曲轴主轴承和连杆轴承螺栓，其扭矩符合车型技术要求

　　B. 燃料供给装置、空气供给装置和混合气形成装置等

　　C. 油底壳衬垫完好有效，曲轴箱油面高度符合要求

　　D. 发动机支架无断裂，发动机支承垫齐全完好，螺栓螺母紧固

61. ☆曲轴后油封在安装时，应将油封座孔槽清洗干净，在槽侧面涂一层（　　）。

　　A. 密封胶　　　　B. 机油　　　　　C. 柴油　　　　　　D. 润滑脂

62. ☆下列各项中，对于更换曲轴后油封的拆卸叙述正确的是（　　）。

　　A. 对整体式油封要从曲轴端部四周轻敲油封

　　B. 用螺丝刀将油封取出

　　C. 对两半式油封，则可以用旋具将其撬出

　　D. 拆下机油集滤器，放入工件盘

63. ☆发动机进排气歧管的紧固，应由（　　）拧紧固定螺栓。

　　A. 两端向中间交叉　　　　　　　　　B. 中间向两端对称

　　C. 随意　　　　　　　　　　　　　　D. 从左向右

64. ☆紧固发动机气缸盖螺栓时要求自中间向两端交叉（　　）拧紧力矩。

　　A. 随意　　　　　　　　　　　　　　B. 尽可能

　　C. 均匀拧紧到规定的　　　　　　　　D. 均匀拧紧到

65. ☆进、排气门同时开启的角度称为（　　）。

　　A. 气门叠开角　　B. 气门叠开　　　C. 配气相位　　　　D. 配气相位图

66. ☆气门锥面与顶平面的夹角称为（　　）。

　　A. 气门叠开角　　B. 配气相位　　　C. 气门夹角　　　　D. 气门锥角

练习四 检修汽车发动机理论知识

67. ☆常见的气门锥角有（　　）和45°两种，一般选择做成45°。
    A. 10°　　　　　　B. 20°　　　　　　C. 30°　　　　　　D. 60°
68. 曲柄连杆机构在做功行程中，活塞承受燃烧气体产生的膨胀压力时，通过连杆使（　　）的直线运动变为曲轴的旋转运动，向外输出动力。
    A. 活塞　　　　　　B. 连杆　　　　　　C. 活塞销　　　　　D. 飞轮
69. 多缸发动机曲柄连杆机构的形式取决于（　　）。
    A. 冲程数　　　　　　　　　　　　　　B. 燃料
    C. 气缸数与气缸的布置形式　　　　　　D. 着火方式
70. 曲柄连杆机构的零件按其机构特点和运动形式分为缸体曲轴箱、活塞连杆组和（　　）。
    A. 曲轴组　　　　　B. 飞轮组　　　　　C. 曲柄组　　　　　D. 曲轴飞轮组
71. （　　）的作用是将活塞的直线往复运动转变为曲轴的旋转运动并输出动力。
    A. 配气机构　　　　B. 曲柄连杆机构　　C. 起动系　　　　　D. 点火系
72. 根据气缸的排列方式不同，气缸体可分为直列式、（　　）和对置式。
    A. V形　　　　　　B. X形　　　　　　C. Y形　　　　　　D. 龙门式
73. 按气缸体与油底壳安装平面位置不同可分为龙门式、（　　）和一般式。
    A. 风冷式　　　　　B. 水平对置式　　　C. 直列式　　　　　D. 隧道式
74. 根据《汽车发动机气缸体与气缸盖修理技术条件》（GB T3801—1983）的技术要求，气缸套上端面应不低于气缸体上平面，也不高出（　　）mm。
    A. 0.10　　　　　　B. 0.075　　　　　　C. 0.05　　　　　　D. 0.25
75. 发动机气缸沿径向的磨损呈不规则的（　　）。
    A. 圆形　　　　　　B. 圆柱形　　　　　C. 圆锥形　　　　　D. 椭圆形
76. 在测量发动机气缸磨损程度时，为准确起见，应在不同的位置和方向共测出至少（　　）个值。
    A. 2　　　　　　　B. 4　　　　　　　C. 6　　　　　　　D. 8
77. 燃烧室的类型有半球形、（　　）和盆形。
    A. 统一式　　　　　B. 楔形　　　　　　C. 方形　　　　　　D. 锥形
78. （　　）燃烧室结构紧凑，热损失少，热效率较高。
    A. 统一式　　　　　B. 分开式　　　　　C. 涡流室式　　　　D. 预燃室式
79. 柴油机混合气的形成和燃烧是在（　　）进行的。
    A. 进气管　　　　　B. 输油泵　　　　　C. 燃烧室　　　　　D. 喷油器
80. 下列各项中，不属于气缸体裂纹的主要原因的是（　　）。
    A. 车辆在严寒季节，停车后没有及时放净发动机水道和散热器内的冷却水
    B. 发动机过热时，突然添加冷水
    C. 气缸体铸造时残余应力的影响及气缸盖在生产中壁厚过薄，强度不足
    D. 气缸体螺栓拧紧力矩过大

第一部分　理论知识

81. 检验发动机气缸盖和气缸体裂纹，可用压缩空气。空气压力为（　　）kPa，保持5min，并且无泄漏。
   A. 294～392　　　B. 192～294　　　C. 392～490　　　D. 353～441

82. 根据《汽车发动机气缸体与气缸盖修理技术条件》（GB T3801—1983）的技术要求，燃烧室容积不小于原设计（　　）值的95%。
   A. 最小尺寸　　　B. 最小极限　　　C. 最大尺寸　　　D. 最大极限

83. 根据《汽车发动机缸体与气缸盖修理技术条件》（GB T3801—1983）的技术要求，气门导管与承孔的配合过盈量一般为（　　）mm。
   A. 0.01～0.04　　B. 0.01～0.06　　C. 0.02～0.04　　D. 0.20～0.06

84. 根据《汽车发动机气缸体与气缸盖修理技术条件》（GB T3801—1983）的技术要求，气缸体上平面50×50（mm）测量范围内平面度误差应不大于（　　）mm。
   A. 0.01　　　　　B. 0.04　　　　　C. 0.05　　　　　D. 0.10

85. 气缸体翘曲变形多用（　　）进行检测。
   A. 百分表和塞尺　　　　　　　　B. 塞尺和直尺
   C. 游标卡尺和直尺　　　　　　　D. 千分尺和塞尺

86. 发动机气缸体轴承座孔同轴度检验仪主要由定心轴套、定心轴、球形触头、百分表及（　　）组成。
   A. 等臂杠杆　　　B. 千分表　　　　C. 游标卡尺　　　D. 定心器

87. 发动机镗缸后的气缸圆度和圆柱度误差应小于（　　）mm。
   A. 0.0005　　　　B. 0.005　　　　　C. 0.05　　　　　D. 0.5

88. 发动机活塞环的安装间隙包括端隙、侧隙和（　　）。
   A. 边隙　　　　　B. 背隙　　　　　C. 间隙　　　　　D. 缝隙

89. 端隙又称为开口间隙，是活塞环在冷态下装入气缸后，该环在上止点时环的两端头的间隙。一般为（　　）。
   A. 0.15～0.50mm　B. 0.35～0.50mm　C. 0.25～0.50mm　D. 0.05～0.50mm

90. 侧隙又称边隙，是指活塞环装入活塞后，其侧面与活塞环槽之间的间隙。第一环因工作温度高，间隙较大，一般为（　　），其他环一般为0.03～0.07mm。
   A. 0.15～0.50mm　B. 0.35～0.50mm　C. 0.25～0.50mm　D. 0.04～0.10mm

91. 背隙是活塞及活塞环装入气缸后，活塞环内圆柱面与活塞环槽底部间的间隙，一般为（　　）。
   A. 0.15～0.50mm　B. 0.50～1.00mm　C. 0.25～0.50mm　D. 0.05～0.50mm

92. 同一活塞环上漏光弧长所对应的圆心角总和不超过（　　）。
   A. 15°　　　　　B. 25°　　　　　C. 45°　　　　　D. 60°

93. 发动机活塞环侧隙检查可用（　　）。
   A. 百分表　　　　B. 卡尺　　　　　C. 塞尺　　　　　D. 千分尺

练习四　检修汽车发动机理论知识

94. 活塞环外围开口处之外部位每处的漏光弧长所对应的圆心角不得超过（　　）。
    A. 15°　　　　　　B. 25°　　　　　　C. 45°　　　　　　D. 60°

95. 活塞环漏光处的缝隙应不大于（　　）mm。
    A. 0.01　　　　　B. 0.03　　　　　C. 0.05　　　　　D. 0.07

96. 直列六缸四冲程发动机曲拐布置形式分为 1-5-3-6-2-4 和（　　）两种。
    A. 1-2-3-4-5-6　　B. 1-6-2-4-3-5　　C. 1-4-2-6-3-5　　D. 1-5-3-6-4-2

97. 发动机曲轴各轴颈的圆度和圆柱度误差一般用（　　）来测量。
    A. 游标卡尺　　　B. 百分表　　　　C. 外径分厘卡　　D. 内径分厘卡

98. 对于曲轴前端装止推垫片的发动机，曲轴轴向间隙因磨损而增大时，应在保证前止推垫片为标准厚度的情况下，加厚（　　）止推垫片的厚度，以满足车辆曲轴轴向间隙的要求。
    A. 前　　　　　　B. 后　　　　　　C. 第一道　　　　D. 第二道

99. 进行发动机曲轴轴向间隙检查时，应先将曲轴用撬棒撬至一端，再用塞尺测量第（　　）道曲柄与止推轴承之间的间隙。
    A. 1　　　　　　B. 2　　　　　　C. 3　　　　　　D. 4

100. 用质量为 0.25kg 的锤子沿曲轴轴向轻轻敲击连杆，连杆能沿轴向移动，且连杆大头两端与曲柄的间隙为（　　）mm。
    A. 0.17~0.35　　　B. 0.35~0.52　　　C. 0.52~0.69　　　D. 0.69~0.86

101. （　　）的功用是保证气门做往复运动时，使气门与气门座正确密合。
    A. 气门弹簧　　　B. 气门座　　　　C. 气门导管　　　D. 气门

102. （　　）的功用是将从凸轮轴经过挺柱传来的推力传给摇臂。
    A. 推杆　　　　　B. 凸轮轴　　　　C. 正时齿轮　　　D. 气门导管

103. （　　）是用来打开或封闭气道的。
    A. 气门　　　　　B. 气门导管　　　C. 气门座　　　　D. 气门弹簧

104. 气门组主要包括气门、气门导管、（　　）及气门弹簧等。
    A. 挺柱　　　　　B. 气门传动组　　C. 气门锁片　　　D. 摇臂

105. 按气门的布置形式分类，可分为（　　）和侧置气门式。
    A. 上置气门式　　B. 中置气门式　　C. 下置气门式　　D. 顶置气门式

106. 按凸轮轴的布置形式分类，可分为上置凸轮轴式、（　　）式和下置凸轮轴式。
    A. 侧置凸轮轴　　B. 中置气门　　　C. 中置凸轮轴　　D. 顶置凸轮轴

107. 按曲轴和凸轮轴的传动方式分类，可分为（　　）、链条式和正时皮带式。
    A. 齿轮式　　　　B. 齿条式　　　　C. 绳索式　　　　D. 铰链式

108. 按每缸气门数分类，可分为（　　）、三个气门、四个气门和五个气门。
    A. 一个气门　　　B. 两个气门　　　C. 单个气门　　　D. 多个气门

109. 通常进气门的气门间隙是（　　　）mm。
    A. 0.10~0.20   B. 0.25~0.30   C. 0.30~0.35   D. 0.40~0.45
110. 通常排气门的气门间隙是（　　　）mm。
    A. 0.10~0.20   B. 0.25~0.30   C. 0.30~0.35   D. 0.40~0.45
111. 气门间隙的调整方法分为逐缸调整法和（　　　）。
    A. 双缸调整法   B. 双排不进法   C. 二次调整法   D. 以上都不正确
112. 调整发动机气门间隙时应在（　　　）、气门挺杆落至最终位置进行。
    A. 进气门完全关闭   B. 排气门完全关闭
    C. 进、排气门完全关闭   D. 进、排气门不需关闭
113. 配气相位是指用发动机曲轴的（　　　）表示进、排气门实际开闭时刻和开启的持续时间。
    A. 转速   B. 转角   C. 圈数   D. 位置
114. 配气相位通常用环形图来表示，人们把这种图称为（　　　）。
    A. 气门重叠角   B. 气门锥角   C. 配气相位   D. 配气相位图
115. 为了保证发动机气缸的进气充分、排气彻底，要求气门具有尽可能大的通过能力，因此发动机的进、排气门实际开启和关闭并不恰好在活塞的上、下止点，而是适当地（　　　）。
    A. 提前   B. 迟后   C. 增大   D. 提前和迟后
116. 由于进气门（　　　）和排气门（　　　），就会出现有一段时间进、排气门同时开启的现象。
    A. 早开 早开   B. 早开 晚关   C. 晚开 早关   D. 晚关 早开
117. 进气门提前开启的目的，是为了保证新鲜气体或可燃混合气能顺利且充分地进入（　　　）。
    A. 燃烧室   B. 配气机构   C. 气缸   D. 进气管
118. 排气门迟关的目的，是由于活塞到达上止点时，气缸内的压力仍（　　　）大气压，利用排气流的惯性可使废气继续排出。
    A. 低于   B. 小于   C. 大于   D. 高于
119. （　　　）是燃烧室的组成部分，是气体进、出燃烧室通道的开关，能承受冲击力、高温冲击、高速气流冲击。
    A. 进气门   B. 排气门   C. 气门   D. 缸盖
120. 气门头部的形状有（　　　）、凸顶和凹顶三种结构形式。
    A. 尖顶   B. 圆顶   C. 平顶   D. 以上都不正确
121. 气门与座圈的密封带宽度应符合原设计规定，一般为（　　　）mm。
    A. 1.2~2.0   B. 1.5~2.0   C. 1.5~2.5   D. 1.2~2.5
122. 气门的密封性检查方法为（　　　）、拍击法、涂红丹油法、渗油法。
    A. 透光法   B. 水压法   C. 划线法   D. 目测法

练习四 检修汽车发动机理论知识

123. 将凸轮轴放置在V形铁上，V形铁和百分表放置在平板上，使百分表触头与凸轮轴中间轴颈垂直接触。转动凸轮轴，观察百分表表针的摆差即为凸轮轴的（　　）。
　　A. 弯曲度　　　　B. 扭曲度　　　　C. 磨损　　　　D. 液压挺柱变形
124. 凸轮轴的弯曲变形是以凸轮轴中间轴颈对两端轴颈的（　　）误差来衡量。
　　A. 轴向圆跳动　　B. 径向圆跳动　　C. 端面圆跳动　　D. 以上选项都不正确
125. 安装正时皮带或正时链条及导链板，调整正时皮带（　　）或正时链条导链板张紧器张紧到规定的程度。
　　A. 正时齿轮　　　B. 张紧轮　　　　C. 惰轮　　　　D. 皮带轮
126. 检查所装配的正时配气机构的安装标记是否对准时，若正时皮带或正时链条张紧后标记有误，应重新（　　）。
　　A. 调整　　　　　B. 安装　　　　　C. 更换　　　　D. 以上选项都不正确
127. （　　）不是电控发动机燃油喷射系统的组成部分。
　　A. 空气系统　　　B. 燃油系统　　　C. 控制系统　　　D. 空调系统
128. （　　）不是电控燃油喷射系统中空气供给系统的组成构件。
　　A. 进气管　　　　B. 空气滤清器　　C. 怠速旁通阀　　D. 进气压力传感器
129. 电控发动机燃油喷射系统中的怠速旁通阀是（　　）系统组成部分。
　　A. 供气　　　　　B. 供油　　　　　C. 控制　　　　　D. 空调
130. （　　）不是电控燃油系统的电子控制系统组成部分。
　　A. 节气门位置传感器　　　　　　　B. 曲轴位置传感器
　　C. 怠速旁通阀　　　　　　　　　　D. 进气压力传感器
131. 按进入气缸空气量的检测方式分，有直接检测型和（　　）。
　　A. 压力检测型　　B. 间接检测型　　C. 流量检测型　　D. 质量检测型
132. 直接检测型包括体积流量方式和（　　）方式两种。
　　A. 压力流量　　　B. 间接检测　　　C. 直接检测　　　D. 质量流量
133. 间接测量型有（　　）方式和速度—密度方式两种。
　　A. 节流—速度　　B. 节流—密度　　C. 压力—速度　　D. 压力—密度
134. 间歇性燃油喷射系统按喷油器控制方式又可以分为同时喷射、（　　）和顺序喷射。
　　A. 单点喷射　　　B. 多点喷射　　　C. 分组喷射　　　D. 连续喷射
135. 高阻抗喷油器的电阻值为（　　）Ω。
　　A. 2～3　　　　　B. 5～10　　　　 C. 12～15　　　　D. 50～100
136. 低阻抗喷油器的电阻值为（　　）Ω。
　　A. 2～3　　　　　B. 5～10　　　　 C. 12～15　　　　D. 50～100
137. 目前应用的电磁喷油器主要是（　　）。
　　A. 轴针式　　　　　　　　　　　　B. 球阀式
　　C. 片阀式　　　　　　　　　　　　D. 以上选项都正确

第一部分 理论知识

138. 喷油器按电磁线圈的控制方式不同，可分为（　　）式和电流驱动式两种。
    A. 电阻驱动　　　　　　　　　　B. 电压驱动
    C. 电容驱动　　　　　　　　　　D. 以上选项都不正确

139. 电动燃油泵按安装形式可分为（　　）和油箱内置型。
    A. 齿轮式　　B. 转子式　　C. 油箱外置型　　D. 叶片式

140. 电动燃油泵根据泵体的结构不同可分为滚柱泵、（　　）、涡轮泵。
    A. 齿轮泵　　B. 转子泵　　C. 柱塞泵　　D. 叶片泵

141. （　　）用于建立燃油系统压力。
    A. 油泵　　B. 喷油器　　C. 油压调节器　　D. 油压缓冲器

142. 曲轴位置传感器是发动机电子控制系统中最主要的传感器之一，它提供点火时刻（点火提前角）、确认（　　）的信号。
    A. 活塞位置　　B. 曲轴位置　　C. 凸轮轴位置　　D. 飞轮位置

143. 曲轴位置传感器所采用的结构随车型不同而不同，可分为磁脉冲式、（　　）和霍尔式三大类。
    A. 电磁式　　B. 光电式　　C. 离心式　　D. 电阻式

144. 曲轴位置传感器在发动机工作时，提供活塞到达（　　）一定时产生的信号。
    A. 压缩行程上止点前　　　　　　B. 压缩行程下止点后
    C. 进气行程上止点前　　　　　　D. 进气行程下止点后

145. 轴位置传感器用于检测活塞上止点、（　　）及发动机转速。
    A. 压缩行程上止点　　　　　　　B. 压缩行程下止点
    C. 曲轴转角　　　　　　　　　　D. 凸轮轴转角

146. 凸轮轴位置传感器是发动机电子控制系统中最主要的传感器之一，它提供点火时刻（点火提前角）、确认（　　）的信号。
    A. 活塞位置　　B. 曲轴位置　　C. 凸轮轴位置　　D. 飞轮位置

147. 凸轮轴位置传感器又称为（　　）传感器。
    A. 活塞位置　　B. 曲轴位置　　C. 气缸识别　　D. 转速

148. 凸轮轴位置传感器的功用是采集配气凸轮轴的位置信号，并输入ECU，以便ECU识别（　　），从而进行顺序喷油控制、点火时刻控制和爆燃控制。
    A. 1缸压缩上止点　　　　　　　　B. 2缸压缩上止点
    C. 3缸压缩上止点　　　　　　　　D. 4缸压缩上止点

149. （　　）可用来检查发动机冷却液的温度，作为燃油喷射及点火正时的修正信号。
    A. 温度传感器　　B. 空气流量传感器　　C. 氧传感器　　D. 压力传感器

150. 冷却液温度传感器的输出信号是（　　）。
    A. 脉冲信号　　B. 数字信号　　C. 模拟信号　　D. 固定信号

练习四 检修汽车发动机理论知识

151. 冷却液温度传感器安装在（　　）。
    A. 进气道上　　B. 排气管上　　C. 水道上　　D. 油底壳上

152. 如果水温传感器失效，会导致（　　）。
    A. 不易起动　　B. 怠速不稳　　C. 进气温度过高　　D. 进气温度过低

153. 目前汽车电控系统中广泛应用的进气歧管压力传感器是（　　）。
    A. 膜盒传动式可变电感式　　B. 表面弹性波式
    C. 电容式　　D. 以上选项都不正确

154. 电控发动机可用（　　）检查进气压力传感器或电路是否有故障。
    A. 油压表　　B. 数字式万用表
    C. 模拟式万用表　　D. 油压表或数字式万用表

155. 电控燃油空气供给系统中，检测进气压力的是（　　）。
    A. 怠速旁通阀　　B. 进气压力传感器
    C. 空气滤清器　　D. 进气管

156. 电容式进气压力传感器输出信号的（　　）与进气歧管内的绝对压力成正比。
    A. 幅度　　B. 周期　　C. 频率　　D. 电压

157. 下列各项中，用作进气温度传感器的是（　　）温度传感器。
    A. 绕线电阻式　　B. 热敏电阻式　　C. 扩散电阻式　　D. 半导体管式

158. 如果进气温度传感器失效，会引起（　　）。
    A. 不易起动　　B. 怠速不稳　　C. 进气温度过高　　D. 进气温度过低

159. 进气温度传感器安装在（　　）。
    A. 进气道上　　B. 排气管上　　C. 水道上　　D. 油底壳上

160. 进气温度传感器的输出信号是（　　）。
    A. 脉冲信号　　B. 数字信号　　C. 模拟信号　　D. 固定信号

161. 氧化钛型氧传感器具有（　　）个二氧化钛元件。
    A. 1　　B. 4　　C. 3　　D. 2

162. 氧传感器的作用是检测燃烧废气中的氧分子的浓度并转换为电信号输送给发动机（　　）。
    A. CPU　　B. RAM　　C. ROM　　D. ECU

163. 氧传感器检测发动机排气中氧的含量，向 ECU 输入空燃比反馈信号，进行喷油量的（　　）。
    A. 开环控制　　B. 闭环控制　　C. 控制　　D. 开环或闭环控制

164. 节气门位置传感器断路会导致（　　）。
    A. 不易起动　　B. 加速不良　　C. 减速熄火　　D. 飞车

165. （　　）用于检测节气门的开启角度。
    A. 空气流量计　　B. 进气温度传感器
    C. 节气门位置传感器　　D. 发动机转速传感器

166. 如果节气门位置传感器失效，会引起（　　）。
　　A. 不易起动　　B. 怠速不稳　　C. 进气量过大　　D. 进气量过小

167. 燃油压力调节器的主要功用是使系统油压（即供油总管内油压）与进气歧管内压力之差保持为恒定值，一般为（　　）。
　　A. 150～200kPa　　　　　　　　B. 200～250kPa
　　C. 250～300kPa　　　　　　　　D. 300～350kPa

168. （　　）用于调节燃油压力。
　　A. 油泵　　B. 喷油器　　C. 油压调节器　　D. 油压缓冲器

169. 电控燃油系统中，燃油压力通过（　　）调节。
　　A. 喷油器　　B. 燃油泵　　C. 压力调节器　　D. 输油管

170. 为了使系统油压与进气歧管压力差保持（　　），燃油压力调节器所控制的系统油压应能随进气歧管压力的变化而变化。
　　A. 一致　　B. 平衡　　C. 相同　　D. 稳定

171. （　　）用于检测发动机运转时吸入的进气量。
　　A. 空气流量计　　　　　　　　B. 节气门位置传感器
　　C. 进气温度传感器　　　　　　D. 发动机转速传感器

172. 空气流量传感器是用来测量（　　）的装置。
　　A. 空气量　　B. 燃油量　　C. 进气量　　D. 排气量

173. 在电控汽油喷射系统中用（　　）或进气歧管绝对压力传感器两种方式测量进入气缸的空气量。
　　A. 进气温度传感器　　　　　　B. 节气门位置传感器
　　C. 空气流量计　　　　　　　　D. 凸轮轴位置传感器

174. 空气流量计是一种（　　）的检测空气流量的传感器。
　　A. 间接　　B. 直接　　C. 简单　　D. 复杂

175. 柴油机的燃烧过程包括备燃期、速燃期、缓燃期和（　　）。
　　A. 着火落后期　　B. 快燃期　　C. 暴燃期　　D. 后燃期

176. 柴油机电控系统的基本组成包括传感器、（　　）和执行元件。
　　A. CPU　　B. RAM　　C. ROM　　D. ECU

177. 柴油机电控系统的类型分为开环控制和（　　）。
　　A. 闭环控制　　B. 开路控制　　C. 闭路控制　　D. 循环控制

178. 柴油机电控泵喷嘴将喷油泵、喷油嘴和（　　）组合为一体，没有高压油管，每缸一组泵喷嘴。
　　A. 喷油器　　B. 输油管　　C. 输油泵　　D. 电磁阀

179. 柴油机燃料供给系统包括四个过程：进油过程、（　　）、喷油过程和停油过程。
    A. 输油过程　　　　B. 增压过程　　　　C. 压油过程　　　　D. 保压过程

180. 排放控制系统用于减少废气中有害气体 CO、HC 和（　　）排入大气。
    A. CO_2　　　　B. NO_x　　　　C. O_2　　　　D. H_2O

181. 排放控制系统包括曲轴箱强制通风系统、蒸发排放系统、（　　）及废气再循环系统 4 个系统。
    A. 涡轮增压系统　　　　　　　　B. 二次喷射系统
    C. 三元催化转换系统　　　　　　D. 高压共轨系统

182. 排放控制系统包括 PCV、（　　）、TWC 及 EGR 4 个系统。
    A. EVAP　　　　B. TRC　　　　C. VVTI　　　　D. VETC

183. 涡轮增压器由涡轮、（　　）、转子总成、轴承机构、中间体和密封装置等组成。
    A. 导轮　　　　B. 泵轮　　　　C. 压气机　　　　D. 喷油泵

184. 涡轮增压器的工作原理是利用发动机排出（　　）的废气驱动废气涡轮旋转，废气涡轮带动同一轴上的压气机共同旋转。
    A. 高温　　　　B. 高温高压　　　　C. 高压　　　　D. 高温低压

185. 压气机压缩由空气滤清器过滤后的空气，使空气被压缩后增压进入（　　）气缸内，提高发动机进气量的装置，减少废气中 CO、HC、CL 粒等有害物的排放。
    A. 发动机　　　　B. 发电机　　　　C. 空压机　　　　D. 压气机

186. 废气再循环 EGR 系统的作用是将一部分废气引入进气系统，与新鲜的燃油混合气混合，使混合气变稀，从而降低了燃烧速度，燃烧温度随之下降，从而有效地减少（　　）的生成。
    A. C　　　　B. O_2　　　　C. CO_2　　　　D. NO_x

187. 废气再循环 EGR 系统可分为普通电子式 EGR 控制系统、可变 EGR 控制系统、带压力反馈电子（PFE）传感器的 EGR 控制系统、（　　）和带 EGR 位置传感器的 EGR 控制系统。
    A. 机械式 EGR 控制系统
    B. 真空式 EGR 控制系统
    C. 带压差反馈式电子（DPFE）传感器的 EGR 控制系统
    D. 不带压差反馈式电子（DPFE）传感器的 EGR 控制系统

188. 关于废气再循环 EGR 系统，下列说法中不正确的是（　　）。
    A. 传统机械式废气再循环的 EGR 率可达 20%
    B. 废气再循环有外 EGR 与内 EGR 两类型
    C. 利用发动机可变气门系统可实现无外部专用装置的 EGR 循环

D. 排气背压式 EGR，只能对废气再循环阀门的运作起修正作用

189. 发动机废气再循环系统的 EGR 率，可通过反馈装置进行精确控制，其反馈元件包括发动机进气腔装置氧传感器、（　　）、废气再循环阀的开度传感器等。
    A. 发动机转速传感器　　　　　　　B. EGR 废气温度传感器
    C. 发动机排气管的氧传感器　　　　D. 进气温度传感器

190. 三元催化转换器为一（　　）结构，在其排气管中央的栅格网表面涂有催化剂。
    A. 组合式　　　B. 整体式　　　C. 分开式　　　D. 连体式

191. 三元催化转换器的作用是将废气中的 HC、CO 和（　　）等有害气体转换成 CO_2、N_2 和水蒸气。
    A. C　　　　　B. O_2　　　　C. H_2O　　　D. NO_x

192. 个别车型在三元催化转换器前的排气管内还有一个预热三元催化转换器，其作用是降低发动机预热期间的（　　）、CO 和 NO_x 排放量。
    A. H_2O　　　B. HC　　　　C. NC　　　　D. NO

193. 三元催化转换器的工作条件是当理论空燃比为（　　），废气温度在 400～800℃时，三元催化转换器能最有效地减少废气中 CO、HC 和 NO_x 的含量。
    A. 15%±1%　　B. 15%±2%　　C. 14.7%±1%　　D. 14.7%±2%

194. 废气涡轮的全部（　　）用于驱动与涡轮机同轴旋转的压气机工作叶轮，在压气机中将新鲜空气压缩后再送入气缸。
    A. 功率　　　B. 扭矩　　　C. 动力　　　D. 能量

195. 废气涡轮与压气机通常装成一体，称为（　　）。
    A. 组合式涡轮增压器　　　　　　B. 复合式废气涡轮增压器
    C. 机械式涡轮增压器　　　　　　D. 废气涡轮增压器

196. 涡轮增压器按增压方式分为废气涡轮增压器、（　　）和组合式涡轮增压器。
    A. 机械式涡轮增压器　　　　　　B. 复合式废气涡轮增压器
    C. 电涡流增压器　　　　　　　　D. 以上选项都不正确

197. 发动机在正常工作情况下，涡轮增压器的转速为（　　）r/min。
    A. 80 000～120 000　　　　　　　B. 8 000～12 000
    C. 800～1 200　　　　　　　　　 D. 50 000～80 000

198. 发动机在正常工作情况下，涡轮排气的温度可达（　　）℃。
    A. 600～1 200　　B. 600～1 000　　C. 800～1 200　　D. 600～900

199. 汽车涡轮增压器的正确使用方法是（　　）和保持正常的润滑系统机油压力。
    A. 正确使用发动机燃油　　　　　B. 正确使用发动机机油
    C. 正确使用变速箱油　　　　　　D. 正确使用齿轮油

练习四 检修汽车发动机理论知识

200. 发动机运转时,各运动零件的工作条件不同,所要求的润滑强度也不同,因而要采取不同的润滑方式。常用的润滑方式有(　　)、飞溅润滑、脂润滑。
    A. 综合润滑　　　　B. 压力润滑　　　　C. 局部润滑　　　　D. 喷射润滑

201. 机油滤清方法分为(　　)和滤清器与主油道并联—分流式滤清两种。
    A. 滤清器与主油道串联—全流式滤清　　B. 滤清器与主油道并联—全流式滤清
    C. 滤清器与主油道并联—合流式滤清　　D. 滤清器与主油道串联—分流式滤清

202. 机油泵泵油压力过低会导致(　　)。
    A. 泵油量过大　　　　　　　　　　B. 曲轴轴承间隙过大
    C. 凸轮轴轴承间隙过大　　　　　　D. 曲轴轴承烧熔

203. 发动机机油泵通常用外啮合齿轮泵,其组成主要有齿轮、轴承、泵盖及(　　)等。
    A. 叶片　　　　　　B. 柱塞　　　　　　C. 油管　　　　　　D. 传动轴

204. (　　)的作用是建立足够的机油压力。
    A. 机油泵　　　　　B. 机油滤清器　　　C. 限压阀　　　　　D. 机油压力感应塞

205. (　　)是将一定数量的机油从油底壳吸入泵腔,加压后送到零件的摩擦表面。
    A. 机油集滤器　　　B. 机油泵　　　　　C. 柴油泵　　　　　D. 机油滤清器

206. (　　)的作用是将杂质从机油中清除。
    A. 机油集滤器　　　B. 机油细滤器　　　C. 机油粗滤器　　　D. 机油滤清器

207. 在润滑系统中,一般装有几个不同滤清能力的滤清器,即(　　)、粗滤器和细滤器。
    A. 集滤器　　　　　B. 细滤器　　　　　C. 粗滤器　　　　　D. 滤清器

208. 下列选项中,(　　)安装在发动机机油泵进油口的前端。
    A. 机油集滤器　　　B. 机油细滤器　　　C. 机油粗滤器　　　D. 机油散热器

209. 在发动机润滑系中并联于润滑系内,并能滤出润滑油中微小杂质的是(　　)。
    A. 机油集滤器　　　B. 机油细滤器　　　C. 机油粗滤器　　　D. 机油散热器

210. 曲轴箱通风的作用有:防止曲轴箱内气压过高,机油渗漏;把渗入曲轴箱油蒸气引入气缸内燃烧;(　　)。
    A. 降低机油温度　　　　　　　　　B. 过滤燃油蒸气
    C. 防止油蒸气稀释机油而变质　　　D. 稀释机油

211. 曲轴箱通风的方式分为自然通风和(　　)。
    A. 增压通风　　　　B. 强制通风　　　　C. 机械通风　　　　D. 辅助通风

212. 机油压力开关用于检测发动机润滑系统内有无机油(　　)。
    A. 温度　　　　　　B. 压力　　　　　　C. 黏度　　　　　　D. 流动

213. 机油压力开关由膜片、（　　）及触点组成。
    A. 弹簧　　　　　B. 压敏元件　　　　C. 电阻　　　　　D. 电容

214. 当机油压力低于（　　）MPa时，机油压力过低报警灯报警开关触点闭合，报警灯亮。
    A. 0.03~0.15　　B. 0.15~0.30　　　C. 0.30~0.45　　D. 0.45~0.60

215. 当机油压力低于0.03~0.15MPa时，机油压力过低报警灯的报警开关（　　）。
    A. 触点闭合，报警灯灭　　　　　　　B. 触点闭合，报警灯亮
    C. 触点断开，报警灯亮　　　　　　　D. 触点断开，报警灯灭

216. 机油压力过低报警灯的报警开关安装在（　　）上。
    A. 润滑油主油道　B. 发动机曲轴箱　　C. 气门室罩盖　　D. 节气门体

217. 发动机润滑系机油压力低是由于（　　）。
    A. 主油道调压阀内柱塞阀不能打开　　B. 曲轴各轴承磨损超限
    C. 机油黏度过大　　　　　　　　　　D. 主油道调压阀内弹簧压紧力过大

218. 发动机冷却系的组成部件中用来改变冷却水的循环路线及流量的是（　　）。
    A. 节温器　　　　B. 散热器　　　　　C. 水泵　　　　　D. 风扇

219. 风冷却系统为了更有效地利用空气流，加强冷却，一般都装有（　　）。
    A. 导流罩　　　　B. 散热片　　　　　C. 分流板　　　　D. 鼓风机

220. 水泵流出，经分水管→水套→出水口→叶水泵进行的是（　　）。
    A. 大循环　　　　B. 微循环　　　　　C. 小循环　　　　D. 中循环

221. 当冷却液温度在（　　）以下时，冷却液进行小循环，当温度达到85℃时，节温器开始打开。
    A. 65℃　　　　　B. 75℃　　　　　　C. 80℃　　　　　D. 85℃

222. 当冷却液温度达到（　　）时，节温器全开，冷却液进行大循环。
    A. 95℃　　　　　B. 100℃　　　　　　C. 105℃　　　　　D. 115℃

223. （　　）的作用是使发动机冷却水强制循环。
    A. 水泵　　　　　B. 风扇　　　　　　C. 节温器　　　　D. 水温感应塞

224. 蜡式节温器的工作起始温度是（　　）℃。
    A. 35　　　　　　B. 65　　　　　　　C. 85　　　　　　D. 105

225. 常温时，蜡式节温器石蜡呈固态，弹簧将主阀门推向上方，使之压在阀座上，主阀门（　　）。
    A. 全开　　　　　B. 开启1/2　　　　C. 开启1/3　　　　D. 关闭

226. 当冷却水温高于（　　）℃时，节温器主阀门全开，副阀门全关，冷却水全部流经散热器进行水的大循环，使发动机保持正常工作温度。
    A. 36　　　　　　B. 56　　　　　　　C. 66　　　　　　D. 86

练习四 检修汽车发动机理论知识

227. 更换水泵的水封总成后应进行（　　）试验，检查各处应无漏水。
　　A. 水压　　　　B. 水流速　　　　C. 漏水　　　　D. 水质

228. 水泵在更换水封总成时，将水泵风扇轮毂装在台钳上夹紧，拆下（　　），拧下叶轮紧固螺栓，拆下叶轮后，取出水封总成，进行更换。
　　A. 水泵壳　　　B. 水泵轴　　　　C. 水泵盖　　　D. 静环总成

229. 更换水泵的水封总成后应进行漏水试验，要求堵住水泵进出水口，将水注满（　　），转动泵轴，检查各处应无漏水。
　　A. 叶轮腔　　　B. 发动机水道　　C. 出水腔　　　D. 水封总成

二、判断题

1. （　　）☆三相同步交流发电机的定子用来产生三相交流电，转子用来产生磁场。
2. （　　）☆发电机不发电的故障现象为发动机低于怠速运转时，电流表放电的指示灯亮。
3. （　　）☆在发动机运转及汽车行驶的大部分时间中，由发电机向各用电设备供电。
4. （　　）☆为防止行驶中起动机再误起动，其保护电路是利用点火断电器来保证的。
5. （　　）☆汽车用起动机的电机一般为直流串激电动机。
6. （　　）☆转向油泵安装顺序与拆卸顺序相同。
7. （　　）☆分开式气缸盖是指一个、两个或三个气缸共用一个缸盖。
8. （　　）☆活塞的基本结构由顶部、头部、裙部三部分组成。
9. （　　）☆活塞顶部形状与燃烧室形式有关，一般有平顶、凸顶和凹顶三种。
10. （　　）☆连杆和连杆盖统称为连杆。
11. （　　）☆连杆组的作用是将活塞承受的力传给活塞销，推动曲轴转动对外输出转矩。
12. （　　）☆V形发动机由于左右两缸的连杆装在同一个连杆轴颈上，因此其结构随安装布置而不同，有并列式、叉形连杆式两种形式。
13. （　　）☆连杆由小头、杆身、大头三部分组成。
14. （　　）☆曲轴的功用是将活塞连杆组传来的气体作用力转变为热能并输出动力。
15. （　　）☆气门组主要包括凸轮轴、正时齿轮、挺柱、推杆、摇臂和摇臂轴等。
16. （　　）☆气门传动组一般包括凸轮轴驱动件、凸轮轴、气门、推杆、摇臂及摇臂轴总成等。
17. （　　）☆凸轮分为进气凸轮和排气凸轮两种。
18. （　　）☆拆下发动机支撑杆及前、后支撑架螺栓也是发动机总成拆装的要领之一。
19. （　　）☆使用活塞环拆装钳拆装活塞环时用力必须均匀。
20. （　　）☆进气门和排气门同时开启的那一段时间或曲轴转角称为气门重叠角。

第一部分　理论知识

21. （　　）☆气门锥面与顶平面的夹角称为气门锥角。
22. （　　）曲柄连杆机构的功用是把燃烧气体作用在活塞顶上的力转变为曲轴的转矩。
23. （　　）曲柄连杆机构在做功行程活塞承受燃烧气体产生的膨胀压力时，通过连杆使活塞销的直线运动变为曲轴的旋转运动，向外输出动力。
24. （　　）根据冷却方式不同，不同气缸体可分为水冷式和油冷式。
25. （　　）按气缸体与油底壳安装平面位置不同分为龙门式、隧道式和一般式。
26. （　　）发动机气缸套承孔内径修理尺寸的级差为0.5mm，共三个级别。
27. （　　）气缸体腐蚀的主要原因是使用了不符合要求的冷却液。
28. （　　）球形燃烧室是柴油机统一式燃烧室的一种。
29. （　　）装配时气缸盖螺栓扭紧力不均匀会导致气缸体翘曲变形。
30. （　　）紧固发动机气缸盖螺栓时要求自中间向两端交叉均匀拧紧到规定的拧紧力矩。
31. （　　）气缸盖与气缸体可以同时用水压法检测裂纹。
32. （　　）气缸体螺纹孔螺纹损坏多于1牙时需修复。
33. （　　）发动机活塞环的安装间隙包括端隙、侧隙和边隙。
34. （　　）发动机工作时，活塞、活塞环都会发生热膨胀，所以不需要活塞环安装间隙。
35. （　　）同一活塞环上漏光弧长所对应的圆心角总和不超过30°。
36. （　　）曲轴的修理尺寸共计分为13个级别，常用的是前8个级别。
37. （　　）采用液力挺柱的配气机构必须要留气门间隙。
38. （　　）配气机构的作用是将可燃混合气或空气及时充入气缸，并及时将废气排出气缸。
39. （　　）顶置式配气机构按凸轮轴的布置形式可分为凸轮轴下置式、中置式和上置式。
40. （　　）配气机构按曲轴和凸轮轴的传动方式可分为齿轮式、铰链式和正时皮带式。
41. （　　）通常进气门的气门间隙为0.30~0.35mm。
42. （　　）用曲轴转角表示的进、排气门开闭时刻和开启持续时间称为配气相位图。
43. （　　）发动机的进、排气门实际开启和关闭恰好在活塞的上、下止点，无须提前和迟后。
44. （　　）气门叠开是指由于进气门早开和排气门晚关，就会出现有一段时间进、排气门同时关闭的现象。
45. （　　）为保证发动机的进气充分、排气彻底，要求气门具有尽可能大的通过能力，因此发动机的进、排气门实际开启和关闭并不恰好在活塞的上、下止点，而是适当地提前和迟后。
46. （　　）气门头部的形状有圆顶、凸顶和凹顶三种结构形式。

练习四 检修汽车发动机理论知识

47. （　）气门由头部和杆身两部分构成。

48. （　）气门与座圈的密封带宽度应符合原设计规定，一般为 1.2~2.0mm。

49. （　）安装正时皮带或正时链条及导链板时，调整正时皮带张紧轮或正时链条导链板张紧器张紧到规定的程度。

50. （　）在检查所装配的正时配气机构的安装标记是否对准时，若正时皮带或正时链条张紧后标记有误，不用重新调整。

51. （　）电控燃油喷射（EFI）主要包括喷油量、喷射正时、燃油停供和燃油泵的控制。

52. （　）电控燃油喷射系统按喷油器与气缸的数量关系可分为单点燃油喷射系统和两点燃油喷射系统。

53. （　）按喷油的持续性进行分类，电控燃油喷射系统分为连续喷射性和间歇喷射性两类。

54. （　）电磁喷油器按电磁线圈阻值的大小可分为高阻抗型和低阻抗型两种。

55. （　）曲轴位置传感器用于检测活塞上止点、曲轴转角及车速。

56. （　）曲轴位置传感器检测曲轴转角信号输入 ECU 作为点火控制主控信号，不作为喷射信号。

57. （　）凸轮轴位置传感器向 ECU 输入凸轮轴转速信号，是点火和燃油喷射的主控信号。

58. （　）曲轴位置传感器能够识别哪一个缸活塞即将到达上止点，称为气缸识别传感器。

59. （　）冷却液温度传感器安装在水道上。

60. （　）冷却液温度传感器用来检查冷却液的温度，作为燃油喷射及点火正时的主控信号。

61. （　）空气压力传感器是电控发动机空气供给系统中的重要部件。

62. （　）车用压力传感器主要是排气管压力传感器。

63. （　）进气温度传感器用于检测发动机的进气温度。

64. （　）电控发动机采用氧传感器反馈控制能进一步精确控制点火时刻。

65. （　）节气门位置传感器用于检测发动机的节气门开度。

66. （　）电控发动机在怠速运转时，油压表指示的系统压力应为 500±20kPa。

67. （　）燃油压力调节器是电控发动机空气供给系统的组成部分。

68. （　）空气流量计是一种间接的检测空气流量的传感器。

69. （　）空气流量计用于检测发动机运转时吸入的空气量。

70. （　）柴油机速燃期的气缸压力达到最高，温度也最高。

71. （　　）柴油机的燃烧过程经过着火落后期、速燃期、缓燃期、补燃期。

72. （　　）柴油机电控系统的基本组成包括传感器、CPU和执行元件。

73. （　　）柴油机电控泵喷嘴没有高压油管，每缸两组泵喷嘴。

74. （　　）泵喷嘴组成驱包括动部分、压力产生部分、控制部分、喷嘴。

75. （　　）三元催化转换（TWC）系统和废气再循环（EGR）系统可统称为废气排放控制系统。

76. （　　）排放控制系统用于减少废气中有害气体CO、HC和NO排入大气。

77. （　　）废气涡轮与压气机通常装成一体。

78. （　　）压气机压缩由空气滤清器过滤后的空气，使空气被压缩后增压进入发动机气缸内，提高发动机进气量的装置，减少废气中CO_2、HC、CL粒等有害物的排放。

79. （　　）废气再循环EGR系统的作用是将一部分废气引入进气系统，与新鲜的燃油混合气混合，使混合气变稀，从而提升了燃烧速度，燃烧温度随之下降。

80. （　　）三元催化转换器为一整体式结构，在其排气管中央的栅格网表面涂有催化剂。

81. （　　）三元催化转换器的作用是将废气中的HC、CO和NO等有害气体转换成CO_2、N_2和水蒸气。

82. （　　）废气涡轮的全部功率用于驱动与涡轮机同轴旋转的压气机工作叶轮，在压气机中将废气压缩后再送入气缸。

83. （　　）涡轮增压器按增压方式分为废气涡轮增压器和组合式涡轮增压器两种。

84. （　　）发动机在正常工作情况下，涡轮增压器的转速为8 000~12 000r/min。

85. （　　）发动机在正常工作情况下，涡轮排气的温度可达600~900℃。

86. （　　）发动机运转时，各运动零件的工作条件不同，所要求的润滑强度也不同，因而要采取相同的润滑方式。

87. （　　）机油滤清方法分为滤清器与主油道并联—全流式滤清和滤清器与主油道串联—分流式滤清两种。

88. （　　）粗滤器并联于润滑系内，用于滤去润滑油中较大的杂质。

89. （　　）按滤清方式不同，润滑系机油滤清器可分为过滤式和离心式两种。

90. （　　）强制通风是指曲轴箱油蒸气与大气直接相通。

91. （　　）自然通风是指用进气管的真空抽吸曲轴箱油气。

92. （　　）当发动机机油压力正常时，机油压力过低报警灯的报警开关触点分开，报警灯点亮。

93. （　　）机油压力开关用于检测发动机有无机油压力。

94.（　　）发动机机油黏度过低会引起机油压力过低。

95.（　　）冷却水温正常时，水温过高报警灯的报警开关的双金属片几乎不变形，触点分开，报警灯亮。

96.（　　）节温器的开启与关闭形成了发动机冷却系大小循环。

97.（　　）散热器的作用是使发动机冷却水强制循环。

98.（　　）更换水泵的水封总成后不用进行漏水试验，检查各处应无漏水。

练习五　检修汽车底盘理论知识

一、选择题

1. ★下列选项中，（　　）的功用是增大转向盘传到转向轮上的转向力矩，并改变力的传递方向。
   A. 转向万向节　　　B. 转向传动轴　　　C. 转向横拉杆　　　D. 转向器

2. ★（　　）可使发动机与传动系逐渐接合，保证汽车平稳起步。
   A. 离合器　　　　　B. 变速器　　　　　C. 主减速器　　　　D. 差速器

3. ★离合器踏板的自由行程，是（　　）之间等处间隙的体现。
   A. 分离轴承与分离杠杆　　　　　　B. 踏板与地板高度
   C. 压盘与从动盘　　　　　　　　　D. 变速器与离合器

4. ★汽车后桥某一部位的齿轮啮合间隙过大，会使汽车在（　　）时发响。
   A. 下坡　　　　　　B. 上坡　　　　　　C. 上、下坡　　　　D. 起步

5. ★车速急剧变化，变速器响声加大；而车速相对稳定，响声消失，说明（　　）。
   A. 齿隙过大　　　　B. 中间轴弯曲　　　C. 第二轴弯曲　　　D. 轴承损坏

6. ★自动变速器内（　　）的作用是制动。
   A. 单向离合器　　　B. 离合器　　　　　C. 制动器　　　　　D. 手动阀

7. ★汽车离合器压盘及飞轮表面烧蚀的主要原因是离合器（　　）。
   A. 打滑
   C. 动平衡破坏
   B. 分离不彻底
   D. 踏板自由行程过大

8. ★用百分表测量变速器输出轴的径向跳动量要求不大于（　　）mm，使用极限为0.06mm。
   A. 0.020　　　　　B. 0.025　　　　　C. 0.030　　　　　D. 0.035

9. ★（　　）是行驶跑偏的原因。
   A. 两前轮胎气压差过大　　　　　　B. 车架变形或铆钉松动
   C. 转向节主销与衬套间隙过大　　　D. 减振器失效，前钢板弹力不一致

10. ★下列（　　）不是引起低速打摆现象的原因。
    A. 前束过大，车轮外倾角、主销后倾角变小
    B. 车架变形或铆钉松动
    C. 转向器啮合间隙过大
    D. 转向节主销与衬套间隙过大

11. ★（　　）不是导致汽车钢板弹簧损坏的主要原因。
    A. 汽车长期超载　　　　　　　　　B. 材质不符合要求

C. 装配不符合要求   D. 未按要求对轮胎进行换位

12. ★（   ）是引起悬架系统损坏的常见故障。
    A. 车身抖动   B. 车身倾斜   C. 后桥异响   D. 前桥异响

13. ★（   ）不是车身倾斜的原因。
    A. 车架轻微变形   B. 单侧悬挂弹簧弹力不足
    C. 减振器损坏   D. 轮胎气压不平衡

14. ★关于车身倾斜的原因，甲认为：单侧悬挂弹簧弹力不足是其中之一；乙认为：轮胎气压不平衡是其中之一；丙认为：减振器损坏是其中之一。看法正确的是（   ）。
    A. 甲和乙   B. 乙和丙   C. 丙和甲   D. 以上选项均不正确

15. ★转向节各部位螺纹的损伤不得超过（   ）。
    A. 一牙   B. 二牙   C. 三牙   D. 四牙

16. ★汽车液压动力转向系统的原始动力来自（   ）。
    A. 蓄电池   B. 马达   C. 发动机   D. 油泵

17. ★循环球式转向器第二级传动副是（   ）传动副。
    A. 双螺杆   B. 齿轮齿条   C. 齿条齿扇   D. 螺母螺杆

18. ★动力转向液压助力系统转向助力泵损坏会导致（   ）。
    A. 不能转向   B. 转向沉重   C. 制动跑偏   D. 行驶跑偏

19. ★（   ）转向器具有结构简单、操作灵敏、维修方便等特点，且被现代轿车广泛应用。
    A. 循环球式   B. 齿轮—齿条式   C. 蜗杆指销式   D. 单销式

20. ★转向时通过转向操纵机构最终使装在左、右（   ）上的两车轮同时偏转，实现汽车转向。
    A. 转向拉杆   B. 转向器   C. 转向节   D. 梯形臂

21. ★制动蹄与制动鼓之间的间隙过大，应调整（   ）。
    A. 制动踏板高度   B. 制动气室压力
    C. 储气筒压力   D. 制动底板上的偏心支承

22. ★制动主缸装配前，用（   ）清洗缸壁。
    A. 酒精   B. 汽油   C. 柴油   D. 防冻液

23. ★制动蹄与制动鼓之间的间隙过大，将导致（   ）。
    A. 车辆行驶跑偏   B. 制动不良   C. 制动时间变短   D. 制动距离变短

24. ★对于允许挂接挂车的汽车，其驻车制动装置必须能使汽车列车在满载状态下时能停在坡度（   ）%的坡道上。
    A. 2   B. 5   C. 8   D. 12

25. ★（   ）装置用于使停驶的汽车驻留在原位不动。
    A. 紧急制动   B. 安全制动   C. 行车制动   D. 驻车制动

第一部分 理论知识

26. ☆三轴式五挡变速器的1挡、倒挡从动齿轮与（　　）以矩形花键连接。
    A. 中间轴　　　　B. 输出轴　　　　C. 输入轴　　　　D. 倒挡轴

27. ☆大型货车通常采用（　　）的主减速器。
    A. 单级　　　　　　　　　　　　　B. 双级
    C. 多级　　　　　　　　　　　　　D. 以上选项均不正确

28. ☆汽车上手动变速器的（　　）两端油堵密封不良，会出现漏油故障。
    A. 输入轴　　　　B. 输出轴　　　　C. 变速叉轴　　　D. 中间轴

29. ☆离合器发抖，是指汽车在（　　）时，离合器接合不平稳而使汽车发生抖振。
    A. 停车　　　　　B. 高速行驶　　　C. 加速　　　　　D. 起步

30. ☆对于水平放置的三轴式变速器，当位于5挡位置时，将第二轴4、5挡接合套向前移动与第一轴主动齿轮的接合齿圈啮合，动力不经过（　　）的齿轮传动，故称为直接挡。
    A. 中间轴　　　　B. 第二轴　　　　C. 倒挡轴　　　　D. 输出轴

31. ☆蜗杆曲柄指销式转向器的传动副是蜗杆与指销。按其传动副中指销数的数目来分，有单销式和（　　）两种。
    A. 双销式　　　　B. 三销式　　　　C. 四销式　　　　D. 五销式

32. ☆（　　）转向器主要由壳体、转向螺杆、摇臂轴、转向螺母等组成。
    A. 循环球式　　　B. 齿轮—齿条式　C. 蜗杆指销式　　D. 双指销式

33. ☆汽车行驶一定里程后，制动鼓发热是（　　）的故障现象。
    A. 制动传动装置引起的不正常制动　　　B. 轮毂过热
    C. 车轮过热　　　　　　　　　　　　　D. 轴承松动

34. ☆在前驱动汽车上，每个半轴用（　　）个等速万向节。
    A. 1　　　　　　　B. 2　　　　　　　C. 3　　　　　　　D. 4

35. ☆离合器的从动部分不包括（　　）。
    A. 从动盘　　　　B. 变速器输入轴　C. 离合器输出轴　D. 飞轮

36. ☆若摩擦片有油污应用（　　）清洗并烘干，然后找出油污来源，予以排除。
    A. 柴油　　　　　B. 汽油　　　　　C. 清洁剂　　　　D. 机油

37. ☆为分析离合器打滑故障存在的原因，应最先进行检查的项目是（　　）。
    A. 检查离合器踏板自由行程　　　　　B. 检查离合器盖、飞轮连接螺钉是否松动
    C. 检查离合器分离杠杆内端面高低　　D. 检查离合器摩擦片

38. ☆汽车起步时，强行挂挡后，在未抬离合器踏板的情况下，汽车出现（　　）现象时，说明存在离合器分离不彻底故障
    A. 抖动　　　　　B. 后移　　　　　C. 前移　　　　　D. 跑偏

39. ☆单片离合器多应用于（　　）上。
    A. 大型货车　　　B. 大型工程机械车　C. 中、小型汽车　D. 摩托车

40. ☆下列不是离合器分离不彻底故障现象的是（　　）。
    A. 未抬离合器踏板，汽车前移
    B. 变速时挂不进挡
    C. 变速时挂挡困难且变速器内有齿轮撞击声
    D. 完全放松离合器踏板，汽车仍不能行驶

41. ☆手动变速器的第二轴前端滚针轴承烧结使（　　）和第二轴连成一体，会产生乱挡的故障。
    A. 第一轴　　　B. 第二轴　　　C. 中间轴　　　D. 倒挡轴

42. ☆汽车变速时，如果出现（　　）现象，则说明存在离合器分离不彻底的故障。
    A. 乱挡　　　B. 挂不进挡　　　C. 跳挡　　　D. 挂挡过早

43. ☆汽车起步时，将离合器踏板（　　）时，仍感觉挂挡困难，说明存在离合器分离不彻底的故障。
    A. 踩到底　　　B. 踩到一大半　　　C. 踩到一半　　　D. 放松

44. ☆变速器操纵机构由（　　）、拨叉、拨叉轴、锁止装置和变速器盖等组成。
    A. 变速器操纵杆　　B. 输入轴　　C. 变速器壳体　　D. 控制系统

45. ☆汽车变速器、驱动桥的润滑油面应在检视口（　　）0~15mm处。
    A. 上沿　　　B. 下沿　　　C. 中间向下　　　D. 中间向上

46. ☆（　　）是外胎帘布层的根基。
    A. 胎圈　　　B. 胎面　　　C. 胎肩　　　D. 缓冲层

47. ☆轮胎应当定期做动平衡检查，用（　　）检查。
    A. 静平衡检测仪　　B. 动平衡检测仪　　C. 扒胎机　　D. 测功机

48. ☆通常汽车传动系动力最后经过（　　）传递给驱动轮。
    A. 离合器　　　B. 变速器　　　C. 主减速器　　　D. 半轴

49. ☆下列（　　）不是汽车悬架所用的弹性元件。
    A. 钢板弹簧　　B. 螺旋弹簧　　C. 扭杆弹簧　　D. 牵引钩弹簧

50. ☆汽车直线行驶时，（　　）有异响是轮毂异响的故障现象。
    A. 车轮　　　B. 车桥　　　C. 车架　　　D. 车身

51. ☆转向桥主要的功用是承受地面和车架之间的垂直载荷、纵向力和（　　），并保证转向轮做正确的运动。
    A. 驱动力　　　B. 牵引力　　　C. 横向力　　　D. 制动力

52. ☆采用（　　）时，车桥都是断开式的。
    A. 独立悬架　　B. 非独立悬架　　C. 单级主减速器　　D. 双级主减速器

53. ☆悬架由（　　）、导向装置和减振器等三部分组成。
    A. 弹性元件　　B. 传动装置　　C. 固定装置　　D. 锁止装置

54. ☆变速器挂挡后不能脱回空挡，应拆下（　　），检查操纵杆下端弧形工作面和拨叉导块

凹槽磨损是否过大。

  A. 互锁装置   B. 传动装置   C. 变速器操纵杆   D. 拨叉

55. ☆下列选项中（　　）不是汽车底盘紧固的注意事项。

  A. 转向垂臂、转向横拉杆、制动操纵机构应完好

  B. 变速器、主减速器凸缘螺母齐全、紧固、可靠

  C. 电器设备螺母的紧固、可靠

  D. 轮毂轴承不松旷

56. ☆转向失控时，需要检查的项目是（　　）。

  A. 两前轮胎压   B. 钢板弹簧是否折断

  C. 两侧轴距是否相等   D. 以上选项都正确

57. ☆当离合器的（　　）翘曲时，会造成离合器分离不彻底。

  A. 分离轴承   B. 踏板   C. 从动盘   D. 离合器盖

58. ☆汽车出现侧滑不稳的原因可能是（　　）引起的。

  A. 制动   B. 转向

  C. 路面   D. 以上选项均有可能

59. ☆装有液压制动装置的汽车，行驶一定里程后，用手触摸各制动鼓均感觉发热，故障可能是由（　　）引起的。

  A. 制动主缸   B. 制动蹄片

  C. 制动鼓   D. 制动踏板自由行程过大

60. ☆驾驶员可以通过操纵离合器的（　　）使离合器分离，而后再使其柔和地接合。

  A. 分离弹簧   B. 分离轴承   C. 操纵机构   D. 变速器

61. ☆车轮制动器制动蹄装配时，支承销其偏心部位（　　）靠边，此时两支承销外端面上标记也应相对。

  A. 朝右   B. 朝左   C. 朝外   D. 朝内

62. ☆在使用指针式前束尺测量前束时，要求将前束尺安装在前轴后面两车轮（　　）的中心位置。

  A. 左侧   B. 右侧   C. 内侧   D. 外侧

63. ☆转向节在安装主销时，要用厚薄规插入前轴（　　）与转向节之间，测得间隙若大于标准值，应加垫片给予调整。

  A. 上端面   B. 下端面   C. 左端面   D. 右端面

64. ☆汽车的前束值一般都小于（　　）mm。

  A. 5   B. 8   C. 10   D. 12

65. ☆当踩下离合器踏板，分离杠杆便带动从动盘克服压紧弹簧的压力（　　）而与飞轮分离，使离合器处于分离状态。

  A. 前移   B. 后移   C. 上移   D. 下移

66. ☆当缓慢地抬起离合器踏板，使（　　）在压紧弹簧压力作用下前移与飞轮恢复接触，离合器处于接触状态。

　　A. 从动盘　　　　B. 主动盘　　　　C. 飞轮　　　　D. 离合器盖

67. ☆液压行车制动系在达到规定的制动效能时，对于座位数大于9的载客汽车踏板行程应不得超过（　　）mm。

　　A. 80　　　　B. 100　　　　C. 120　　　　D. 150

68. ☆在制动时，液压制动系统中制动主缸与制动轮缸的油压是（　　）。

　　A. 主缸高于轮缸　　B. 主缸低于轮缸　　C. 轮缸主缸相同　　D. 不确定

69. 变速器验收时，各挡噪声一般均不得高于（　　）dB。

　　A. 83　　　　B. 85　　　　C. 88　　　　D. 90

70. 手动变速器中某常啮合齿轮副只更换了一个齿轮，可导致（　　）。

　　A. 异响　　　　B. 挂不上挡　　　　C. 脱挡　　　　D. 换挡困难

71. 下列零件中不属于单级主减速器的零件是（　　）。

　　A. 调整垫片　　B. 主动圆锥齿轮　　C. 调整螺母　　D. 半轴齿轮

72. 离合器传动钢片的主要作用是（　　）。

　　A. 将离合器盖的动力传给压盘　　　　B. 将压盘的动力传给离合器盖
　　C. 固定离合器盖和压盘　　　　　　　D. 减小振动

73. 车速传感器安装在（　　）。

　　A. 气缸体上　　B. 油底壳上　　C. 离合器上　　D. 变速器上

74. 通常汽车传动系动力最后经过（　　）传递给驱动轮。

　　A. 离合器　　　　B. 变速器　　　　C. 主减速器　　　　D. 半轴

75. 汽车转弯时，差速器中的行星齿轮（　　）。

　　A. 只公转　　　　　　　　　　B. 只自转
　　C. 既公转又自转　　　　　　　D. 既不公转又不自转

76. 正确的主减速器主、从动锥齿轮啮合印痕应位于齿长方向偏向小端，齿高方向偏向（　　）端。

　　A. 底　　　　　　　　　　B. 顶
　　C. 中　　　　　　　　　　D. 以上选项都不正确

77. 自动变速器内的单向离合器的作用是（　　）。

　　A. 连接　　　　B. 固定　　　　C. 锁止　　　　D. 制动

78. （　　）用于控制油路，使自动变速器油只能朝一个方向流动。

　　A. 主调节阀　　B. 手动阀　　C. 换挡阀　　D. 单向阀

79. 当汽车（　　）时有异响，应检查齿轮的配合间隙和啮合间隙是否合适。

　　A. 加速　　　　B. 减速　　　　C. 起步　　　　D. 上、下坡

80. 如果离合器间隙太大，则离合器将出现（　　）的故障。

A. 打滑 B. 分离不开 C. 发抖 D. 异响

81. 汽车主减速器圆锥主动齿轮轴承（　　）会导致后桥异响，并伴随后桥壳温度升高。

A. 损坏 B. 过紧 C. 过松 D. 磨损

82. 当汽车主减速器（　　）折断时，会导致汽车行车中突然出现强烈而有节奏的金属敲击声。

A. 圆锥齿轮轮齿 B. 行星齿轮轮齿 C. 半轴齿轮轮齿 D. 半轴花键

83. 膜片弹簧离合器的压盘（　　），热容量大，不易产生过热。

A. 较大 B. 较小 C. 较薄 D. 较厚

84. 汽车起步，车身发抖并能听到"嚓啦"的撞击声是（　　）异响。

A. 万向传动装置 B. 变速器 C. 离合器 D. 驱动桥

85. 以下属于离合器发抖原因的是（　　）。

A. 离合器分离杠杆内端面不在同一平面内

B. 压紧弹簧弹力均匀

C. 摩擦片表面清洁

D. 从动盘表面平整

86. 变速器竣工验收时，应进行（　　）试验。

A. 有负荷 B. 无负荷 C. 热磨合 D. 无负荷和有负荷

87. 从动盘摩擦片上的铆钉头至其外平面距离不得小于（　　）mm。

A. 0.1 B. 0.2 C. 0.3 D. 0.4

88. 根据《汽车变速器修理技术条件》（GB 5372-1985）技术要求，变速器壳体上平面长度大于250mm，平面度公差为（　　）mm。

A. 0.10 B. 0.15 C. 0.20 D. 0.25

89. 当发动机与离合器处于完全接合状态时，变速器的输入轴（　　）。

A. 不转动 B. 高于发动机转速

C. 低于发动机转速 D. 与发动机转速相同

90. 汽车传动系应用最广泛的是十字轴式刚性万向节，其允许相连两轴的最大交角为（　　）。

A. 10°～15° B. 15°～20° C. 20°～25° D. 25°～30°

91. 变速器的直接挡的传动比为（　　）。

A. $i=0$ B. $i=1$ C. $i>0$ D. $i>1$

92. 根据《汽车驱动桥修理技术条件》（GB 8825-1988）技术要求，圆锥（　　）齿轮与突缘键槽的侧隙不大于0.20mm。

A. 从动 B. 主动 C. 锥 D. 双曲线

93. 变速器不常接合齿轮齿厚磨损不得超过（　　）mm。

A. 0.20 B. 0.25 C. 0.30 D. 0.40

94. 变速器常啮合齿轮齿厚磨损不得超过（　　）mm。
    A. 0.20　　　　　B. 0.25　　　　　C. 0.30　　　　　D. 0.35
95. （　　）的作用是将两个不同步的齿轮连接起来使之同步。
    A. 同步器　　　　B. 差速器　　　　C. 离合器　　　　D. 制动器
96. 装备手动变速器的汽车，可安装（　　）来减小换挡所引起的齿轮冲击。
    A. 同步器　　　　B. 差速器　　　　C. 离合器　　　　D. 制动器
97. 同步器依靠（　　）来实现动力的传递。
    A. 摩擦　　　　　B. 啮合　　　　　C. 链条　　　　　D. 齿带
98. 根据《汽车驱动桥修理技术条件》（GB 8825—1988）技术要求，圆锥主、从动齿轮啮合间隙为（　　）mm。
    A. 0.15~0.25　　 B. 0.15~0.35　　 C. 0.15~0.45　　 D. 0.15~0.50
99. 根据《汽车驱动桥修理技术条件》（GB 8825-1988）技术要求，驱动桥钢板弹簧座厚度减少不大于（　　）mm。
    A. 1.0　　　　　B. 1.5　　　　　C. 2.0　　　　　D. 2.5
100. 根据《汽车变速器修理技术条件》（GB 5372-1985）技术要求，变速器壳上各承孔轴线的平行度公差允许比原设计规定增加（　　）mm。
    A. 0.01　　　　　B. 0.02　　　　　C. 0.03　　　　　D. 0.04
101. 自动变速器试验后，应让发动机怠速运转（　　）s左右，以使自动变速器油温正常。
    A. 10　　　　　B. 20　　　　　C. 30　　　　　D. 60
102. 单级主减速器由（　　）齿轮组成。
    A. 一对圆锥　　　B. 二对圆锥　　　C. 一对圆柱　　　D. 一组行星
103. 主减速器的主要功用是（　　），并改变力的传动方向。
    A. 增速增扭　　　B. 增速降扭　　　C. 降速降扭　　　D. 降速增扭
104. 差速器内行星齿轮当左右两侧车轮阻力不同时（　　）。
    A. 开始公转　　　B. 开始自转　　　C. 开始反转　　　D. 开始滑动
105. 变速器验收时各密封部位不得漏油，润滑油温度不得超过室温（　　）℃。
    A. 40　　　　　B. 50　　　　　C. 80　　　　　D. 90
106. 检查传动轴轴管的最大径向跳动量，其值应不大于（　　）mm。
    A. 0.2　　　　　B. 0.4　　　　　C. 0.6　　　　　D. 0.8
107. （　　）在离合器处于接合状态时，可中断发动机与驱动轮之间的动力传递，以满足汽车短暂停车和滑行情况的需要。
    A. 离合器　　　　B. 变速器　　　　C. 差速器　　　　D. 主减速器
108. 下列（　　）是汽车行驶中有撞击声的原因。
    A. 减振器性能减弱　　　　　　　　B. 前悬挂移位
    C. 单侧悬挂弹簧弹力不足　　　　　D. 弹簧折断

109. 根据（　　）不同车桥可分为整体式和断开式两种。
    A. 车轮个数　　　B. 传动形式　　　C. 半轴　　　D. 悬架结构
110. 挂车上的车桥都是（　　）。
    A. 转向桥　　　B. 驱动桥　　　C. 转向驱动桥　　　D. 支持桥
111. （　　）是轮胎异常磨损的原因。
    A. 减振器性能减弱　　　　　　　B. 连接销松动
    C. 减振器损坏　　　　　　　　　D. 单侧悬挂弹簧弹力不足
112. 关于轮胎异常磨损的原因，甲认为：轮胎气压不平衡是其中之一；乙认为：单侧悬挂弹簧弹力不足是其中之一；丙认为：主销后倾角改变是其中之一。看法正确的是（　　）。
    A. 甲和乙　　　B. 乙和丙　　　C. 丙和甲　　　D. 以上选项均不正确
113. 轮毂轴承螺栓、螺母的拆装适宜选用（　　）。
    A. 内六角扳手　　　B. 方扳手　　　C. 钩型扳手　　　D. 专用套筒扳手
114. 充气轮胎按其结构组成可分为（　　）。
    A. 有内胎轮胎和无内胎轮胎　　　B. 高压轮胎和低压轮胎
    C. 子午线轮胎和普通斜交轮胎　　D. 普通花纹轮胎和混合花纹轮胎
115. （　　）是车架与车桥之间的一切传力连接装置的总成。
    A. 车轮　　　B. 车身　　　C. 悬架　　　D. 减振器
116. 内胎充气轮胎是由外胎、内胎和（　　）组成的。
    A. 胎圈　　　B. 胎面　　　C. 垫带　　　D. 缓冲层
117. （　　）不是引起高速打摆现象的主要原因。
    A. 前轮胎修补、前轮辋变形、前轮毂螺栓短缺引起动不平衡
    B. 减振器失效，前钢板弹力不一致
    C. 车架变形或铆钉松动
    D. 前束过大，车轮外倾角、主销后倾角变小
118. 汽车行驶时，变换车速，如出现"咔啦、咔啦"的撞击声，多半是（　　）。
    A. 轴承磨损松旷　　　　　　　B. 传动轴排列破坏
    C. 螺栓松动　　　　　　　　　D. 万向节轴承壳压得过紧
119. 关于汽车行驶跑偏的原因，甲认为：车架变形是其中之一；乙认为：前悬挂移位是其中之一；丙认为：单侧悬挂弹簧弹力不足是其中之一。看法正确的是（　　）。
    A. 甲和乙　　　B. 乙和丙　　　C. 丙和甲　　　D. 以上选项均不正确
120. 汽车后桥壳上钢板弹簧中定位孔磨损偏移量不得超过（　　）mm。
    A. 1　　　B. 2　　　C. 3　　　D. 5
121. 轿车的轮辋一般是（　　）。
    A. 深式　　　B. 平式　　　C. 可拆式　　　D. 圆形式

122. 对于独立悬架，弹簧的（　　）对乘员的舒适性起主要影响。
    A. 强度　　　　B. 刚度　　　　C. 自由长度　　　　D. 压缩长度

123. 甲说：对减振器性能的检查应该在普通工具上进行，乙说：一般情况下可通过外观检查有无漏油的地方。看法正确的是（　　）。
    A. 甲　　　　B. 乙　　　　C. 二者都正确　　　　D. 二者都不正确

124. （　　）是导致转向沉重的主要原因。
    A. 转向轮轮胎气压过高　　　　B. 转向轮轮胎气压过低
    C. 汽车空气阻力过大　　　　D. 汽车坡道阻力过大

125. 转向盘（　　）转动量是指将转向盘从一极限位置转到另一极限位置，转向盘所转过的角度。
    A. 最小　　　　B. 自由　　　　C. 最大　　　　D. 极限

126. 转向桥和（　　）属于从动桥。
    A. 驱动桥　　　　B. 转向驱动桥　　　　C. 支持桥　　　　D. 后桥

127. 关于转向沉重的原因，甲认为：转向器转向轴弯曲或管柱凹瘪相互摩擦是其中原因之一；乙认为：转向器摇臂与衬套间隙过小是其中原因之一；丙认为：转向梯形横、直拉杆球头配合间隙过小是其中原因之一。看法正确的是（　　）。
    A. 甲和乙　　　　B. 乙和丙　　　　C. 丙和甲　　　　D. 以上选项均不正确

128. （　　）是装备动力转向系的汽车方向发飘的原因。
    A. 油泵磨损　　　　B. 缺液压油或滤油器堵塞
    C. 油路中有气泡　　　　D. 分配阀反作用弹簧过软或损坏

129. 国家检验标准规定最高车速小于100km/h的汽车转向盘向左向右的自由转角不得大于（　　）。
    A. 30°　　　　B. 40°　　　　C. 15°　　　　D. 35°

130. 转向操纵机构由转向盘、转向轴、（　　）、转向传动轴等组成。
    A. 转向拉杆　　　　B. 转向节臂　　　　C. 转向万向节　　　　D. 梯形臂

131. （　　）是汽车动力转向左右转向力不一致的原因。
    A. 分配阀反作用弹簧过软或损坏　　　　B. 缺液压油或滤油器堵塞
    C. 滑阀内有脏物阻滞　　　　D. 油泵磨损

132. 汽车转向时，其内轮转向角（　　）外轮转向角。
    A. 大于　　　　B. 小于　　　　C. 等于　　　　D. 大于或等于

133. （　　）不是转向沉重的原因。
    A. 转向梯形横、直拉杆球头配合间隙过小
    B. 转向器转向轴弯曲或管柱凹瘪相互摩擦
    C. 前轮前束过大或过小
    D. 转向器摇臂与衬套间隙过小

134. (　　) 不是动力转向液压助力系统引起的转向沉重的原因。
    A. 油泵磨损　　　　　　　　　　　　B. 缺液压油或滤油器堵塞
    C. 油路中有气泡　　　　　　　　　　D. 分配阀反作用弹簧过软或损坏

135. (　　) 有利于转向结束后转向轮和方向盘自动回正，但也容易将坏路面对车轮的冲击力传到方向盘，出现"打手"现象。
    A. 可逆式转向器　B. 不可逆式　　　C. 极限可逆式　　D. 齿轮条式

136. 根据《汽车前桥及转向系修理技术条件》（GB 8823-1988）的技术要求，前轴钢板弹簧座上U形螺栓承孔及定位孔的磨损量不得大于(　　) mm。
    A. 0.5　　　　　B. 1　　　　　　C. 1.5　　　　　D. 2

137. (　　) 不会导致气压制动系统制动不良。
    A. 空气压缩机损坏　　　　　　　　　B. 制动软管破裂
    C. 制动器室膜片破裂　　　　　　　　D. 制动踏板行程过小

138. 检查制动器弹簧时，用(　　)测量，其弹力不得小于规定值。
    A. 弹簧秤　　　　B. 地磅　　　　　C. 角尺　　　　　D. 张紧计

139. 安装好制动凸轮轴后，应使两轴轴向间隙不大于(　　) mm。
    A. 0.6　　　　　B. 0.7　　　　　C. 0.65　　　　　D. 0.5

140. (　　) 制动器可以在行车制动装置失效后应急制动。
    A. 平衡式　　　　B. 非平衡式　　　C. 行车　　　　　D. 驻车

141. 行车制动在产生最大制动作用时的踏板力，对于座位数小于或等于9的载客汽车应不大于(　　) N。
    A. 100　　　　　B. 200　　　　　C. 500　　　　　D. 800

142. 液压制动系统在(　　)之前，一定要排气。
    A. 装车　　　　　B. 检修　　　　　C. 修理后　　　　D. 装配

143. 采用气压制动的机动车当气压升至600kPa且不使用制动的情况下，停止空气压缩机(　　) min后，其气压的降低值应不大于10kPa。
    A. 1　　　　　　B. 3　　　　　　C. 5　　　　　　D. 7

144. 关于行车制动性能的要求，甲认为：汽车行车制动、应急制动和驻车制动的各系统应以某种方式相连；乙认为：各种制动系统在其中之一失效时，汽车应能正常制动。对于以上说法(　　)。
    A. 甲正确　　　　B. 乙正确　　　　C. 甲乙都正确　　D. 甲乙都不正确

145. (　　) 是气压制动跑偏的原因。
    A. 制动总泵、制动踏板行程调整不当　　B. 空气压缩机传动带打滑
    C. 制动阀调整不当　　　　　　　　　　D. 两前轮轮胎气压不一致

练习五　检修汽车底盘理论知识

146. 液压行车制动系统在达到规定的制动效能时，对于制动器装有自动调整间隙装置的车辆的踏板行程不得超过踏板全行程的（　　）。

　　A. 1/4　　　　　B. 2/4　　　　　C. 3/4　　　　　D. 4/5

147. 液压行车制动系统在达到规定的制动效能时，对于座位数大于9的载客汽车踏板行程应不得超过（　　）mm。

　　A. 80　　　　　B. 100　　　　　C. 120　　　　　D. 150

148. 在空载状态下，驻车制动装置应能保证机动车在坡度为20%、轮胎与路面间的附着系数不小于0.7的坡道上正、反两个方向保持固定不动，其时间不应少于（　　）min。

　　A. 2　　　　　B. 3　　　　　C. 4　　　　　D. 5

149. 并列双腔制动主缸中前活塞回位弹簧的弹力（　　）后活塞回位弹簧弹力。

　　A. 大于　　　　B. 小于　　　　C. 等于　　　　D. 大于或等于

150. （　　）装置用于汽车行驶时减速或停车。

　　A. 紧急制动　　B. 安全制动　　C. 行车制动　　D. 驻车制动

151. 汽车制动器的制动蹄在不工作的原始位置时，其摩擦片与制动鼓之间应保持合适的间隙，其间隙一般为（　　）mm。

　　A. 0~0.2　　　B. 0~0.5　　　C. 0~0.8　　　D. 0~1.0

152. 汽车制动器的内张双蹄式鼓式制动器，以制动鼓的（　　）面为工作表面。

　　A. 内圆柱　　　　　　　　　　B. 外圆柱

　　C. 端面　　　　　　　　　　　D. 以上选项都不正确

153. 当汽车气压制动系统储气筒内的气压高于（　　）MPa以上时，气压不足报警灯的报警开关触点分开，报警灯不亮。

　　A. 0.05　　　　B. 0.15　　　　C. 0.30　　　　D. 0.45

154. 货车在30km/h的初速度下采用应急制动系统制动时，制动距离要求≤（　　）m。

　　A. 10　　　　　B. 20　　　　　C. 30　　　　　D. 40

155. 客车在30km/h的初速度下采用应急制动系统制动时，制动距离要求≤（　　）m。

　　A. 18　　　　　B. 28　　　　　C. 38　　　　　D. 48

156. 用手施加于驻车制动装置操纵装置上的力，对于座位数小于或等于9的载客汽车应不大于（　　）N。

　　A. 100　　　　B. 200　　　　C. 400　　　　D. 600

157. 用脚施加于驻车制动装置操纵装置上的力，对于座位数大于9的载客汽车应不大于（　　）N。

　　A. 100　　　　B. 200　　　　C. 500　　　　D. 700

158. 当汽车气压制动系统储气筒内的气压低于某一值时，气压不足报警灯的报警开关触点（　　），报警灯（　　）。

　　A. 分开　不亮　　　B. 分开　亮　　　C. 闭合　不亮　　　D. 闭合　亮

159. 下列（　　）不是制动跑偏、甩尾的原因。

　　A. 车架变形　　　　　　　　　　　B. 前悬挂弹簧弹力不足

　　C. 单侧悬挂弹簧弹力不足　　　　　D. 一侧车轮制动器制动性能减弱

160. 总质量不大于3 500kg 的低速货车在30km/h 的初速度下采用行车制动系统制动时，空载检验时制动距离要求≤（　　）m。

　　A. 8　　　B. 18　　　C. 28　　　D. 38

161. （　　）是制动拖滞的原因。

　　A. 制动踏板轴卡滞

　　B. 两后轮制动间隙不一致

　　C. 两后轮制动气室之一制动管路或接头漏气

　　D. 后桥悬架弹簧弹力不一致

162. 用游标卡尺分别测量制动蹄支承销与衬套，其配合间隙不应超过（　　）mm。

　　A. 0.30　　　B. 0.25　　　C. 0.35　　　D. 0.40

163. 用深度游标卡尺测量，衬片铆钉头距摩擦衬片表面应不小于0.80mm，衬片厚度应不小于（　　）mm。

　　A. 3　　　B. 5　　　C. 7　　　D. 9

164. 检查制动鼓时，用（　　）测量，制动鼓内圆面的圆度误差不得超过规定值。

　　A. 直尺　　　B. 角尺　　　C. 弓形内径规　　　D. 深度尺

165. 乘用车在50km/h 的初速度下采用行车制动系统制动时，空载检验时制动距离要求≤（　　）m。

　　A. 9　　　B. 19　　　C. 29　　　D. 39

166. 乘用车在50km/h 的初速度下采用行车制动系统制动时，满载检验时制动距离要求≤（　　）m。

　　A. 10　　　B. 20　　　C. 40　　　D. 50

167. 乘用车在50km/h 的初速度下采用应急制动系统制动时，制动距离要求≤（　　）m。

　　A. 18　　　B. 28　　　C. 38　　　D. 48

二、判断题

1. （　　）★由于真空增压器所助力也较大，因此重型汽车采用空气增压装置。

2. （　　）★装备非独立悬架的汽车，加装钢板弹簧不会影响汽车的性能。

练习五　检修汽车底盘理论知识

3. （　　）★制动总泵、制动踏板行程调整不当就是气压制动系统制动不良的原因。
4. （　　）★汽车后桥壳变形会使轮胎磨损加快。
5. （　　）★变速器盖应无裂损，变速叉轴与盖承孔的配合间隙为 0.04~0.20mm。
6. （　　）★变速器第一轴的轴向间隙不大于 0.15mm，其他各轴的轴向间隙不大于 0.20mm。
7. （　　）☆汽车直线行驶时差速器不起差速作用。
8. （　　）☆同步器的作用是将输入轴与输出轴连接起来。
9. （　　）☆离合器分离爪内端高低不一致能造成离合器发抖。
10. （　　）☆离合器从动盘安装没有方向的要求。
11. （　　）☆汽车后桥一般为转向桥。
12. （　　）☆转向系按使用能源的不同分为机械式转向系和动力式转向系。
13. （　　）☆手动变速器在拆装时应注意零部件上的标记和配合要求。
14. （　　）☆液压传动是以液体作为传动介质。
15. （　　）☆传动装置应装配齐全可靠，伸缩套处的油封能防止花键内润滑脂外流。
16. （　　）当汽车采用非独立悬架时，车桥都是断开式的。
17. （　　）汽车传动系的基本功用是将发动机输出的动力传递给各车轮。
18. （　　）前后独立方式的双回路液压传动装置，是由双腔主缸通过两套独立回路分别控制车轮制动器。
19. （　　）用深度游标卡尺测量，衬片铆钉头距摩擦衬片表面应不小于 0.20mm。
20. （　　）分配阀的滑阀偏离中间位置是汽车动力转向左右转向力不一致的原因之一。
21. （　　）变速器的互锁装置的作用是防止变速器同时挂上两个挡。
22. （　　）前悬挂弹簧弹力不足就是制动跑偏、甩尾的原因。
23. （　　）如果汽车制动跑偏，说明汽车某一侧车轮制动间隙过大。
24. （　　）传动轴中间的支承轴承散架必然造成万向传动装置异响。
25. （　　）变速器直接挡无异响，而在其他挡位均有异响，说明第一轴轴承损坏。
26. （　　）一般发动机的动力传动过程是：发动机→离合器→变速器→万向传动装置→主减速器→差速器→半轴→驱动轮。
27. （　　）真空助力式液压制动传动装置，制动时真空加力气室产生的推力，同踏板力一样直接作用在制动主缸的活塞推杆上。
28. （　　）牵引汽车自身不装载货物。
29. （　　）传动轴万向节叉等速排列不当，必然使万向传动装置异响。
30. （　　）在行驶中发现轮胎爆破须快速停车。

31. （　）转向操纵机构应转动灵活、无卡滞现象、装配齐全、紧固可靠。
32. （　）半轴花键与半轴齿轮及突缘键槽的侧隙不大于原设计规定的 0.30mm。
33. （　）一般汽车的驱动桥主要由主减速器、差速器、半轴和驱动桥壳等组成。
34. （　）发动机纵向传出的转矩经驱动桥后，使其改变 60°后横向传出。
35. （　）用质量为 0.25kg 的锤子沿曲轴轴向轻轻敲击连杆，连杆能沿轴向移动，且连杆大头两端与曲柄的间隙为 0.17~0.35mm。
36. （　）车身倾斜是悬架系统损坏引起的常见故障之一。
37. （　）主减速器的功用是降低转速，增大转矩，并改变旋转方向，然后传给驱动轮，以获得适当地车速和足够的汽车牵引力。
38. （　）对于双级主减速器，一般第一级为斜齿圆柱齿轮，第二级为锥齿轮。
39. （　）两前轮胎气压差过大或磨损程度不一致是行驶跑偏的原因之一。
40. （　）齿轮啮合间隙过大是造成异响的原因。
41. （　）在汽车制动系中，凸轮式制动器多用气体作为工作介质。
42. （　）为减小行驶阻力，汽车多采用实心轮胎。
43. （　）汽车后桥的异响必须通过仪器来诊断。
44. （　）手动变速器操纵机构没有倒挡锁装置。
45. （　）汽车变速器自锁装置可防止自动脱挡和挂错挡。
46. （　）进行自动变速器失速试验后，发动机应立即熄火。
47. （　）制动蹄片磨损过量只是液压制动系失效的原因。
48. （　）自动变速器内的离合器的作用是将某一执行元件固定。
49. （　）齿轮差速器主要由 4 个圆锥行星齿轮、十字轴、两个圆锥半轴齿轮和差速器壳组成。
50. （　）驻车制动装置通常由驾驶员用手操纵。
51. （　）拆卸制动钳前，先从主缸储液室中放出全部制动液，以防止在维修时溢出。
52. （　）驻车制动器制动机构有盘式、鼓式、带式和弹簧作用式等形式。
53. （　）盘式制动器外廓尺寸小，防泥沙和防水性能好，因而得到广泛应用。
54. （　）汽车制动凸轮轴与底板支座承孔的配合间隙应不得大于 0.05mm。
55. （　）转向器按结构不同主要有循环球式、齿轮—齿条式和螺母螺杆式。
56. （　）制动传动装置按制动管路布置可分为单管路制动传动装置和双管路制动传动装置。
57. （　）在汽车驻车制动器中，有少数汽车的驻车制动器装在主减速器主动轴的前面。
58. （　）制动阀调整不当是气压制动系制动不良的原因之一。

59. （   ）汽车拖带挂车时，解除挂车制动时，要晚于驻车制动。
60. （   ）液压传动系统中的调压回路的作用是调节主油路的压力。
61. （   ）制动蹄摩擦片与制动鼓间隙过小只是液压制动系统卡死的原因。
62. （   ）离合器摩擦片沾油或磨损过甚会引起离合器打滑。
63. （   ）转向轮定位只包括前轮前束。
64. （   ）超低压轮胎的胎压是小于 0.5MPa。
65. （   ）制动蹄回位弹簧折断或弹力不够是制动拖滞的原因之一。
66. （   ）离合器盖与压盘松动不会有异响发生。
67. （   ）行车制动系统的踏板自由行程越小越好。

练习六　检修汽车电器理论知识

一、选择题

1. ★每个电动后视镜上有（　　）调整电动机和驱动器。
   A. 一套　　　　　　B. 两套　　　　　　C. 三套　　　　　　D. 四套
2. ★维修轿车空调制冷系统后，给空调系统抽真空时间最少要达（　　）。
   A. 5min　　　　　　B. 10min　　　　　　C. 18min　　　　　　D. 30min 以上
3. ☆蓄电池搭铁极性必须与（　　）的搭铁极性一致。
   A. 发动机　　　　　B. 起动机　　　　　C. 发电机　　　　　D. 变速器
4. ☆在蓄电池壳体上，禁止放油料容器及各种（　　）。
   A. 金属物　　　　　B. 橡胶制品　　　　C. 塑料制品　　　　D. 麂皮
5. ☆蓄电池槽底沉积杂质过多会造成（　　）。
   A. 断路　　　　　　B. 短路　　　　　　C. 锈蚀　　　　　　D. 绝缘
6. ☆检查蓄电池外部是否清洁，主要看（　　）上是否有污物堆积。
   A. 电池内部　　　　B. 电池外部　　　　C. 电池盖　　　　　D. 电池侧面
7. ☆拆下蓄电池的（　　）及所有电线接头，并依次做好记号。
   A. 正极接线柱　　　B. 负极接线柱　　　C. 正极导线　　　　D. 负极导线
8. ☆为了检查、清洁电器元件而拆卸蓄电池电缆时，（　　）。
   A. 应先拆负极　　　　　　　　　　　　B. 应先拆正极
   C. 正、负极同时拆卸　　　　　　　　　D. 正、负极拆装顺序没有要求
9. ☆更换柴油车蓄电池前应先拆旧蓄电池，拆蓄电池应按（　　）次序。
   A. 火线→蓄电池之间连线→搭铁线　　　B. 搭铁线→蓄电池之间连线→火线
   C. 蓄电池之间连线→火线→搭铁线　　　D. 蓄电池之间连线→搭铁线→火线
10. ☆诊断、排除蓄电池自放电故障时，要关闭（　　）。
    A. 点火开关　　　　B. 各用电设备　　　C. 起动机　　　　　D. 发电机
11. ☆诊断蓄电池自放电故障时，将线端与接线柱划碰试火，若无火花则说明故障可能在（　　）。
    A. 蓄电池内部　　　B. 蓄电池外部　　　C. 发电机　　　　　D. 起动机
12. ☆诊断蓄电池自放电故障时，将线端与接线柱划碰试火，若有火花，应逐段检查有关导线，找出（　　）之处。
    A. 断路　　　　　　B. 短路　　　　　　C. 锈蚀　　　　　　D. 断裂
13. ☆汽车铅蓄电池"自放电现象"是（　　）引起的。
    A. 电解液密度过低　B. 极板硫化　　　　C. 电解液不纯　　　D. 温度变化

14. ☆更换汽车仪表内新的里程表时，应将新里程表的读数调到（　　）。
    A. 0公里数　　　　　　　　　　　　B. 车主要求的公里数
    C. 原公里数　　　　　　　　　　　　D. 随意公里数
15. ☆更换仪表时，首先应拆开蓄电池的（　　），取下加强板装饰罩。
    A. 正极导线　　B. 正极接线柱　　C. 负极导线　　D. 负极接线柱
16. ☆前照灯不亮故障的处理方法是：首先检查（　　）的好坏，不好应更换。
    A. 灯泡　　　　B. 蓄电池　　　　C. 起动机　　　D. 发电机
17. ☆打开前照灯时发现右侧前照灯近光不亮，可能存在的原因是（　　）。
    A. 蓄电池电量不足　　　　　　　　B. 右侧前照灯近光灯丝损坏
    C. 灯光开关未开　　　　　　　　　D. 近光继电器损坏
18. ☆从电源开始到前照灯做线路的搭铁检查是为了检查前照灯（　　）的故障。
    A. 不断电　　　B. 灯光暗淡　　　C. 灯泡损坏　　D. 灯泡短路
19. ☆检查喇叭不响故障时，检查保险丝，如果正常，则用喇叭的接点直接和（　　）连接试验。
    A. 起动机　　　B. 蓄电池　　　　C. 发电机　　　D. 发动机
20. ☆不属于诊断喇叭不响的故障的处理方法的是（　　）。
    A. 检查喇叭的保险丝　　　　　　　B. 检查喇叭继电器
    C. 检查喇叭开关导通情况　　　　　D. 检查调节器
21. ☆当喇叭不响时，确定为喇叭损坏后，更换喇叭，喇叭通常固定在（　　）上。
    A. 固定支架　　B. 缓冲支架　　　C. 旋转支架　　D. 固定支撑板
22. ☆汽油发动机机油警报灯亮起时，表示发动机润滑机油压力为危险压力，润滑油正常压力应为（　　）。
    A. 2~3MPa　　 B. 2~4MPa　　　 C. 0.16~0.40MPa　D. 5.4~7.4MPa
23. ☆关于机油压力过低的故障现象叙述正确的是（　　）。
    A. 发动机运转时，机油压力忽高忽低　　B. 机油表上反映在较高的危险区域内
    C. 机油表上指针反映在"0"位　　　　　D. 发动机起动后，机油压力缓慢降低
24. ☆当发动机运转时，机油压力警告灯突然发亮，拆开油压开关上的接线，如果灯熄灭，可能是（　　）。
    A. 油压开关短路　　　　　　　　　B. 油压开关断路
    C. 机油滤清器的油压警告灯短路　　D. 机油滤清器堵塞
25. ☆诊断转向灯不亮的故障时，检查闪光器B端子电压，如果无电压，则进行闪光器B和开关F之间配线导通检查，开关输入端子（　　）的电压检查。
    A. B1、B2　　 B. B1、L　　　　C. E1、E2　　　D. F1、F2
26. ☆诊断转向灯不亮的故障时，将紧急闪光灯处于"ON"位置检查灯闪频率，如果灯不闪，则检查闪光器（　　）端子电压。
    A. A　　　　　B. B　　　　　　C. C　　　　　　D. D

第一部分　理论知识

27. ☆诊断转向灯不亮的故障时,将紧急闪光灯处于"ON"位置首先检查（　　）。
    A. 亮度　　　　　　　　　　B. 转向灯闪烁情况
    C. 温度　　　　　　　　　　D. 射程

28. ☆利用灯光作汽车信号的装置,不包括（　　）。
    A. 示宽灯　　　B. 牌照灯　　　C. 雾灯　　　D. 制动灯

29. ☆为增强雾灯的透雾性,雾灯的灯面玻璃多采用（　　）色。
    A. 白　　　　B. 红　　　　C. 绿　　　　D. 黄

30. ☆为进一步证明起动机离合器是否失效,应检查起动机的单向离合器的（　　）。
    A. 锁止力矩　　B. 间隙　　　C. 卡滞　　　D. 装反

31. ☆起动发动机时,接通点火开关至起动挡,起动机不转,应检查起动机电磁开关保持线圈是否（　　）,若有应予以更换。
    A. 击穿　　　B. 锈蚀　　　C. 断路　　　D. 搭铁

32. ☆清洁起动机前,应拆下连接驱动端盖与后端盖上的两个长螺栓,将（　　）与定子总成、驱动端盖分离。
    A. 前端盖　　　B. 后端盖　　　C. 壳体　　　D. 轴承

33. ☆发电机不发电故障的现象为发动机高于怠速运转时,（　　）指示放电的指示灯亮。
    A. 电压表　　　B. 万用表　　　C. 电流表　　　D. 故障灯

34. ☆发电机正常发电现象为发动机（　　）运转时,电流表指示放电的指示灯熄灭。
    A. 高于怠速　　B. 500 r/min　　C. 400 r/min　　D. 550 r/min

35. ☆当发电机不发电时,应先区别是蓄电池存电不足,还是（　　）有故障。
    A. 充电系统　　B. 点火系统　　C. 电控系统　　D. 起动系统

36. ☆发电机不发电故障可能是（　　）。
    A. 风扇损坏　　　　　　　　B. 风扇V带是否装反
    C. 发电机V带损坏　　　　　D. 风扇叶片损坏

37. ☆汽车上常见的电路保护器件有易熔线、（　　）及电路断路保护器等。
    A. 二极管　　B. 熔断器（片）　　C. 开关　　D. 导线

38. ☆双金属片式断路保护器常用于汽车上的（　　）内,以保护电流过大造成线路部件损坏。
    A. 起动机　　　　　　　　　B. 车窗玻璃升降电机
    C. 发电机　　　　　　　　　D. 步进电机

39. ☆当线圈中通电时,电磁继电器上的衔铁带动活动触点与固定（　　）断开。
    A. 常开触点　　　　　　　　B. 常闭触点
    C. 铁芯　　　　　　　　　　D. 以上选项都不正确

40. ☆当电磁继电器的线圈电流被切断时,衔铁在弹簧的作用下迅速回位,从而使活动触点与固定（　　）。
    A. 常闭触点断开　　B. 常开触点闭合　　C. 常闭触点闭合　　D. 常开触点断开

练习六 检修汽车电器理论知识

41. ☆普通电磁继电器由（　　）和触点组成。
    A. 铁芯　　　　　B. 衔铁　　　　　C. 永久磁铁　　　　　D. 电磁铁
42. ☆（　　）用来清除风窗玻璃上的雨水、雪或尘土，确保驾驶员能有良好的视线。
    A. 电动刮水器　　　　　　　　　　B. 风窗玻璃清洗装置
    C. 风窗除霜装置　　　　　　　　　D. 以上选项都不正确
43. ☆（　　）是汽车音响故障率最高的部分。
    A. 天线　　　　　B. 喇叭　　　　　C. 功率放大器　　　　　D. 线路
44. ☆一般轿车音响的工作电压为（　　）V。
    A. 36　　　　　B. 12　　　　　C. 5　　　　　D. 24
45. ☆汽车音响的中的 FM 表示（　　）。
    A. 调频　　　　　B. 调幅　　　　　C. 调压　　　　　D. 调音
46. ☆电动后视镜中（　　）接受折回开关的信号，并发出指令使折回驱动机工作，及时准确地控制后视镜的展开或收回。
    A. 折回电动机及驱动器　　　　　　B. 折回控制模块
    C. 电动后视镜开关　　　　　　　　D. 左侧后视镜
47. ☆电动后视镜开关可以分别控制电动后视镜（　　）、左右方向位置。
    A. 上下方向　　　B. 水平方向　　　C. 内外方向　　　D. 垂直方向
48. ☆在检修电动门窗时应分清是电路故障还是机械故障。检修时，当听到门窗电机有转动声响，表明可能是（　　）。
    A. 机械故障　　　B. 电路故障　　　C. 电路或机械故障　　　D. 油路故障
49. ☆电动车窗的（　　）能控制除驾驶员侧外的其他车窗，当该开关接通时，其他车窗能够自由控制升降；当该开关断开时，其他车窗则不能自由控制升降。
    A. 安全开关　　　B. 保护开关　　　C. 上升开关　　　D. 下降开关
50. ☆当电动车窗出现（　　）故障时电动车窗虽然不能工作，但在操纵升降开关时，能听到继电器的响声和电动机的工作声。
    A. 电器　　　　　B. 机械　　　　　C. 机械和电器　　　　　D. 油路
51. ☆电动座椅系统中，调节（　　）可以控制座椅前端上下的升降动作，改变座椅的水平角度，以适应不同身材驾乘人员的需要。
    A. 前后调节电动机　　　　　　　　B. 前端上下调节电动机
    C. 后端上下调节电动机　　　　　　D. 左右调节电动机
52. ☆电动座椅的调节开关由一组开关组合而成，通过这组开关可以对（　　）电动机分别进行控制。
    A. 2个　　　　　B. 3个　　　　　C. 4个　　　　　D. 5个
53. ☆（　　）对汽车结构设计提出了更高的要求，它既要满足驾驶员多种姿势下的操作安全要求,也要满足乘客的舒适性和安全性的要求。

  A. 电动座椅   B. 真皮座椅   C. 电加热座椅   D. 布套座椅

54. ☆如果检测到空调系统低压和高压侧压力都偏低,从储液干燥器到空调压缩机间的管路都结霜,可能的故障原因是(　　)。

  A. 制冷剂过量 B. 制冷剂不足 C. 制冷剂循环不良 D. 制冷剂不纯

55. ☆安装歧管压力表检查空调膨胀阀时,起动发动机,使其在2 000r/min运转至少5min,然后检查高压表读数,应为(　　)MPa。

  A. 1.275~1.4 B. 1.50~1.8 C. 1.0~1.221 D. 1.221~1.4

56. ☆压力表组有多种用途,它可以用来(　　)、向系统充注制冷剂、抽真空、向系统加注润滑油等。

  A. 向系统回收制冷剂   B. 检查系统泄漏点

  C. 检查系统压力   D. 显示系统流量

57. ☆从制冷系统拆下空调歧管压力表时,应先(　　)阀门,再取下加注口接头。

  A. 关闭高压 B. 关闭低压 C. 关闭高低压 D. 高低压都打开

58. ☆下列(　　)情况不需要更换储液干燥器。

  A. 储液干燥器泄漏   B. 储液干燥器吸足了水分

  C. 空调系统与大气相通2 h以上 D. 储液干燥器凹陷

59. ☆不属于空调系统制冷剂储液罐的功能的是(　　)。

  A. 储液   B. 干燥   C. 过滤   D. 节流

60. ☆空调器运行后储液干燥器外壳有一层白霜,说明(　　)。

  A. 制冷剂过量 B. 储液干燥器脏堵 C. 制冷剂泄漏 D. 制冷剂不足

61. ☆带有玻璃观察孔的储液干燥器,从透视孔中观察到有清水略带气泡流过,说明系统(　　)。

  A. 制冷剂不足 B. 制冷剂正常 C. 制冷剂中有水分 D. 制冷剂不纯

62. ☆通过汽车空调膨胀阀的制冷剂流量,应适宜(　　)。

  A. 平衡制冷管道内压力的变化 B. 制冷负荷的变化

  C. 蒸发压力调节阀的流量变化 D. 平衡制冷功耗的变化

63. ☆H形汽车空调膨胀阀,其内部有一个调节流量的(　　)。

  A. 球阀   B. 针阀   C. 片阀   D. 变径孔阀

64. ☆给空调系统加润滑油时,应该在(　　)的状态下加入。

  A. 充制冷剂后   B. 系统检测泄漏之前

  C. 给系统排空和抽真空操作之间 D. 抽真空前加注

65. ☆用气体渗漏试验空调压缩机,通过充填阀向空调压缩机充入制冷剂的压力需要达到(　　)MPa。

  A. 0.294   B. 0.101   C. 0.402   D. 2.015

66. ☆更换新的空调压缩机后,应向压缩机重新加入润滑油,在旧压缩机内油量的基础上再加入（　　）ml 的润滑油。
A. 0　　　　　　B. 10　　　　　　C. 20　　　　　　D. 40

67. ☆现在汽车空调制冷系统中，使用的环保型制冷剂为（　　）。
A. R11　　　　　B. R12　　　　　C. R22　　　　　D. R134a

68. ☆维修系统管路时，汽车空调 R134a 系统的 O 形冷气胶圈通常是（　　）的。
A. 红色或黑色　　B. 黑色或绿色　　C. 黑色或黄色　　D. 红色或白色

69. ☆汽车空调的储液干燥器里，引出管安插在罐（　　），以确保抽离储液罐的制冷剂百分之百是液体。
A. 顶部　　　　　B. 底部　　　　　C. 中部　　　　　D. 上部

70. ☆汽车空调的膨胀阀感温包安装位置（　　）。
A. 冷凝器出口　　B. 冷凝器进口　　C. 蒸发器出口　　D. 压缩机出口

71. ☆在轿车空调风道内从气流流通考虑蒸发器与风机两者的安装位置（　　）。
A. 蒸发器在风机后面　　　　　　B. 蒸发器在风机前面
C. 蒸发器在风机左面　　　　　　D. 蒸发器在风机右面

72. ☆常开型汽车空调高压保护开关通常安装在（　　）。
A. 干燥瓶　　　　B. 蒸发器　　　　C. 压缩机　　　　D. 冷凝器

73. ☆当汽车工作时蒸发器表面控制在（　　）。
A. 0℃　　　　　B. 1~4℃　　　　C. 4~6℃　　　　D. 6~8℃

74. ☆汽车空调制冷剂离开蒸发器之后，正常状态下在管道应显（　　）。
A. 气体　　　　　B. 液体　　　　　C. 固体　　　　　D. 半液体半固体

75. ☆制冷剂离开蒸发器后在管路中是（　　）。
A. 高压液态　　　B. 低压液态　　　C. 低压气态　　　D. 高压气态

76. ☆空调系统工作时，若蒸发器内制冷剂不足，离开蒸发器的制冷剂会是（　　）。
A. 高于正常压力，温度较低　　　B. 低于正常压力，温度较高
C. 高于正常压力，温度较高　　　D. 低于正常压力，温度较低

77. ☆汽车空调的蒸发器与冷凝器比较，（　　）。
A. 蒸发器的管道壁较厚　　　　　B. 冷凝器的管道壁较厚
C. 两者管道壁厚相差不大　　　　D. 冷凝器比蒸发器的热交换能力更强

78. ☆在冷凝器内，制冷剂从气体变成（　　）。
A. 固体　　　　　B. 液体　　　　　C. 气体　　　　　D. 固体和液体并存

79. ☆某车空调系统高压侧和低压侧压力均偏高，可能原因是（　　）。
A. 冷凝器外表脏污　　　　　　　B. 制冷剂不足
C. 压缩机不工作　　　　　　　　D. 制冷剂不纯

80. 汽车起动机的电机一般为（　　）式电动机。
A. 复激　　　　　B. 并激　　　　　C. 串激　　　　　D. 脉冲

第一部分 理论知识

81. 某汽车起动机的输出端采用行星齿轮式减速机构,太阳齿轮接电机轴,那么应使（　　）。

    A. 齿圈为固定不动的　　　　　　　　B. 齿圈通过离合器锁止不动

    C. 行星架为锁止不动的　　　　　　　D. 行星架与齿圈经离合器锁为一体

82. 只要点火开关拧到START挡,起动机电磁开关的吸拉线圈和保持线圈是（　　）。

    A. 两只线圈就一直通电

    B. 吸拉线圈先通电,后来保持线圈再通电

    C. 保持线圈先通电,后来吸拉线圈再通电

    D. 开始时两线圈同时通电,后来只有保持线圈通电

83. 小功率起动机广泛使用的是（　　）离合器。

    A. 滚柱式　　　　　B. 摩擦片式　　　　　C. 弹簧式　　　　　D. 带式

84. 起动机电磁开关吸拉线圈的电阻值为（　　）Ω。

    A. 1.5~2.6　　　　　B. 1.6~2.6　　　　　C. 2.6~2.7　　　　　D. 2.7~2.9

85. 检查起动机电枢绕组换向器是否断路,应用（　　）检查。

    A. 电流表　　　　　B. 电压表　　　　　C. 欧姆表　　　　　D. 伏安表

86. 对汽车起动机来讲,下列正确的是（　　）。

    A. 起动机的搭铁回路电压降允许的最大值是0.9V

    B. 起动机工作时的噪声大多来自电枢

    C. 发动机刚起动时,起动机的工作电流为180~350A

    D. 与驱动齿一体的是楔块式结构的单向离合器

87. 汽车起动机电磁开关通电,活动铁芯完全吸入驱动齿轮时,驱动齿轮与止推环之间的间隙一般为（　　）mm。

    A. 1.5~2.5　　　　　B. 5　　　　　C. 5~10　　　　　D. 5~7

88. 起动机电枢轴弯曲超过（　　）mm时,应进行校正。

    A. −0.05　　　　　B. 0.10　　　　　C. 0.15　　　　　D. 0.25

89. 起动机换向器圆周上径向跳动量超过0.05mm,应在（　　）上修复。

    A. 车床　　　　　B. 压力机　　　　　C. 磨床　　　　　D. 铣床

90. 起动机在做全制动试验时,除测试电流、电压外,还应测试（　　）。

    A. 转速　　　　　B. 转矩　　　　　C. 功率　　　　　D. 电阻值

91. 起动机的驱动齿轮与止推垫之间的间隙应为（　　）mm。

    A. 1~4　　　　　B. 1~2　　　　　C. 0.5~1　　　　　D. 0.5~0.9

92. 小排量汽油轿车上的起动机,在做全负荷试验时其电流一般为（　　）A。

    A. 50~60　　　　　B. 70~100　　　　　C. 90~150　　　　　D. >240

93. 发动机起动时,蓄电池可向起动机提供高达（　　）A的起动电流。

    A. 100~200　　　　　B. 100~300　　　　　C. 200~300　　　　　D. 200~600

练习六　检修汽车电器理论知识

94. 为保证车辆顺利起动，起动电流稳定值应该为100~150A，蓄电池内阻不大于20mΩ；稳定电压不小于（　　）V。
    A. 3　　　　　　B. 6　　　　　　C. 9　　　　　　D. 12
95. 为保证车辆顺利起动，起动前蓄电池电压不小于（　　）V。
    A. 6　　　　　　B. 8　　　　　　C. 10　　　　　D. 12
96. 关于起动机运转无力故障的原因，甲认为：起动机运转无力的原因可能是起动机电枢轴弯曲与磁极碰擦；乙认为：起动机运转无力的原因可能是电枢绕组或磁场绕组短路。你认为以上观点（　　）。
    A. 甲正确　　　B. 乙正确　　　C. 甲乙都正确　　　D. 甲乙都不正确
97. 关于起动机不能与飞轮结合故障，其原因主要在（　　）部分。
    A. 起动机的操纵　B. 起动机定子　C. 起动机转子　D. 起动机电刷
98. 汽车起动机电磁开关将起动机主电路接通后，活动铁芯靠（　　）线圈产生的电磁力保持在吸合位置上。
    A. 吸拉
    B. 保持
    C. 吸拉和保持
    D. 以上选项都不正确
99. （　　）式起动机由驾驶员旋动点火开关或按下起动按钮，直接参与控制或通过起动继电器，控制电磁开关接通或切断起动机电路。
    A. 电磁操纵式　B. 直接操纵式　C. 惯性啮合式　D. 移动电枢啮合式
100. 起动过程中，电磁开关内的（　　）。
    A. 保位线圈被短路
    B. 吸拉线圈被短路
    C. 保位线圈和吸拉线圈都被短路
    D. 保位线圈和吸拉线圈都不被短路
101. 汽车起动机的电磁开关作用是（　　）。
    A. 控制起动机电流的通断
    B. 推动小齿轮啮入飞轮齿圈
    C. 通断起动机电流，并推动小齿轮啮入飞轮齿圈
    D. 防止起动机电枢被发动机高速反拖
102. 对蓄电池安全操作正确的是（　　）。
    A. 配制电解液时应将硫酸倒入水中
    B. 配制电解液时应将水倒入硫酸中
    C. 观看检查电解液用的仪器时应远离电解液注口
    D. 蓄电池壳上可以放置较轻的物体
103. 按蓄电池生产厂家的要求或气温条件，在蓄电池内加注规定密度的电解液，静置（　　）h后，再将液面高度调整到高出极板（或防护片）顶部10~15mm。
    A. 6~8　　　　B. 5~10　　　　C. 15~20　　　D. 20~25
104. 在充电完成2h后测量电解液相对密度，若不符合要求，可用（　　）（过高时）或相对密度为1.4的稀硫酸（过低时）调整。

A. 蒸馏水　　　　B. 井水　　　　　C. 河水　　　　　D. 雪水

105. 对储存期超过两年的干式铅蓄电池，使用前应补充充电，充电时间应为（　　）h。

　　A. 2～3　　　　B. 3～5　　　　C. 5～10　　　　D. 10

106. 交流发电机单相桥式硅整流器每个二极管，在一个周期内的导通时间为（　　）周期。

　　A. 1/2　　　　B. 1/3　　　　C. 1/4　　　　　D. 1/6

107. 电子调节器都是根据发电机端电压的变化，使（　　）及时地导通或截止，进一步控制大功率三极管饱和和截止，使发电机端电压不变。

　　A. 二极管　　　B. 稳压管　　　C. 电阻器　　　　D. 电容器

108. 交流发电机过载时，（　　）可协同发电机向用电设备供电。

　　A. 分电器　　　B. 电动机　　　C. 蓄电池　　　　D. 起动机

109. 发动机高速运转时由（　　）向蓄电池充电。

　　A. 分电器　　　B. 交流发电机　C. 电动机　　　　D. 起动机

110. 硅整流发电机的中性点电压等于发电机极柱直流输出电压的（　　）倍。

　　A. 1/2　　　　B. 1　　　　　C. 1/3　　　　　D. 1/4

111. 细致检测汽车交流发电机，发现存在周期性的哼叫噪声，但更换皮带和发电机的轴承，这种噪声依然存在，这是由于（　　）造成的。

　　A. 个别硅管开路　B. 输出电流过大　C. 个别硅管短路　D. 输出电压过高

112. 若汽车蓄电池为负极搭铁，装用交流发电机时，则会产生（　　）现象。

　　A. 蓄电池不能被充电　　　　　　B. 发电机线圈立即烧毁

　　C. 蓄电池充电过大　　　　　　　D. 发电机硅管立即烧毁

113. 判断汽车硅整流发电机磁场是否正常，可在其运转时，最简单的测试方法是（　　）。

　　A. 充电指示灯状况　　　　　　　B. "+"端的电压值

　　C. "F"端的电压情况　　　　　　D. 用螺丝刀检测发电机外壳的磁性

114. 发电机转子端隙应不大于（　　）mm。

　　A. 0.10　　　　B. 0.20　　　　C. 0.25　　　　　D. 0.30

115. （　　）用于测试发电机端电压。

　　A. 万用表　　　B. 气压表　　　C. 真空表　　　　D. 油压表

116. 验收发电机时，检查其有无机械和电路故障，可采取（　　）试验。

　　A. 负载　　　　B. 起动　　　　C. 空转　　　　　D. 手动

117. 发电机定子绕组的阻值一般为（　　）mΩ。

　　A. 150～200　　B. 3 000～6 000　C. 15～35　　　　D. 1 500～3 500

118. 关于充电电流不稳故障的症状，甲认为：充电电流不稳的症状是发动机在中速以上运转，电流表指示充电电流忽大忽小；乙认为：充电电流不稳的症状是发动机在中速以上运转，充电指示灯忽明忽暗。你认为以上观点（　　）。

　　A. 甲正确　　　B. 乙正确　　　C. 甲乙都正确　　D. 甲乙都不正确

练习六 检修汽车电器理论知识

119. 汽车行驶时,充电指示灯忽亮忽灭,说明( )。
    A. 发电机处于他励状态　　　　　　B. 发电机处于自励状态
    C. 充电系统有故障　　　　　　　　D. 指示灯损坏

120. ( )可导致发电机异响。
    A. 发电机轴承润滑不良　　　　　　B. 碳刷过短
    C. 定子短路　　　　　　　　　　　D. 转子短路

121. 关于发电机异响故障,甲认为:发电机异响故障的原因可能是传动带松紧度调整不当,乙认为:发电机异响故障的原因可能是发电机轴承润滑不良。你认为以上观点( )。
    A. 甲正确　　　B. 乙正确　　　C. 甲乙都正确　　　D. 甲乙都不正确

122. 在汽车使用的硅整流发电机上,"S"接线的作用是( )。
    A. 充电引出线　　　　　　　　　　B. 磁场控制线
    C. 控制充电指示灯引出线　　　　　D. 电压检测线

123. 汽车硅整流发电机外壳有字母"N"接线柱,应与发电机的( )连接。
    A. 正极　　　　　　　　　　　　　B. 负极
    C. 定子三相的中性点　　　　　　　D. 激磁线圈

124. 汽车硅整流发电机,常用的接插线有( )等。
    A. F　　　B. ST　　　C. C　　　D. P

125. ( )的作用是在发电机转速变化时,自动改变励磁电流的大小,使发电机输出电压保持不变。
    A. 整流器　　　B. 调节器　　　C. 蓄电池　　　D. 电容器

126. 汽车硅整流发电机的励磁电流,由( )进行调节。
    A. 蓄电池电压　　B. 发电机的转速　　C. 电压调节器　　D. 电流调节器

127. 发电机集成电路调节器不具有( )等优点。
    A. 调压精度高　　B. 工作可靠　　C. 体积小　　D. 交直流都可用

128. 当汽车的点火开关未接通时,水温表指示停在左边刻度100℃外边;当接通点火开关后,指针立即从100℃向40℃移动,发动机起动后,随着水温的增高,指针又慢慢从40℃向100℃的方向移动,则表明( )。
    A. 总火线有断路处　　　　　　　　B. 感温塞故障
    C. 水温表电路有断路处　　　　　　D. 水温表状况良好

129. 接通点火开关后水温表指针不动,用螺丝刀将传感器接线柱与机体短接,水温表指针仍不动,表明( )。
    A. 水温表状况良好　　　　　　　　B. 水温表电路有断路处或表已损坏
    C. 传感器触点氧化　　　　　　　　D. 传感器加热线圈烧坏

第一部分　理论知识

130. 关于燃油表指示，甲认为：如燃油表指示"F"，则表明油箱内的燃油为满箱；乙认为：如果燃油表指示"E"，则表明油箱内的燃油为半箱。你认为以上观点（　　）。

　　A. 甲正确　　　　B. 乙正确　　　　C. 甲乙都正确　　　D. 甲乙都不正确

131. 关于燃油表检修，甲认为：在安装传感器时，与油箱搭铁必须良好；乙认为：传感器的电阻末端必须搭铁，这样可以避免因滑片与电阻接触不良时产生火花而引起火灾。你认为以上观点（　　）。

　　A. 甲正确　　　　B. 乙正确　　　　C. 甲乙都正确　　　D. 甲乙都不正确

132. 汽车上使用的三线圈电磁式燃油表，当点火钥匙被取下时，燃油表的指针应停留在（　　）位置。

　　A. 最后一时刻的位置　　　　　　　B. E 位

　　C. H 位　　　　　　　　　　　　D. 任意位

133. 关于车速里程表，甲认为：车速里程表的动力源来自变速器的输出轴；乙认为：车速里程表由汽车的变速器软轴驱动仪表的主动轴。你认为以上观点（　　）。

　　A. 甲正确　　　　B. 乙正确　　　　C. 甲乙都正确　　　D. 甲乙都不正确

134. 车速里程表与轮胎之间的总传动比一般为（　　）。

　　A. 1∶10　　　　B. 1∶100　　　　C. 1∶1 000　　　　D. 1∶10 000

135. 更换汽车上新的里程表时，应将新里程表的读数调到（　　）。

　　A. 0 公里数　　　　　　　　　　B. 车主要求的公里数

　　C. 原公里数　　　　　　　　　　D. 随意公里数

136. 打开点火开关后，机油指示灯不亮，当用螺丝刀把油压传感器接线柱与机体短时连接时，油压灯指示正常，这说明（　　）。

　　A. 传感器有故障　　　　　　　　B. 油压表有故障

　　C. 机油压力过低　　　　　　　　D. 传感器导线有断路

137. 在下列（　　）情况下，机油警告灯不会发亮。

　　A. 油压警告灯开关接触不良　　　B. 机油滤清器上的油压警告灯开关短路

　　C. 润滑系油压过低　　　　　　　D. 警告灯至传感开关间线路对铁短路

138. 汽油发动机机油警报灯亮起时，表示发动机润滑机油压力为危险压力，润滑油压力为 0.16~0.40MPa，说明（　　）。

　　A. 压力过低　　　　B. 压力过高　　　　C. 压力正常　　　　D. 压力极低

139. 汽车双丝前照灯在近光灯丝下方有金属反光板罩，其目的是（　　）。

　　A. 增加亮度　　　　　　　　　　B. 增加透雾性

　　C. 防止会车时对方驾驶员产生眩目现象　　D. 节约电能

140. 为了防止夜间会车炫目，将前照灯远光灯切换为近光灯，近光灯丝位于（　　）。

　　A. 反射镜焦点处　　　　　　　　B. 反射镜焦点上方或前方

C. 反射镜焦点下方　　　　　　　　　D. 反射镜焦点侧面

141. 弧光放电前照灯的亮度是卤素前照灯的（　　）倍。
　　　A. 2　　　　　　B. 5　　　　　　C. 2.5　　　　　　D. 10

142. 开启灯开关时远光指示灯亮，但前照灯有一道不亮，其原因是（　　）。
　　　A. 发电机不发电　　　　　　　　B. 近光灯损坏
　　　C. 远光灯丝烧坏　　　　　　　　D. 蓄电池至保险盒之间有断路

143. 若拉动汽车的总灯开关，如果所有的灯都不亮，其原因是（　　）。
　　　A. 电流表有故障　　　　　　　　B. 灯系电路的总保险发生断路故障
　　　C. 所有灯丝烧坏　　　　　　　　D. 发电机不工作

144. 在汽车前照灯左右近光电路中，正确的是（　　）。
　　　A. 左右近光灯泡的总电阻只有左侧的一半
　　　B. 左右近光灯泡的总电阻是左侧与右侧的和
　　　C. 左右近光灯泡的总电阻与右侧的相等
　　　D. 左右近光灯泡的总电阻只有左侧的 1/4 与右侧的 1/4 的和

145. 关于汽车的组合式尾灯的描述，结论正确的是（　　）。
　　　A. 制动灯的功率要比示宽灯的小　　B. 制动灯的功率比转向灯的要大
　　　C. 倒车灯的功率要比示宽灯的小　　D. 转向灯的颜色为黄色

146. 开启汽车灯开关时，尾灯和前照灯均亮，唯有示宽灯不亮，其原因有（　　）。
　　　A. 示宽灯线路有断路　　　　　　B. 发电机调压器不良
　　　C. 前照灯搭铁不良　　　　　　　D. 前照灯灯丝损坏

147. 汽车危险灯的电源来自（　　）。
　　　A. 蓄电池　　　　B. 闪光器　　　　C. 危险灯开关　　　　D. 点火钥匙

148. 汽车左转向时，前左转向灯不亮的原因有（　　）。
　　　A. 电源至闪光器有断路　　　　　B. 闪光器至转向开关有断路
　　　C. 闪光器有故障　　　　　　　　D. 左灯丝烧坏

149. 汽车上的转向信号灯用的闪光器，其上有三个端子，（　　）端子应接转向灯开关。
　　　A. B　　　　　　B. L　　　　　　C. E　　　　　　D. ST

150. 采用氙气灯作为普通前照灯的光源时，氙气灯可作为（　　）的光源。
　　　A. 远光　　　　　B. 近光　　　　　C. 四灯式远光　　　　D. 远近光均可

151. 使用 LED 发光二极管作汽车制动灯的光源，在车辆行驶时能获得的突出优点是（　　）。
　　　A. 特别光亮　　　B. 寿命极长　　　C. 造形醒目　　　　D. 能自动开启

152. （　　）导致前排乘客侧电动车窗都不能升降。
    A. 熔断器故障　　　　　　　　　　B. 前排乘客侧开关故障
    C. 左后乘客侧开关故障　　　　　　D. 右后乘客侧开关故障

153. 汽车电动座椅能调节的方向比较多，许多车辆使用 4 个电动机，能够对座椅的（　　）个方向进行调节。
    A. 8　　　　　B. 6　　　　　C. 4　　　　　D. 2

154. （　　）不能导致所有电动座椅都不能动。
    A. 熔断器故障　　　　　　　　　　B. 搭铁不良
    C. 搭铁线断路　　　　　　　　　　D. 右后乘客侧开关故障

155. 中央门锁出现机械故障的特点是（　　）。
    A. 所有门锁工作不正常　　　　　　B. 半边车门锁动作不正常
    C. 个别门工作不正常　　　　　　　D. 所有门锁无法打开

156. 对于真空控制的中央门锁装置，当真空管路出现故障时，将造成真空泄漏，它出现故障时的特点是（　　）门锁执行机构不能正常工作，甚至在门锁工作时能听到漏气的声响。
    A. 所有　　　　B. 左前　　　　C. 右前　　　　D. 左后

157. （　　）导致所有电动后视镜都不能动。
    A. 熔断器故障　　　　　　　　　　B. 左侧电动机电路断路
    C. 右侧后视镜电动机故障　　　　　D. 左侧后视镜电动机故障

158. 为防止安全气囊在检修时误爆，在其电路的接插件中安装有（　　）的装置。
    A. 红色易熔片　　B. 金属短路片　　C. 绿色塑料片　　D. 绿色锁止弹性片

159. 对于安全气囊来说，正确的是（　　）。
    A. 气囊被爆后，只要中央控制器未受损，则仍可继续使用
    B. 内藏有大电容器，可作为引爆的备用电源
    C. 气囊电路的接插件中，有绿色的金属熔断片
    D. 车辆发生碰撞时如蓄电池断线，则气囊失去作用

160. 安全气囊系统导线连接器上安装短路片的目的是（　　）。
    A. 防止线路接触不良　　　　　　　B. 防止意外触发 SRS 故障指示灯
    C. 防止造成意外点火　　　　　　　D. 防止气囊炸开

161. 汽车上的安全系统有主动安全系统和被动安全系统，（　　）为主动安全系统。
    A. 制动系统　　B. 安全气囊系统　　C. 巡航系统　　D. 发动机系统

练习六　检修汽车电器理论知识

162. 电子控制式安全气囊系统采用的碰撞传感器按功用可分为（　　）传感器和防护碰撞传感器两大类。
    A. 撞击传感器　　　　　　　　B. 碰撞烈度（激烈程度）
    C. 重量　　　　　　　　　　　D. 距离

163. 拆卸或搬运气囊组件时，气囊装饰盖的面应当（　　），不得将气囊组件重叠堆放或在气囊组件上放置任何物品，以防万一气囊被误引爆造成事故。
    A. 朝下　　　　B. 朝上　　　　C. 朝前　　　　D. 随意乱放

164. 在中高挡轿车上已广泛使用巡航控制系统，下列有关它的工作原理的说法中正确的是（　　）。
    A. 一旦设定车速，则车速不能再改变
    B. 应绝对保证发动机输出功率恒定
    C. 巡航执行器上有拉索控制输出功率
    D. 可允许发动机节气门开度有较小的自动调整

165. 巡航控制系统主要是由（　　）、传感器、巡航控制系统 ECU 和节气门执行器四部分组成的。
    A. 点火开关　　B. A/C 开关　　C. 指令开关　　D. 压力开关

166. 一般使用巡航系统的正常车速应在（　　）km/h 以上。
    A. 20　　　　　B. 35　　　　　C. 40　　　　　D. 80

167. 一般汽车音响的工作电流为（　　）A。
    A. 12　　　　　B. 5　　　　　C. 0.5～1　　　D. 低于 0.5

168. 汽车音响按照放音机芯的功能可分为（　　）。
    A. 普通型换向机芯和自动换向机芯
    B. 中频放大机芯和调频中频信号放大机芯
    C. 调频高频信号放大电路机芯、混频电路机芯
    D. 本振电路机芯、调频选频机芯及预中频放大电路机芯等

169. 数字调节汽车音响数控收音微处理器的供电多采用（　　）V。
    A. 12　　　　　B. 5　　　　　C. 24　　　　　D. 10

170. 双速刮水器的控制开关在（　　）位置时电动机转速升高。
    A. "0" 挡　　　B. "Ⅰ" 挡　　　C. "Ⅱ" 挡　　　D. 任何挡位

171. 某车的挡风玻璃刮水器，当刮水开关打到 OFF 挡时，刮水臂会影响视线，这说明（　　）。
    A. 复位开关的铜片烧毁　　　　B. 蜗杆变形过大
    C. 机械连杆装置接头过于松弛　D. 刮水电机有故障

第一部分 理论知识

172. 汽车空调系统中，电磁离合器的作用是用来控制（　　）之间的动力传递。
　　A. 发动机与电磁离合器　　　　　　B. 发动机与压缩机
　　C. 压缩机与电磁离合器　　　　　　D. 压缩机与起动机

173. 在汽车空调系统中，为制冷循环提供动力的部件是（　　）。
　　A. 冷凝器　　　B. 压缩机　　　C. 储液干燥器　　　D. 蒸发器

174. 采用"分体顶置式"空调装置的大客车，其空调压缩机由（　　）驱动。
　　A. 专门空调发动机　　　　　　　　B. 液压马达
　　C. 专门空调发动机或行驶发动机　　D. 电机

175. 采用双向活塞式的斜盘式空调压缩机，其进、排气阀片是（　　）。
　　A. 安装于前端　　　　　　　　　　B. 安装在后端
　　C. 前后端分别都有　　　　　　　　D. 进气阀片安装在前端，排气阀片在后端

176. 采用双向活塞式的斜盘式空调压缩机，可获得的好处主要是（　　）。
　　A. 双向活塞形成的气压是串联的，可提升气压
　　B. 提高工效，增大排气量
　　C. 减少功耗
　　D. 减少驱动转矩

177. 制冷剂进入压缩机时的状态为（　　）。
　　A. 低压过热蒸汽　　B. 低压过冷蒸汽　　C. 高压过热蒸汽　　D. 高压过冷蒸汽

178. 在维修空调制冷系统时，如果更换压缩机，则新压缩机机油加注量为（　　）。
　　A. 保持新压缩机的机油量　　　　　B. 倒出新压缩机内所有机油
　　C. 与旧压缩机内机油等量　　　　　D. 比旧压缩机机油量再多加 20ml

179. 检查汽车空调压缩机性能时，应使发动机转速达到（　　）r/min。
　　A. 1 000　　　B. 1 500　　　C. 1 600　　　D. 2 000

180. 在汽车空调系统中，对压缩机电磁离合器的检查不包括（　　）。
　　A. 电磁离合器轴运转有无异常噪声　　B. 轴承有无明显松旷
　　C. 阀片运行情况　　　　　　　　　　D. 线路有无短路和断路现象

181. 使用汽车空调时，下列（　　）影响制冷效果。
　　A. 乘客过多　　B. 汽车快速行驶　　C. 大负荷　　D. 门窗关闭不严

182. 汽车空调制冷循环顺序是（　　）。
　　A. 压缩机→干燥过滤器→蒸发器→冷凝器→膨胀阀
　　B. 蒸发器→膨胀阀→冷凝器→干燥过滤器→压缩机
　　C. 膨胀阀→干燥过滤器压缩机→冷凝器→蒸发器
　　D. 冷凝器→干燥过滤器→膨胀阀→蒸发器→压缩机

183. 在阳光下检测汽车空调的制冷性能时，可关闭门窗时让空调运行 30 min，车厢内外应有（　　）的温差，表示这个制冷系工作良好。

　　A. 7~8℃　　　　　B. 10~12℃　　　　　C. 13~15℃　　　　　D. 15℃以上

184. 关于空调压缩机不停转故障，甲认为：空调压缩机不停转故障的原因可能是空调继电器故障；乙认为：空调压缩机不停转故障的原因可能是空调开关故障。你认为以上观点（　　）。

　　A. 甲正确　　　　　B. 乙正确　　　　　C. 甲乙都正确　　　　　D. 甲乙都不正确

185. 汽车空调系统控制元件中，开、停压缩机的控制元件是（　　）。

　　A. 怠速继电器　　　B. 过热开关　　　C. 蒸发压力调节阀　　　D. 电磁离合器

186. 在汽车空调系统中，过热开关在系统处于（　　）状态下闭合，使压缩机停止转动。

　　A. 制冷剂过量　　　　　　　　　　　B. 制冷剂过少

　　C. 制冷剂中混有空气　　　　　　　　D. 润滑机油过量

187. 当发动机转速低于怠速时，汽车空调的"怠速继电器"式控制，是指（　　）。

　　A. 保持空调低工效运行

　　B. 控制空调只运行在怠速工况

　　C. 自动切断空调压缩机的电磁离合器电流，使空调停止工作

　　D. 提升发动机转速，使空调工作

188. 汽车空调电路系统中延时继电器的作用是（　　）。

　　A. 在发动机冷却水达到预定温度之前，防止加热循环

　　B. 在发动机冷却水达到预定温度之前，防止制冷循环

　　C. 在关闭点火钥匙后，将各风门回复到原位

　　D. 在发动机转速稳定之前，延迟空调系统的起动

189. 空调系统工作时，若蒸发器内制冷剂不足，离开蒸发器的制冷剂会是处于（　　）状态。

　　A. 高于正常压力，温度较低的气态　　　B. 低于正常压力，温度较高的气态

　　C. 高于正常压力，温度较高的液态　　　D. 低于正常压力，温度较低的液态

190. 造成汽车空调压缩机频繁动作的最主要原因是（　　）。

　　A. 制冷剂过少　　　　　　　　　　　B. 气温传感器安装位置离蒸发器较远

　　C. 冷凝器风扇频繁运转　　　　　　　D. 温度设定值过高

191. 空调系统工作时，若蒸发器内制冷剂不足，离开（　　）的制冷剂会是处于低于正常压力，温度较高的气态状态。

　　A. 冷凝器　　　　　B. 压缩机　　　　　C. 储液干燥过滤器　　　D. 蒸发器

第一部分 理论知识

192. 汽车空调鼓风机的无级变速电路，是采用（　　）的调速控制原理。
　　A. 步进式　　　　B. 开关式　　　　C. 占空比　　　　D. 电位器

193. 打开鼓风机开关，鼓风机不运转，可能线路上存在（　　）。
　　A. 断路　　　　B. 短路　　　　C. 搭铁　　　　D. 击穿

194. 打开鼓风机开关，只能在高速挡位上运转，造成此故障的原因是（　　）。
　　A. 鼓风机开关损坏　　　　　　B. 调速电阻损坏
　　C. 鼓风机损坏　　　　　　　　D. 供电断路

195. 汽车空调系统低压压力开关在（　　）起作用。
　　A. 系统压力过高　　　　　　　B. 系统压力过低
　　C. 系统压力过高或过低　　　　D. 以上选项均不正确

196. 汽车空调管道上的低压开关的作用是（　　）。
　　A. 低压触点无压力常闭　　　　B. 制冷剂过量泄漏后，防止压缩机继续运转
　　C. 低压触点有压力常开　　　　D. 防止制冷系统管道破裂

197. 某空调系统当高压侧压力达到规定值后，空调压缩机离合器分离，原因可能为（　　）。
　　A. 高压开关致使空调压缩机离合器电路断开
　　B. 安全阀起作用导致空调压缩机离合器断路
　　C. 空调压缩机损坏
　　D. 空调压缩机控制线路断路

198. 检查汽车空调系统泄漏时可使用"肥皂水"法，应使空调处于（　　）状态。
　　A. 压缩机低速运转　　　　　　B. 压缩机停机
　　C. 压缩机中速运转　　　　　　D. 系统运作，但不应制冷

199. 充氟试漏是向系统充注氟利昂蒸汽，使系统压力高达（　　）MPa，然后用卤素灯检漏仪检漏。
　　A. 0.15　　　　B. 025　　　　C. 0.35　　　　D. 0.45

200. 用气体渗漏试验空调压缩机，通过充填阀向空调压缩机充入制冷剂的压力需要达到（　　）MPa。
　　A. 0.294　　　　B. 0.101　　　　C. 0.602　　　　D. 1.003

201. （　　）是查找空调制冷剂微小泄漏最有效的方法之一。
　　A. 加压试漏　　　B. 紫外线检漏法　　　C. 充注试漏　　　D. 真空试漏

二、判断题

1. （　　）★座椅调节过程中，若电动座椅调节电动机电路的电流过大，过载保险就会

练习六 检修汽车电器理论知识

熔断。

2. (　　) ☆蓄电池应轻搬轻放,不可歪斜,以防电解液洒出。

3. (　　) ☆拆卸蓄电池电缆时应先拆负极,再拆正极。安装时,先装正极后装负极。

4. (　　) ☆蓄电池槽底沉积杂质过少会造成蓄电池自放电。

5. (　　) ☆更换组合大灯中的灯泡时,可以随意抓拿大灯玻璃部位,能更换完成灯泡即可。

6. (　　) ☆电喇叭的触点为常开式,喇叭继电器的触点为常闭式。

7. (　　) ☆汽车行驶时如果机油警报灯亮,说明此时的机油压力已高于容许值,而发出危险信号。

8. (　　) ☆当机油滤清器堵塞,造成机油压力过高,也会使机油压力警告灯发亮。

9. (　　) ☆诊断转向灯不亮故障时,检查闪光器 B 端子电压,如果无电压,则进行闪光器 B 和开关 F 之间配线导通检查。

10. (　　) ☆当车辆发生紧急意外时,打开车辆的危险警告灯,此时所有车灯都应闪烁点亮。

11. (　　) ☆汽车易熔线安装于负极,可绑扎于车辆线束内。

12. (　　) ☆在检验汽车风窗刮水器时,应预先将风窗玻璃喷湿;否则不仅会刮伤玻璃,还会损坏刮片或烧坏电机。

13. (　　) ☆汽车音响中,AM/FM 的含义是调频/调幅。

14. (　　) ☆汽车电动车窗的电动机一般有两个,分别控制玻璃的上升和下降。

15. (　　) ☆采用 R134a 制冷剂的汽车空调系统,如果歧管压力表读数,低压侧为 0.15~0.25MPa,高压侧为 1.37~1.57MPa,说明系统正常。

16. (　　) ☆连接空调歧管压力表后,压缩机工作时,可以打开高压侧的阀门。

17. (　　) ☆储液干燥器一定要垂直安装。

18. (　　) ☆在进行汽车空调检漏时,长时间将电子检漏仪探头置于制冷剂泄漏之处,以便准确判断系统有无泄漏。

19. (　　) ☆在对汽车空调制冷循环系统进行零部件更换时,将系统内的制冷剂直接放掉后,才能进行维修更换。

20. (　　) ☆轿车空调风道的温控门安装在散热器之后。

21. (　　) ☆汽车空调蒸发器表面温度越低越好。

22. (　　) ☆汽车空调系统中,冷凝器的作用是吸收车内的热量,使制冷剂由气体变为液体。

23. (　　) ☆汽车起动机在运转时将产生反电动势,它是起动机自己产生的电动势,此电动势能对抗蓄电池供电。

24. （　）对起动机换向器表面进行修复时，最小直径应不大于 29.0mm。
25. （　）起动机的电刷在电刷架内应滑动自如。
26. （　）发动机起动时，蓄电池可向起动机提供高达 50A 的起动电流。
27. （　）电枢绕组或磁场绕组短路导致起动机运转无力。
28. （　）起动机在起动时，起动机不能与飞轮结合是由于起动机定子故障造成的。
29. （　）起动过程中，电磁开关内的保位线圈被短路，由吸拉线圈维持起动状态。
30. （　）充电过程中，应将蓄电池加液孔上的螺塞拧下，便于充电后期产生的气体顺利逸出。
31. （　）三相同步交流发电机的定子用来产生三相交流电，转子用来产生磁场。
32. （　）交流发电机的电磁不需他励。
33. （　）无刷交流发电机，由于转子上没有激磁线圈，因此省去了滑环而保留了电刷。
34. （　）永磁转子式交流发电机没有激磁绕组、滑环和电刷装置。
35. （　）检测发电机整流器的性能应选用万用表"二极管"挡。
36. （　）发电机内部定子或转子线圈某处有断路或短路导致充电电流不稳。
37. （　）发电机异响故障的原因主要在于起动机的操纵和控制部分。
38. （　）一些交流发电机带有中心抽头，它是从三相绕组的中性点引出来的，其接线柱的标记为"N"。
39. （　）硅整流发电机上的磁场接线柱"E""F"，"E"表示磁场，"F"表示搭铁。
40. （　）发电机调节器是调节发电机电压的。
41. （　）汽车硅整流发电机内装 IC 调节器仅是为了电压调节。
42. （　）有的国产汽车仪表采用了电源稳压器供电，可供水温表及油量表工作。
43. （　）在对水温表的传感器进行检验时，则应将传感器置于 40℃ 或 100℃ 标准水温的水槽中，若水温表出现偏差，可调整传感器触点螺钉进行调整。
44. （　）为确保安全，燃油表传感器的电阻末端绝对不要搭铁。
45. （　）磁感应式车速里程表的结构中没有电路连接。
46. （　）将机油滤清器上的油压警告灯开关短路，机油警告灯会发亮，说明机油压力开关损坏。
47. （　）打开点火开关后，机油指示灯不亮，当用螺丝刀把油压传感器接线柱与机体短时连接时，油压灯指示正常，这说明传感器导线有断路。
48. （　）在进行前照灯检测时，要避免外来光线的影响，对于四灯制的车辆，检测时应将同侧的两只前照灯遮住一只进行检测，然后再检测另一只。

练习六 检修汽车电器理论知识

49. （　）四灯制前照灯并排安装时，装于外侧的一对应为近光灯，装于内侧的一对应为远光单光束灯。
50. （　）当汽车前照灯线路某侧搭铁不良时，会出现一个前照灯亮而另一个前照灯明显发暗现象。
51. （　）开启灯开关时远光指示灯亮，但前照灯有一只不亮，其原因是发电机不发电。
52. （　）关于汽车上的制动信号灯，当踩下制动踏板时即发亮。
53. （　）按压危险灯开关，所有的危险灯都不亮，且喇叭不响，说明从蓄电池到保险盒这段电路有断路或保险丝有故障。
54. （　）汽车转向信号灯的闪光频率是固定不变的，不受灯泡及线路状况的影响。
55. （　）弧光放电前照灯由弧光灯组件、电子控制器和升压器三大部件组成。
56. （　）高亮度弧光灯亮度是卤素灯泡的2.5倍，但多耗约40%的电能。
57. （　）右后乘客侧开关故障导致右后侧电动车窗都不能升降。
58. （　）电动座椅故障主要包括电路和机械两方面故障。
59. （　）对于所有轿车的中央门锁系统，驾驶员按遥控器开车门时，按一下，驾驶员侧车门锁开启，接着再按一下，其他车门锁开启；而锁门时，只需按一下遥控器上的锁门键，就能完成所有车门的锁门动作。
60. （　）大多数车辆的中央门锁系统在驾驶员侧车门上设有总开关。
61. （　）左侧电动后视镜电机故障能导致所有电动后视镜都不能动。
62. （　）气囊控制模块在引爆气囊的同时，也引爆安全带拉紧机构。
63. （　）有的车型可以通过气囊警告灯的闪烁次数来读取系统的故障代码。
64. （　）在维修安全气囊系统故障时，必须在拆下蓄电池负极电缆后再读取故障代码；否则会引起气囊误展开，造成不必要的损失。
65. （　）在雨、冰、雪等湿滑路面上行驶时，也可使用巡航控制系统。
66. （　）取消正在使用中的巡航定速系统时必须重新起动发动机才能关闭。
67. （　）汽车音响内部出现了故障，必须将其从车上拆下来才能进行维修，要求配备维修电源、音箱、天线等外部设施。
68. （　）在进行维修时，若不知道音响密码，则不要轻易断开蓄电池的电源线。
69. （　）双速刮水器通过控制开关可以实现低速运转、高速运转及停机复位等功能。
70. （　）带检视窗的储液干燥器能发现制冷系统制冷剂量和系统工作是否正常。
71. （　）冷凝器是汽车空调系统中的动力源。
72. （　）更换汽车空调压缩机时，空调压缩机皮带要同时进行更换。
73. （　）汽车空调压缩机的电磁离合器线圈两端并联的二极管是为了整流。

74. （　　）汽车制冷系统是否正常工作由空调操纵面板上的 A/C 开关控制。

75. （　　）汽车空调制冷系统在工作时，压缩机上的进、出冷气管应无明显温差。

76. （　　）空调调节器故障会导致空调压缩机不运转的故障。

77. （　　）空调怠速稳定放大器是由发动机转速检测电路、温度检测电路和继电器三部分组成的。

78. （　　）空调系统怠速继电器的主要功能是防止汽车怠速时由于空调压缩机负荷造成发动机工作不稳定。

79. （　　）空调系统的制冷剂高压部分压力过高可能是由于制冷剂过量或系统内有空气。

80. （　　）在测量空调系统压力时，如果低压侧指示真空，高压侧指示压力过低，而且系统不制冷或间歇制冷，则说明制冷剂不足。

81. （　　）检修汽车空调鼓风机开关，当位于最大风挡位时其电阻值应为 0，如果阻值变大或部分不通，则应更换开关。

82. （　　）空调制冷系统中设有压力开关，电路的目的是当系统内压力过高时停止空调压缩机的工作。

83. （　　）汽车空调压力开关也称压力继电器。

84. （　　）关于制冷系统，如果制冷剂泄漏速度很慢，则对冷冻机油泄漏影响不大。

练习七　新能源汽车动力系统理论知识

一、选择题

1. ☆按中华人民共和国工业和信息化部的规定，新能源汽车是指（　　）。
   A. 采用非常规的车用燃料　　　　　　B. 采用常规的车用燃料
   C. 采用非常规的驱动装置　　　　　　D. 采用常规驱动装置

2. ☆下列关于混合动力车辆必要性的描述，除（　　）外都是正确的。
   A. 全球的能源消耗正在逐年增加
   B. CO_2 排放正在逐年减少
   C. 环保汽车对减少能源消耗和 CO_2 排放都非常有利
   D. 混合动力系统是制造卓越环保汽车的核心技术

3. ☆以下（　　）属于新能源汽车。
   A. 混合动力电动汽车　　　　　　　　B. 纯电动汽车
   C. 氢发动机汽车　　　　　　　　　　D. 以上三种都是

4. ☆以下不是增程式电动汽车特点的是（　　）。
   A. 配有地面充电功能　　　　　　　　B. 具有车载供电功能
   C. 并联插电式混合动力汽车　　　　　D. 串联插电式混合动力汽车

5. ☆以下不属于燃料电池电动车特点的是（　　）。
   A. 属于纯电动车的一种　　　　　　　B. 燃烧氢气产生动力
   C. 以电化学反应的形式获得电能　　　D. 零排放车辆

6. ☆以下不属于混合动力电动汽车的部件是（　　）。
   A. 内燃机　　　B. 发电机　　　C. 起动机　　　D. 蓄电池

7. ☆根据混合动力汽车零部件的种类、数量和连接关系，混合动力汽车简称SHEV，是指（　　）。
   A. 串联式混合动力汽车　　　　　　　B. 并联式混合动力汽车
   C. 混联式混合动力汽车　　　　　　　D. 以上三种都是

8. ☆纯电动汽车的定义是（　　）。
   A. 内燃机和发电机，再加上蓄电池的电动汽车
   B. 由外接电源提供动力源的汽车
   C. 由可充电电池提供动力源的汽车
   D. 由太阳能电池提供动力源的汽车

9. ☆电动车通常使用的都是（　　）。
   A. 交流电机　　　B. 直流电机　　　C. 交流或直流电机　　　D. 以上都不正确

第一部分　理论知识

10. ☆以下部件中，除了（　　）之外，都是电动汽车的主要组成部件。
    A. 电力驱动系统　　B. 电源系统　　C. 辅助系统　　D. 发动机系统

11. ☆纯电动车按用途的不同，一般可以分为（　　）。
    A. 纯电动轿车　　B. 电动货车　　C. 电动客车　　D. 包括以上三类

12. ☆纯电动汽车按驱动系统可分为（　　）。
    A. 机械传动型、有变速器型、无变速器型、电动轮型
    B. 机械传动型、机械电动型、有差速器型、无电动轮型
    C. 机械电动型、无变速器型、有差速器型、电动轮型
    D. 机械传动型、无变速器型、无差速器型、电动轮型

13. ☆以下不是纯电动汽车的动力驱动控制系统结构形式的是（　　）。
    A. 单电动机驱动　　B. 直流电动机驱动　　C. 交流电动机驱动　　D. 双电动机驱动

14. ☆以下不属于电动车电源系统的组成部分的是（　　）。
    A. 电源　　B. 电动机　　C. 充电机　　D. 能量管理系统

15. ☆纯电动汽车的特点不包括（　　）。
    A. 能源效率高　　B. 低使用噪声　　C. 低使用成本　　D. 结构简单

16. ☆以下说法中，（　　）不是发展新能源汽车的必要性。
    A. 石油短缺　　B. 经济发展　　C. 环境污染　　D. 气候变暖

17. ☆以下说法中，（　　）不是新能源汽车发展的关键技术。
    A. 电池　　B. 电机　　C. 智能交通　　D. 电控技术

18. ☆电动汽车的动力电池按反应类型可以分为（　　）。
    A. 化学电池和酸性电池　　B. 化学电池和物理电池
    C. 物理电池和碱性电池　　D. 酸性电池和碱性电池

19. ☆锂离子动力电池的充电通常采用两段式充电方法，具体是（　　）。
    A. 第1段恒流恒压，第2段限流限压　　B. 第1段恒流限压，第2段恒压限流
    C. 第1段恒压限流，第2段恒流限压　　D. 第1段限流限压，第2段恒流恒压

20. ☆电动汽车的驱动电机可以分为（　　）。
    A. 交流电机　　B. 直流电机　　C. 交/直流电机　　D. 以上都正确

21. ☆以下不是电动汽车驱动电机特点的是（　　）。
    A. 低速大转矩　　B. 工况适应性强
    C. 采用｛A｝V低电压　　D. 高比功率

22. ☆电动汽车的交流异步电机的控制可分为（　　）。
    A. 矢量控制和直接转矩控制　　B. 矢量控制和电流控制
    C. 直接转矩控制和电压控制　　D. 电流控制和电压控制

23. ☆汽车用气体燃料的特点是（　　）。
    A. 有较高的热效率　　B. 火焰温度高

练习七 新能源汽车动力系统理论知识

  C. 高温性能良好   D. 会稀释润滑油

24. ☆气体燃料汽车中的氢气汽车的特点是（   ）。
  A. 属于低污染汽车
  B. 将氢气导入电池中，将化学能转化为电能
  C. 将氢气喷入气缸中燃烧，将化学能转化为机械能
  D. 使用成本低

25. ☆以下气体中可以作为气体燃料汽车的燃料的是（   ）。
  A. 甲烷（CH_4） B. 丙烷（C_3H_8） C. 氢气（H_2） D. 包括以上各项

26. ☆以下电池的性能指标数据影响电动汽车的行驶距离的是（   ）。
  A. 电压   B. 容量   C. 内阻   D. 能量

27. ☆电池的使用寿命是指（   ）。
  A. 使用期限   B. 使用周期
  C. 使用期限和使用周期   D. 以上都不正确

28. ☆以下电池的性能指标数据影响电动汽车的行驶距离？（   ）
  A. 电池功率的单位是：千瓦·小时（kW·h）
  B. 电池容量的单位是：伏·安（V·A）
  C. 电池能量的单位是：千瓦·小时（kW·h）
  D. 以上都不正确

29. 纯电动汽车动力系统由动力电池组、驱动电机、（   ）及安全保护系统等组成。
  A. 电子系统   B. 控制系统   C. 机械系统   D. 电机控制系统

30. 以下是关于串联混合动力系统的描述，描述正确的是（   ）。
  A. 发动机驱动发电机，电动机使用由此产生的电能驱动车轮
  B. 车轮驱动发电机为 HV 蓄电池充电且发动机驱动车轮
  C. 发动机和电动机均为驱动车轮
  D. 也可在仅使用电动机的情况下驱动车辆

31. 纯电动汽车电机控制器接收（   ）的信息，控制驱动电机的电流，实现汽车的行驶。
  A. 驾驶员   B. 控制系统
  C. 主控单元   D. 电子控制单元（ECU）

32. 动力电池检测方法不包括（   ）。
  A. 外部检查   B. 液面高度检查
  C. 普通诊断仪检查   D. 放电程度检查

33. 以下是关于混合动力车辆电源的描述，描述正确的是（   ）。
  A. HV 蓄电池向电子部件（如前照灯、音响设备和各种 ECU）提供电能
  B. 一个正常工作的 HV 蓄电池足以控制车辆
  C. 一个正常工作的辅助蓄电池足以控制车辆

D. 一个正常工作的 HV 蓄电池和正常工作的辅助蓄电池都是控制车辆所必需的

34. 用作电动车辆能量源的电池称为（ ）。

  A. 电源   B. 电池   C. 动力电池   D. 电机

35. 铅酸蓄电池单体工作电压为（ ）。

  A. 12V   B. 2V   C. 1.2V   D. 3V

36. 锂离子电池单体工作电压为（ ）。

  A. 12V   B. 3.6V   C. 1.2V   D. 1.8V

37. 镍氢电池单体工作电压为（ ）。

  A. 12V   B. 2V   C. 1.2V   D. 0.5V

38. 镍镉电池单体工作电压为（ ）。

  A. 12V   B. 2V   C. 1.2V   D. 3V

39. 电池管理系统的英文缩写是（ ）。

  A. BMS   B. CNA   C. BMA   D. CNP

40. 下列关于 HV（混合动力汽车）蓄电池冷却鼓风机的描述，正确的是（ ）。

  A. 使用通过 HV 蓄电池的空气冷却车厢内部

  B. 防止 HV 系统不工作时 HV 蓄电池温度升高

  C. 从车厢内部引入空气

  D. 也作为空调鼓风机

41. 下列关于混合动力汽车冷却系统的描述，除（ ）外都是正确的。

  A. 采用发动机冷却系统

  B. 冷却 MG 和带转换器的逆变器总成

  C. 采用电动水泵以循环冷却液

  D. 电源开关置于 ON（READY ON）位置时，持续循环冷却液

42. 混合动力汽车的动力部分一般包括（ ）。

  A. 发动机与发电机   B. 发电机与驱动电机

  C. 发动机与驱动电机   D. 发动机、发电机与驱动电机

43. 在混合动力汽车发动机中，下列关于阿特金森循环的描述，正确的是（ ）。

  A. 与常规型汽油发动机相比其压缩比低

  B. 压缩行程长而膨胀行程短

  C. 与常规型汽油发动机相比其排气损失低

  D. 仅控制排气门正时

44. 以下不属于新能源汽车环保特点的是（ ）。

  A. 节能   B. 高效   C. 无污染   D. 低污染

45. 新能源纯电动汽车最大的特点是（ ）。

  A. 功率大且无废气污染   B. 功率大且加速快

C. 无废气污染且噪声小　　　　　　D. 加速快且噪声小

46. 2009年，我国起动了节能与新能源汽车示范推广的（　　）。
    A. "十城千辆"工程　　　　　　　B. "十城万辆"工程
    C. 新能源示范工程　　　　　　　D. 863计划工程

47. 下列关于维修塞把手的描述，除（　　）外都是正确的。
    A. 高压电路主保险丝位于维修塞把手内
    B. 维修塞把手解锁时，互锁开关关闭
    C. 维修塞把手解锁时，高压电路切断，无需拆下维修塞把手
    D. 佩戴绝缘手套以操作维修塞把手

48. 以下是关于HV蓄电池总成维修塞把手的描述，描述正确的是（　　）。
    A. 拆下维修塞把手时无须佩戴绝缘手套
    B. 拆下维修塞把手前，务必将电源开关置于OFF位置（关闭SMR）以确保安全
    C. 拆下维修塞把手前，务必将电源开关置于ON位置（打开SMR）以确保安全
    D. 不要在口袋内携带拆下的维修塞把手，以防止维修车辆时将其丢失

49. 更换动力电源插接件时需要先测量插接件上的电压，以确保安全，使用的数字式万用表的量程是（　　）。
    A. 交流电压挡，量程大于400V　　B. 交流电压挡，量程小于400V
    C. 直流电压挡，量程大于400V　　D. 直流电压挡，量程小于400V

50. 关于动力电源插接件维修更换，以下说法正确的是（　　）。
    A. 需要经过电动车型专项培训的维修人员进行维修作业
    B. 车间机电师傅进行维修作业
    C. 车间技术主管人员进行维修作业
    D. 需要电动车制造厂家专门人员进行维修作业

51. 更换动力电池箱散热风扇时需要（　　）。
    A. 进行维修作业时需佩戴绝缘手套
    B. 拆下维修开关把手前，应关闭点火钥匙，车辆静置5min以上，拆下蓄电池负极电缆
    C. 将拆下的维修开关把手放在口袋内携带，以确保安全
    D. 包括以上三项

52. 动力电池的热平衡管理系统的功能是通过以下（　　）实现的。
    A. 风扇等冷却系统　　　　　　　B. 热电阻加热装置
    C. 风扇等冷却系统和热电阻加热装置　　D. 以上都不正确

53. 更换动力电池箱散热风扇后，以下操作正确的是（　　）。
    A. 装上蓄电池负极电缆，试车
    B. 装上蓄电池负极电缆，清除故障代码
    C. 清除故障代码，对模块进行设置、编程，试车

D. 清除故障代码，用万用表进行性能测试

54. 检查、更换动力电池的电气线束，需测量线束的绝缘等级，这时使用的测量仪器是（　　）。

   A. 兆欧表　　　　　B. 万用表　　　　　C. 电阻表　　　　　D. 电压表

55. 检查动力电池的电气线束，重点操作内容是（　　）。

   A. 检查线束是否存在破损、老化现象

   B. 检查波纹管是否存在破损、老化现象

   C. 检查高压线束与运动件之间的位置关系，是否存在剐蹭

   D. 以上三项都正确

56. 以下关于更换电动汽车电气线束的说法，除了（　　）外都是正确的。

   A. 检查高压线部件时需佩戴绝缘手套

   B. 拆卸检修高压电气部件时应切断高压回路

   C. 可以使用万用表测量电气线束的绝缘等级

   D. 每次通高压电之前，操作人员应检查电器周边是否有杂物

57. 对于电动汽车的电气线束的检查方法基本上有（　　）。

   A. 直观检测法　　　　　　　　　B. 仪器设备检测法

   C. 直观检测法和仪器设备检测法　D. 以上都不正确

58. 混合动力电池箱散热风扇是由（　　）控制的。

   A. BMS　　　　　B. CNA　　　　　C. BMA　　　　　D. CNP

二、判断题

1. （　　）☆燃料电池电动车不属于新能源汽车。

2. （　　）☆混合动力电动汽车属于新能源汽车。

3. （　　）☆新能源汽车是指采用非常规的车用燃料，具有新技术和新结构等特性的汽车。

4. （　　）☆蓄电池的容量不影响纯电动汽车的续航里程。

5. （　　）纯电动汽车电机控制器接收主控单元的信息，控制驱动电机的电流，实现汽车的行驶。

6. （　　）对于串联混合动力系统，发动机驱动发电机，电动机使用由此产生的电能驱动车轮。

7. （　　）通过专用诊断设备检查可以判断动力电池故障。

8. （　　）锌镍蓄电池单体工作电压为1.65V。

9. （　　）铝铁蓄电池单体工作电压为1.2~1.5V。

10. （　　）车辆长时间停放时，应每周检查一次动力电池状态，防止电池漏电。

11. （　　）HV（混合动力汽车）蓄电池冷却鼓风机工作时，从车厢内部引入空气。

12. （　　）普锐斯动力系统采用两台发电机驱动电机组。

13. （　　）在混联式混合传动机构中，用于实现能量分流和综合的动力分配装置是一个行

星齿轮机构。

14. （   ）新能源汽车发展迅速，做到了全生命周期都是环保且无污染。
15. （   ）动力电池只需进行日常维护，不需要更换。
16. （   ）能量管理系统是电动车的智能核心。
17. （   ）拆下维修塞把手前，务必将电源开关置于 OFF 位置（关闭 SMR）以确保安全。
18. （   ）更换动力电池箱散热风扇后，如果未连接好维修开关把手，直接起动车辆，可能会损坏蓄电池 ECU，造成损失。
19. （   ）检查电气线束时，操作人员需具有相应操作资质，手机、金属钥匙等放入工作服的口袋里。

第二部分　操作技能

练习一　气缸的检验

1. 操作准备

（1）铲刀、毛刷、台虎钳、清洗盆、煤油、木方、抹布或棉纱。

（2）游标卡尺、内径百分表、外径千分尺。

（3）桑塔纳 2000 发动机一台，其型号为 AFE 型。

2. 气缸的检验步骤

（1）使用游标卡尺直接测量气缸的内表面直径（可参照机动车维修技术标准，省略测量内表直径）。

（2）安装、校对量缸表。

①按被测气缸的标准尺寸，选择合适的接杆，装上后暂不拧紧固定螺母。

②把外径千分尺调到被测气缸的标准尺寸，将装好的量缸表放入千分尺。

③稍微旋动接杆，使量缸表指针转动约 2mm，使指针对准刻度"0"处，扭紧接杆的固定螺母。

3. 读数方法

（1）百分表表盘刻度为 100，指针在圆表盘上转动一格为 0.01 mm，转动一圈为 1 mm；小指针移动一格为 1 mm。

（2）测量时，当表针顺时针方向离开"0"位，表示缸径小于标准尺寸的缸径，它是标准缸径与表针离开"0"位格数的差；若表针逆时针方向离开"0"位，表示缸径大于标准尺寸的缸径，它是标准缸径与表针离开"0"位格数之和。

（3）若测量时，小针移动超过 1mm，则应在实际测量值中加上或减去 1mm。

4. 测量方法

（1）使用量缸表，一只手拿住隔热套，另一只手托住管子下部靠近本体的地方。

（2）将校对后的量缸表活动测杆在平行于曲轴轴线方向 A 和垂直于曲轴轴线方向 B 等两个方位，沿气缸轴线方向上①、中②、下③取三个位置，共测 6 个数值，如图 2-1 所示。

上面一个位置一般定在活塞处于上止点时,位于第一道活塞环气缸壁处,约距气缸上端 10 mm。下面一个位置一般取在气缸套下端以上 10 mm 左右处,如图 2-1 所示,该部位磨损最小。

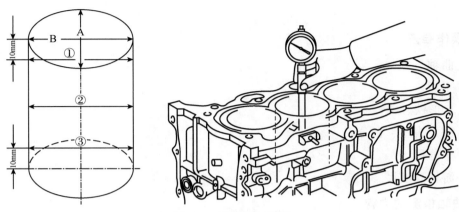

图 2-1　测量气缸直径

(3) 测量时,使量缸表的活动测杆同气缸轴线保持垂直,才能测量准确。当前后摆动量缸表表针指示到最小数字时,即表示活动测杆已垂直于气缸轴线。

5. 圆度、圆柱度的计算方法

圆度误差是指同一截面上磨损的不均匀性,用同一横截面上不同方向测得的最大直径与最小直径差值的一半作为圆度误差。圆柱度误差是指沿气缸轴线的轴向截面上磨损的不均匀性,用被测气缸表面任意方向所测得的最大直径与最小直径差值的一半作为圆柱度误差。

练习二　曲轴的检验

1. 操作准备

（1）曲轴。

（2）平板。

（3）V形铁。

（4）磁力表座、百分表。

（5）千分尺。

（6）游标高度尺。

2. 曲轴检测的内容

（1）曲轴的裂纹检测。

曲轴的受力分析：进气行程，曲轴受力很小；压缩行程，曲轴受力大；做功行程，曲轴受力很大；排气行程，曲轴受力小。曲轴在一个工作循环中，受力是在变化的，即承受交变载荷。

①渗油敲击法：将清洗干净的曲轴放在煤油中浸泡，再把曲轴取出擦净，表面撒上白粉，然后用手锤沿轴向敲击曲轴非工作面，白粉中如有明显裂纹状油迹出现，则该处有裂纹。

②磁力探伤法：借助探伤仪将零件磁化，在零件可能产生裂纹处撒些磁粉，当磁力线通过裂纹边缘处时，磁粉将会吸附在裂纹处，从而显现处裂纹的部位和大小。

（2）曲轴弯曲的检测（径向圆跳动测量）。

先将曲轴擦洗干净，然后将曲轴第一道和第五道主轴颈放置在经验平台的V形铁上，校对中心水平后，用百分表进行测量，百分表测量触头分别与其余各道主轴颈接触，然后慢慢转动曲轴一周，这时千分表上最大读数和最小读数之差除以2，即为该曲轴径向圆的跳动误差，也说明曲轴弯曲变形的程度，如图2-2所示。径向圆跳动标准值为0.03mm，正常使用的曲轴，其误差若大于0.06mm时，则必须进行修磨或压力调直。弯曲变形程度严重时，必须更换新曲轴。

测量时，不可将百分表的量头放在轴颈的两端，而应放在中间，避开油道孔；否则由于轴颈不圆导致错判曲轴的弯曲量。

（3）曲轴的圆度和圆柱度测量。

检验曲轴轴颈磨损量，测量主轴颈及连杆轴颈的

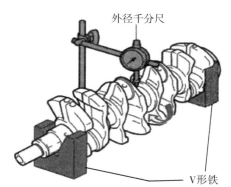

图2-2　曲轴弯曲度检测

圆度和圆柱度，判定是否需要磨修及磨修的修理尺寸。检验方法是：将曲轴平放在检测平板上，用外径千分尺先在油孔两侧测量各轴颈的径向、轴向两个方向 4 个值并进行计算，同一截面最大直径与最小直径差的 1/2 为圆度误差；轴颈各部位测得的最大与最小直径差的 1/2 为圆柱度误差。圆度、圆柱度值应不大于 0.02mm，如图 2-3 所示。

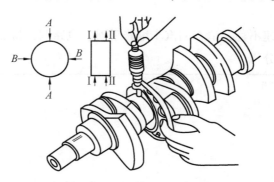

图 2-3　曲轴的圆度和圆柱度测量

（4）曲轴的轴向间隙检测。

安装百分表，用螺丝刀沿轴向撬动，测量其轴向间隙值为 0.070~0.210mm，如图 2-4 所示。

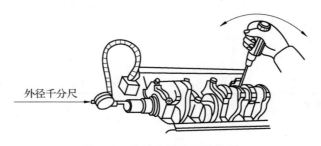

图 2-4　曲轴的轴向间隙检测

（5）曲轴扭转变形的检验。

将曲轴两端的主轴颈放在检测平板的 V 形铁上，使曲轴上相同曲拐位置的连杆轴颈转至水平。用百分表或游标高度尺测出相对应的两个连杆轴颈的高度差。

练习三　电子节气门检测

要求：

捷达轿车发动机怠速不稳，请查阅汽车维修手册、电路图，检测电子节气门，填写出实际的检查结果并做适当分析。

1. 根据电路图，写出各端子的作用。
2. 电子节气门检测过程。
3. 电子节气门线束检测过程。
4. 根据测试结果分析故障原因，给出维修建议。

练习三 电子节气门检测

操作技能

电子节气门的检验操作准备

汽车发动机台架或实车、万用表、保险丝、测试笔、连接线、工具箱、蓄电池、解码仪等。

操作流程

一、拆检电子节气门的操作步骤

（1）接入诊断仪，起动发动机，读取发动机系统故障代码，并根据故障代码进行分析，读取发动机数据流第三组第三区节气门开度数值，正常应为 2.0%~3.1%。

（2）关闭点火开关，拆卸空气滤清器和进气管，拆下节气门插接器。

（3）拧下防冻液壶盖，释放冷却系统内压力，在节气门下方放置抹布，车下放置铁盆，使用 T30 套头拆卸节气门 4 颗固定螺栓，拆卸与节气门连接的水管卡子和水管并做好防护，取下节气门。

（4）检查节气门电机的电阻值，使用万用表 200Ω 电阻挡测量节气门 3 号和 5 号端子之间的电阻值，正常情况下，阻值应为 1~100Ω，若阻值超出范围，应更换节气门。

（5）使用万用表 2kΩ 电阻挡测量节气门 2 号与 6 号端子之间的电阻值，正常应为 900~1000Ω，使用万用表 2kΩ 电阻挡测量 1 号和 2 号端子之间的电阻值，正常应为 1.2~1.3kΩ，用手扳动节气门，观察阻值变化；使用万用表 2kΩ 电阻挡测量 4 号和 2 号端子之间的电阻值，正常应该为 500~600Ω，用手扳动节气门，观察阻值变化，如果这三个阻值有一个超出范围，则应更换节气门处理。

二、检测电子节气门线束的操作步骤

（1）打开点火开关，使用万用表 20V 电压挡测量节气门插接器 2 号和 6 号端子之间的电压，正常电压值为 5V。如果有 5V 电压，拆卸发动机控制单元，拔下发动机控制单元插接器，使用万用表 200Ω 电阻挡测量发动机控制单元插接器 55 号端子与节气门插接器 2 号端子之间线束的电阻值。用相同方法测量发动机控制单元插接器 61 号端子与节气门插接器 6 号端子之间线束的电阻值，线束阻值应小于 1Ω。

（2）如果没有 5V 电压，则使用万用表 200Ω 电阻挡测量发动机控制单元插接器 55 号端子与节气门插接器 2 号端子之间，发动机控制单元插接器 61 号端子与节气门插接器 6 号端子之间线束的电阻值是否小于 1Ω，如果阻值小于 1Ω，还应使万用表蜂鸣挡测量以上两根线束有没有对地短路。如果检查正常，则发动机控制单元损坏；如果检查不正常，则检查或更换线束。

（3）其他线束检查方法与上面线束检查方法相同，如果线束和节气门检查都正常，则发动机控制单元损坏，应更换发动机控制单元。

三、节气门位置传感器出现故障，对车辆性能造成的影响

节气门位置传感器出现故障，往往影响发动机的怠速和加速性能，造成发动机怠速不稳、无怠速、加速不良等现象。节气门位置传感器信号还是电控自动变速器中重要的换挡信号，当它出现故障时，将导致自动变速器产生换挡冲击等故障。

练习四　发动机无法起动的油路故障诊断与排除

要求：

某型车发动机无法起动，请查阅汽车维修手册、电路图，检测发动机燃油供给系统，填写出实际的检查结果并做适当分析。

1. 拆画燃油泵电路图，写出各端子的作用。

2. 燃油压力检测，记录相关数据。

3. 检测燃油泵及其控制电路，记录相关数据。

4. 根据测试结果分析故障原因，给出维修建议。

练习四 发动机无法起动的油路故障诊断与排除

操作技能

油泵及其控制电路检验的操作准备

汽车发动机台架或实车、万用表、保险丝、测试笔、燃油压力表、连接线、工具箱、蓄电池等。

操作流程

一、安装燃油压力表

(1) 释放燃油压力。

①接通点火开关,使发动机怠速运转。

②拔下燃油泵继电器或燃油泵线束插头,使发动机自行熄火。

③再起动发动机2~3次,即可完全释放燃油系统压力。

④关闭点火开关,插上燃油泵继电器或燃油泵线束插头。

(2) 如图2-5中箭头所示,按照正确位置、方向接上油压表。

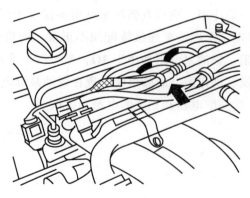

图2-5 燃油压力表安装位置

二、测量燃油压力

(1) 供油油压:起动发动机,读取的燃油压力表数值。

作用:用来判定发动机供油油压是否正常。标准值为250±20kPa。

(2) 调节油压:在发动机怠速运转时,断开油压调节器真空管,燃油系统升高后的油压减去断开真空管前的油压的差值,同时发动机转速也有一定的上升。

作用:判定油压调节器是否工作正常。标准值为50~100kPa。

(3) 系统最高油压:在发动机着火的情况下,用燃油压力表的开关短时突然关闭发动机测出的供油压力值。

作用:检测燃油泵最大工作能力。标准值为600kPa。

(4) 残余压力:指发动机熄火后燃油管内的压力值。

作用:检测燃油泵、油压调节器和喷油器是否泄漏。

技术标准:要求油压在 10min 内不允许有明显的回落或保持在 200kPa 以内。

(5) 根据读取的燃油压力值,得出此发动机燃油系统的工作状况,并对结论简单分析。

三、燃油泵及控制电路的检测

(1) 工作控制。

某些型号的发动机电动燃油泵只有在发动机起动和运转时才工作,工作控制如下。

①当点火开关打开到 ON 时,燃油泵继电器不接通,燃油泵不工作。

②点火开关打开到 ST 时,发动机运转,ECU 收到发动机转速信号,燃油泵继电器由 ECU 控制接地,燃油泵开始工作。

③关掉点火开关,燃油泵继电器控制电路断开,燃油泵断电,停止工作。

(2) 就车检查燃油泵控制电路。

①检查燃油泵保险丝是否熔断。

②用手触摸燃油泵继电器,接通点火开关起动发动机,检查燃油泵继电器是否有动作声。

③如果燃油泵继电器有动作声,则检查燃油泵继电器端子至燃油泵连接器之间的电阻,其阻值应小于 1.5Ω。如果端子至燃油泵连接线配线不正常,则检修配线;如果正常,则检查燃油泵,测量燃油泵电阻。燃油泵电阻为小于 3Ω,参考汽车维修手册决定是否更换。

④如果燃油泵继电器没有动作声,故障可能出现在燃油泵继电器、油泵工作电路、控制电路或 30 号线供电电路。检测继电器和相关的电源和搭铁。

练习五　搭接鼓风机调速电路

要求：
查阅汽车维修手册或电路图，搭接某型车辆鼓风机调速电路。

1. 拆画鼓风机控制电路。

2. 按照电路图搭接鼓风机调速电路，并记录描述 2 挡转速控制电路电流方向。

操作技能

搭接鼓风机调速电路的操作准备

汽车维修手册、电路图、鼓风机、万用表、继电器、保险丝、线路搭接板、连接线、工具箱、调速电阻、蓄电池等。

操作流程

（1）按照电路图，准备任务所用材料。
（2）检查所用材料是否符合使用要求。
（3）按照电路图连接导线，焊接各连接点并做绝缘处理。
（4）再按照电路图仔细核对确认无误。
（5）进行鼓风机调速测试。

练习六　搭接前照灯电路

要求：

查阅汽车维修手册或电路图，搭接某型车辆前照灯电路。

1. 拆画前照灯电路。
2. 按照电路图搭接前照灯电路，并分别记录、描述远、近光灯工作时的电流方向。

操作技能

搭接鼓风机调速电路操作准备

汽车维修手册、电路图、灯光实训台架、万用表、大灯开关、变光开关、继电器、保险丝、测试笔、连接线、工具箱、灯泡、蓄电池等。

操作流程

（1）按照电路图，准备任务所用材料。

（2）检查所用材料是否符合使用要求。

（3）按照电路图连接导线，焊接各连接点并做绝缘处理。

（4）再按照电路图仔细核对确认无误。

（5）进行灯光测试。

练习七　液压操纵式离合器分离不彻底故障诊断与排除

1. 工具和工位准备

（1）世达工具（120件套）、固定工具或短撬杠、记号笔、刹车油。

（2）二柱举升机、车辆或实训台架，工位周围干净，无安全隐患。

2. 故障现象

（1）汽车起步时，将离合器踏板踩到底仍感到挂挡困难或虽然强行挂上挡，但不抬踏板汽车就前移或造成发动机熄火。

（2）变速时挂挡困难，并伴有变速器齿轮撞击声。

3. 故障原因

（1）离合器踏板自由行程过大。

（2）摩擦片翘曲、铆钉松动或摩擦衬片破碎。

（3）膜片弹簧分离指端磨损不在同一平面上。

（4）从动盘毂花键与变速器输入轴花键齿磨损过甚或锈蚀发卡，影响从动盘的移动。

（5）更换的摩擦衬片过厚。

（6）从动盘正反面装反。

（7）离合器液压操纵机构中油管内有空气。

（8）系统有无漏油情况。

4. 故障的诊断与排除（可参考故障树）

（1）检查并调整离合器踏板的自由行程。

（2）液压式操纵机构，应检查系统是否漏油，检查总泵、分泵工作行程及推杆工作行程，并为系统放气。

（3）检查分离杠杆是否在同一平面内，支撑螺栓是否松动。

（4）若上述检查仍无效则应分解离合器，检查各总成部件，必要时及时更换。若从动盘装反，则应重新组装。

第二部分 操作技能

练习八 液压制动系统制动蹄装配与调整

1. 工具准备

（1）7mm专用接头、游标卡尺。

（2）车轮扳手、一字螺丝刀、棘轮扳手、扭力扳手尖嘴钳、鲤鱼钳、粗砂布、防护手套、车轮支架、棉纱、驾驶室内保护罩等。

2. 操作步骤

（1）制动器的拆卸与解体。

①用千斤顶支起后轮。

②拆下螺母及车轮（可与轮毂一起拆下）。

③取下开口销，旋下六角螺母，取出止推垫圈。

④通过车轮螺栓孔向上拨动调整楔形块，使制动摩擦片与制动鼓放松，拉出制动鼓。

⑤用尖嘴钳拆下制动蹄保持弹簧及弹簧座圈。

⑥借助旋具、撬杠或用手从下面的支架上提起制动蹄，取出下复位弹簧。

⑦用钳子拆下制动杆上的驻车制动拉索。

⑧用钳子取下楔型调整块弹簧和上复位弹簧，拆下制动蹄。

（2）制动器的装配与调整。

①先组装制动轮缸。组装时必须注意清洁，活塞和皮碗安装时应涂以制动泵润滑剂，皮碗不得有磨损和膨胀现象。装配后应检查其密封性。

②将制动轮缸按规定力矩紧固于制动底板上。装上复位弹簧，并将制动蹄与推杆连接好。

③装上楔型调整块，调整块凸出的一边朝向制动底板。将另一个带有传动臂的制动蹄片装到推杆上，然后装入复位弹簧。

④将驻车制动拉索在传动臂上装好。

⑤将制动蹄安装在制动地板上，抵住制动轮缸。装入下复位弹簧，提起制动蹄，装到下面的支架中。

⑥装上楔型件拉力弹簧、制动蹄保持弹簧和座圈。

⑦装入制动鼓、后轮轴承和调整锁紧螺母等，检查调整后轮轴承松紧度。

⑧用力踩踏制动踏板，使制动蹄正确就位。

⑨按照制动系维护方法和技术要求，放气后检查调整好制动蹄与制动鼓间隙。

练习九　起动机的检测

1. 工具与工位准备

（1）实训操作台、起动机 6 套。

（2）数字万用表、世达工具（120 件套）、胶钳、橡胶锤、纱布。

2. 起动机的故障现象及检测步骤

（1）清洁各组件。

（2）检修转子线圈（电枢线圈）。

如图 2-6（a）所示，用数字万用表欧姆挡，检查换向器的扇形板之间是否导通。如果阻值为"1"（无限大），则说明电枢线圈有断路现象。

如图 2-6（b）所示，用数字万用表欧姆挡，检查换向器和电枢铁芯之间是否绝缘。如果导通，则说明电枢线圈有短路故障。使用电枢线圈短路测试仪，检查起动机电枢线圈是否有短路现象。将锯片放在电枢的上面，转动电枢，如果锯片产生振动，表明电枢线圈中有短路现象。

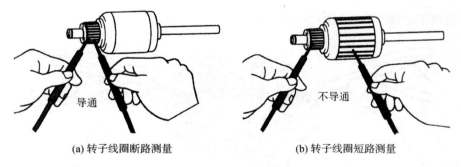

(a) 转子线圈断路测量　　　　　　(b) 转子线圈短路测量

图 2-6　转子线圈检测

（3）检修换向器。

换向器出现轻微磨损或脏污的现象，可用砂纸擦拭干净。

（4）检修定子线圈（励磁线圈）。

串并联的磁场连接电路。来自蓄电池的电流进入起动机后分成两路，每条支路与电枢线圈并联连接，并且励磁线圈与电枢线圈形成的两条支路又为串联连接。如图 2-7 所示，使用数字万用表欧姆挡，检查励磁线圈某一电刷与磁场框架（搭铁）之间是否绝缘。如果阻值为无穷大，则励磁线圈有搭铁故障；用数字万用表欧姆挡，检查励磁线圈电刷间导通。励磁线圈应绝缘，如果阻值为无穷大，则励磁线圈有断路故障。

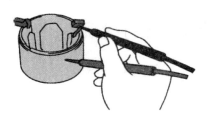

(a) 定子线圈短路测量　　　　　(b) 定子线圈断路测量

图 2-7　定子线圈检测

（5）检修电刷。

①检查电刷长度。

5A-FE 发动机的起动机电刷标准长度（1.4kW）为 15.5mm，最小长度为 8.5mm。

②检查电刷弹簧。

5A-FE 发动机的起动机电刷弹簧脱开电刷的瞬间，标准安装负载为 18~24N，最小安装负载为 12N。

③检查电刷架。

用数字万用表欧姆挡，检查两搭铁电刷架（无绝缘垫片）是否导通。如果不导通，说明搭铁不良。用数字万用表欧姆挡，分别检查两正极电刷架与搭铁是否绝缘。如果导通，则说明正极电刷架绝缘不好，如图 2-8 所示。

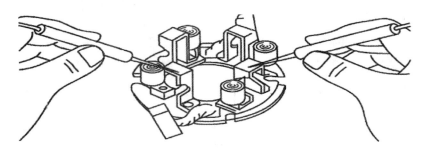

图 2-8　检查电刷架

（6）检修驱动齿轮。

（7）检查单向离合器。

检查单向离合器的方法：按顺时针方向转动驱动齿轮时，驱动齿轮可转动；按逆时针方向转动驱动齿轮时，驱动齿轮应该不转动，如图 2-9 所示。

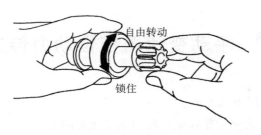

图 2-9　检查驱动齿轮

（8）检查电磁开关。

①检查可动铁芯，如图 2-10 所示。

当压入可动铁芯时，用数字万用表欧姆挡检查端子 30 与端子 C 之间（主触点）应为接通状态。如果不接通，则说明主触点接触不良。

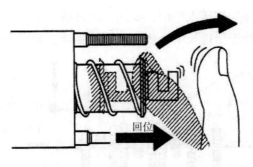

图 2-10　检查可动铁芯

②检查吸引线圈。

用数字万用表欧姆挡，检查端子 C 之间的吸引线圈（5A-FE 发动机的起动机），标准阻值为 $0.6\pm0.05\Omega$。

③检查保持线圈。

用数字万用表欧姆挡，检查端子 50 与开关壳体之间的保持线圈（5A-FE 发动机的起动机），标准阻值为 $1.3\pm0.10\Omega$。

练习十 手动变速器挡位动力传递路线

手动变速器的功用有以下几方面。

（1）改变传动比，扩大驱动轮转矩和转速的变化范围，以适应经常变化的行驶条件。

（2）在汽车发动机旋转方向不变的前提下，利用倒挡实现汽车倒退行驶。

（3）在发动机不熄火的情况下，利用空挡中断动力传递，有利于发动机的起动、暖机、急速，便于换挡或汽车滑行、暂时停车等使用工况。

手动变速器由变速传动机构、变速器壳体、操纵机构组成。当需要换挡时，驾驶员通过变速杆对拨叉轴施加一定的轴向力，克服弹簧的压力，而将自锁钢球从拨叉轴凹槽中挤出并推回孔内，拨叉轴便可滑过钢球并带动拨叉及相应的换挡元件轴向移动。当拨叉轴移至另一个凹槽与钢球对正时，钢球又被压入凹槽，变速器刚好换入某一工作挡位或退入空挡。相邻凹槽之间的距离保证齿轮处于全齿长啮合或完全退出啮合，如图 2-11 所示。

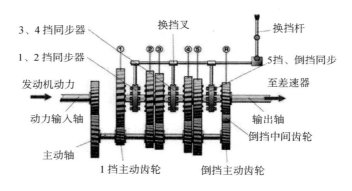

图 2-11 三轴式五挡变速器结构图

1 挡主动齿轮与中间轴花键紧密配合，从动齿轮与输出轴间装有滚针轴承，从动齿轮在输出轴上空转。选择 1 挡时操纵机构通过 1、2 挡拨叉将 1、2 挡同步器啮合套右移，经过同步后，同步器啮合套将 1 挡从动齿轮和同步器齿毂连为一体。离合器传递的动力经输入轴上的中间轴常啮合主动齿轮、中间轴上的常啮合从动齿轮传递到中间轴上的 1 挡从动齿轮。1 挡主动齿轮将动力传给 1 挡从动齿轮。1 挡从动齿轮再将动力传递给 1、2 挡同步器和同步器齿毂，通过同步器齿毂花键将动力传递给输出轴。

其他挡位的换挡原理与 1 挡的基本相同，只是动作元件不同，如图 2-12 所示。

1 挡：输入轴→常啮合齿轮→中间轴→1 挡齿轮→1、2 挡结合套（1 挡齿轮结合）→输出轴。

2 挡：输入轴→常啮合齿轮→中间轴→2 挡齿轮→1、2 挡结合套（2 挡齿轮结合）→输出轴。

3挡：输入轴→常啮合齿轮→中间轴→3挡齿轮→3、4挡结合套（3挡齿轮结合）→输出轴。

4挡：输入轴→3、4挡结合套（4挡齿轮结合）→输出轴。

5挡：输入轴→中间轴→5挡齿轮→5挡结合套（5挡齿轮结合）→输出轴。

倒挡：输入轴→中间轴→倒挡主动齿轮→倒挡惰轮→倒挡被动轮。

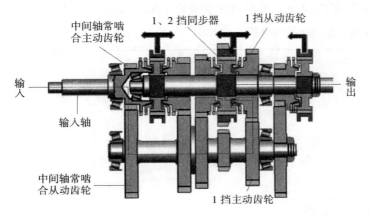

图2-12　1挡动力传递路线

第二部分　操作技能

练习十一　电喷发动机不能起动综合故障的诊断与排除

要求：

某型轿车发动机不能起动，请查阅汽车维修手册、电路图，检测与起动系统相关线路，填写出实际的检查结果并做适当分析。

1. 基本检查、读取故障代码。
2. 起动及点火线圈及线路系统检测。
3. 供油及其他系统检测。
4. 根据测试结果分析故障原因，给出维修建议。

练习十一　电喷发动机不能起动综合故障的诊断与排除

操作技能

电喷发动机不能起动综合故障诊断与排除操作准备

汽车发动机台架或实车、万用表、继电器、保险丝、测试笔、连接线、工具箱、示波仪、解码仪、火花塞等。

操作流程

一、发动机基础检查

（1）将车辆停放在维修工位，拉起手制动器或将自动变速器手柄置于 P 挡，铺设三件套。

（2）准备好常用工具、诊断仪、万用表、试灯。

（3）起动发动机，进行故障验证。

（4）检查发动机机油、防冻液、制动液液面是否正常。

（5）检查蓄电池电压是否正常。

二、发动机故障自诊断

（1）连接诊断仪，打开点火开关，进行发动机故障自诊断。

（2）如果无法进入发动机自诊断，检查发动机控制单元电源、搭铁是否良好。

（3）检查发动机控制单元的 CAN 驱动总线是否正常，必要时检查发动机控制单元与网关控制单元之间及网关控制单元与 OBD 诊断插座之间 CAN 数据总线连接线路是否良好。

（4）如果所有电控系统自诊断都进不去，则检查诊断插座的电源、搭铁是否良好；如果有必要，则检查网关控制单元的电源、搭铁是否良好；如果以上都正常，则网关控制单元损坏需要更换。

（5）读取故障代码，按照故障代码提示，进行故障检测与故障排除。

（6）如果无故障代码，则查找相关汽车维修手册，根据发动机各系统工作原理，进行故障分析、故障检测、故障排除。

三、起动系统检查

（1）按下点火开关，起动着车，检查起动机是否正常运转。

（2）如果起动机不转，检查发动机是否处于防盗状态；若处于防盗状态，则检查防盗系统是否故障。

（3）如果防盗系统正常，则拆卸空气滤清器壳体，检查起动时起动机信号端子是否有12V 电压；若有电，则故障在于起动机损坏或起动机搭铁不良。

（4）如果起动机信号端子没电，则检查相关保险是否有电；若保险没电，则检查保险和继电器是否损坏；若正常，则检查继电器与控制单元、保险、搭铁之间的连接导线是否故障。

（5）如果保险有电，则检查继电器是否损坏；若正常，则检查继电器相关连接导线是否正常。

（6）如果以上检查正常，则使用诊断仪检查曲轴和凸轮轴传感器的信号电压是否正常，若传感器正常，则检查挡位等相关部件。

（7）连接诊断仪，检查制动开关、变速器空挡起动开关是否正常。

（8）若以上检查均正常，则发动机控制单元可能损坏。

四、点火系统检查

（1）取下发动机罩盖，断开点火控制器插接件，取下点火控制器总成，插上火花塞，起动发动机，检查高压火花是否正常。

（2）如果高压火花正常，则检查各缸火花塞及燃油供给系统是否故障。

（3）如果无高压火花，则检查点火控制器插接件供电端子是否有12V工作电压；搭铁端子搭铁是否良好。

（4）如果无12V工作电压，则检查保险、主继电器是否损坏。

（5）如果有12V工作电压，则检查信号端子是否有点火信号电压。

（6）如果有点火信号，则点火控制器总成损坏应更换。

（7）如果无点火信号，则检查曲轴凸轮轴传感器是否损坏。

（8）如果曲轴凸轮轴传感器正常，则检查发动机控制单元电源、保险、搭铁是否正常。

（9）如果正常，则发动机控制单元损坏需要更换。

五、燃油供给系统检查

（1）测量燃油压力。

①供油油压，用来判定发动机供油油压是否正常。

②调节油压，用来判定油压调节器是否工作正常。

③系统最高油压，用来检测燃油泵最大工作能力。

④残余压力，用来检测燃油泵、油压调节器和喷油器是否泄漏。

（2）就车检查燃油泵控制电路。

①检查燃油泵保险丝是否熔断。

②用手触摸燃油泵继电器，接通点火开关起动发动机，检查燃油泵继电器是否有动作声。

③如果燃油泵继电器有动作声，则检查燃油泵继电器端子至燃油泵连接器之间的电阻，其阻值应小于1.5Ω。如果端子至燃油泵连接线配线不正常则检修配线；如果正常，则检查燃油泵，测量燃油泵电阻。燃油泵电阻为小于3Ω，参考汽车维修手册决定是否更换。

④如果燃油泵继电器没有动作声，故障可能出现在燃油泵继电器、油泵工作电路、控制电路或30号线供电电路，则检测继电器和相关的电源和搭铁。

六、进气系统及传感器检查

（1）检查进气软管、活性炭罐、涡轮增压进气管道是否有严重泄漏的地方。

(2)检查空气滤清器是否堵塞，节气门体是否脏污、卡滞。

(3)检查节气门传感器、空气流量计、水温传感器、氧传感器、进气压力传感器电源、搭铁、信号电压、数据流是否正常。

七、发动机机械系统检查

(1)检查发动机正时皮带（链条）是否错位、断裂。

(2)检查发动机缸压是否正常。

(3)检查三元催化装置、排气管、消声器是否堵塞。

(4)拆装检修发动机曲柄连杆机构和配气机构是否正常。

八、发动机不能起动常见故障类型及故障原因

发动机不能起动故障常见的两种类型：一种是起动机转速慢，发动机不能起动；另一种是起动机运转正常，发动机不能起动。发动机不能起动故障涉及起动系统、点火系统、燃油供给系统、发动机控制系统、进气排气系统、发动机机械系统等故障原因。

练习十二　电喷发动机点火系统故障的诊断与排除

要求：

某型轿车可正常起动，但发动机运转不稳，请查阅汽车维修手册、电路图，检测电喷发动机点火系统线路，填写出实际的检查结果并做适当分析。

1. 火花塞检测。
2. 点火线圈及线路检测。
3. 点火次级工作波形检测。
4. 根据测试结果分析故障原因，给出维修建议。

练习十二 电喷发动机点火系统故障的诊断与排除

操作技能

电喷发动机点火系统故障的诊断与排除操作准备

汽车发动机台架或实车、万用表、继电器、保险丝、测试笔、连接线、工具箱、示波仪、解码仪、火花塞等。

操作流程

一、火花塞检查

（1）拔下火花塞上的高压线，使用 16mm 火花塞套管拆卸火花塞。

（2）使用尖嘴钳拔下 S37 号燃油泵保险丝。

（3）将拆下的火花塞装在高压线套筒上，火花塞一端搭铁，起动发动机，进行火花塞跳火实验，检查火花塞跳火。

（4）检查火花塞外观是否有积碳、淹缸、机油浸入、中央电极烧损、旁电极烧损、过度燃烧、绝缘体破裂、绝缘体击穿等现象。

（5）检查火花塞电极间隙，使用厚薄规检查火花塞电极间间隙，应为 0.9~1.1mm，而且 4 只火花塞间隙应保持一致。

二、点火线圈检查

（1）拆卸点火线圈上的高压线，断开插接器，并使用 5mm 内六方套头拆卸点火线圈三颗固定螺栓，取下点火线圈。

（2）检查点火线圈外观是否破损，绝缘外皮是否老化开裂。

（3）检查高压线绝缘外皮是否存在破损、开裂老化等漏电现象。

（4）使用万用表 20kΩ 挡分别测量 4 个高压线电阻值，然后对比汽车维修手册内正常阻值，进行比对（参考值为 4~8kΩ）。

（5）检测点火线圈供电、控制信号、搭铁线等。

三、点火波形检测

（1）将示波仪推至工作地点，连接电源开关并开机，打开检测程序。

（2）将示波仪上的点火专用夹分别夹在 4 个高压线上，然后起动车辆，急速运转。

（3）选取示波仪应用程序，并进行操作。

（4）整理示波仪，并将示波仪归位。

四、点火系统故障对发动机的影响

（1）发动机不能起动。

（2）发动机难以起动。

（3）发动机怠速不稳或熄火。

（4）发动机加速迟疑或加速不良。

（5）燃油消耗高。

练习十三　电喷发动机喷油系统故障的诊断与排除

要求：

某型轿车可正常起动，但发动机怠速不稳，加速无力，请查阅汽车维修手册、电路图，检测电喷发动机喷油系统线路，填写出实际的检查结果并做适当分析。

1. 喷油脉宽数据流。

2. 喷油器及控制系统检测过程。

3. 喷油器工作波形检测。

4. 根据测试结果分析故障原因，给出维修建议。

练习十三　电喷发动机喷油系统故障的诊断与排除

操作技能

电喷发动机喷油系统故障的诊断与排除操作准备

汽车发动机台架或实车、万用表、继电器、保险丝、测试笔、连接线、工具箱、蓄电池、解码仪、示波仪等。

操作流程

一、喷油器及控制系统检测

（1）检查喷油器线圈的电阻。

断开点火开关，拔下喷油器的插头，用万用表电阻挡测量喷油器电磁线圈的电阻值。喷油器的电阻值应为12~17Ω。

（2）喷油器电磁线圈检查。

怠速运转发动机，用手触摸喷油器应有震动感，或者用听诊器探针接触喷油器，应能听到清脆的"嗒嗒"声（电磁开、关声）；否则，说明该喷油器不工作。

（3）喷油质量检查。

喷油质量检查包括喷油量、雾化和泄漏检查。此项检查可在超声波喷油器清洗机上，直接观察喷油状况和喷油量。

一般喷油量为50~70ml/15s，各缸喷油器的喷油量相差不超过10%。

一般要求2min内喷油器滴油量不超过1滴。

（4）喷油器控制电路检查。

①脱开喷油器连接器，接通点火开关并起动发动机，检查连接器线束测电源线的电压。正常值应该为蓄电池电压。

②若无电压或电压低，则应检查点火开关至喷油器电源线之间的电路是否正常。

用万用表检查ECU搭铁端子搭铁是否良好。

检查喷油器插接器2脚至T80/73、T80/80、T80/58、T80/65电路之间的电阻，其阻值应小于1.5Ω。

二、使用解码仪读取喷油脉宽数据流

（1）起动发动机。

（2）连接KT600解码仪。

（3）选择"奥迪大众"车型。

（4）进入发动机控制单元。

（5）选择"数据流测试"项，再选择第2显示组。

（6）喷油持续时间怠速正常值为2.0~5.0 ms。

如果显示值<2.0 ms，则说明从燃油蒸发控制系统排入进气歧管的燃油蒸气比例较高（可能是活性炭罐电磁阀常开），检查燃油蒸发控制系统（更换活性炭罐电磁阀）。

如果显示值>5.0 ms，则说明发动机负荷太大，在发动机怠速转速正常的条件，一般情况下表示空气流量传感器性能不良，应检测或更换空气流量传感器。

三、使用 MT3500 示波仪测试喷油器工作波形

喷油器不喷油时电路为高电位（蓄电池电压）；喷油器喷油时电路为低电位（0V）；当 ECU 接通电路时喷油器开始喷油，此时波形幅值应垂直向下至 0V 电位线；脉冲宽度为喷油器的喷油时间，应为水平线。当 ECU 断开电路时喷油器停止喷油，此时波形幅值应垂直向上，由于喷油器线圈的磁场衰减产生一个较高的峰值，一般为 30~100V，随后波形迅速回落到蓄电池电压水平电位线。

四、燃油供给系统故障对车辆性能的影响

燃油供给系统的主要故障现象有怠速不稳、加速不良、费油、冒黑烟、回火、起动困难等。主要原因有燃油油压过低或过高、喷油器漏油、堵塞或雾化不良等。燃油压力过低，将导致车辆怠速运转时不稳、加速不良、回火、车辆行驶无力等现象；燃油压力过高，将导致混合气过浓，往往导致车辆燃油消耗量过大、排气冒黑烟，甚至车辆难以起动等现象。喷油器漏油会使发动机燃油消耗加大，雾化不良则会造成混合气无法正常燃烧，爆发力小，影响车辆运转的稳定性。当出现以上现象时应该进行燃油供给系统的检测（或参考相应汽车维修手册进行保养），主要有燃油供给系统外观目检、油压检测、喷油器检测、燃油泵控制电路检测等项目。

练习十四　汽车起动系统线路故障的诊断与排除

要求：

某型轿车起动机不转，且发动机无法起动，请查阅汽车维修手册、电路图，检测起动系统线路，填写出实际的检查结果并做适当分析。

1. 根据电路图，拆画起动系统线路。
2. 起动系统线路检测过程。
3. 点火开关线路检测过程。
4. 根据测试结果分析故障原因，给出维修建议。

第二部分 操作技能

操作技能

汽车起动系统线路检测操作准备

汽车发动机台架或实车、万用表、继电器、保险丝、测试笔、连接线、工具箱、蓄电池、解码仪等。

操作流程

一、起动机电路检查

（1）拆卸起动机供电端子保护盖，使用万用表20V挡位（或试灯）检查起动机供电线路是否有12V电压。如果有12V电压，则进行下一步；若无12V电压，则检查起动机供电线路是否断路，起动机供电线路固定螺栓是否松脱腐蚀，蓄电池正极桩头是否松动腐蚀。

（2）检查变速器搭铁点是否存在虚接或脱落现象，蓄电池负极桩头是否存在松动腐蚀现象。若存在虚接或脱落现象，则重新清理并固定搭铁点；若无虚接或脱落现象，则说明搭铁点至蓄电池负极桩头线路存在断路现象。

（3）拔下起动机磁力开关后部插接器，助手进入车辆，转动点火开关至点火挡并保持住，使用万用表20V挡测量该插接器是否有12V电压。如果有电，则进行下一步检查；如果无电，则检查点火开关电路。

二、检查点火开关电路

（1）拔下起动机磁力开关后部插接器，转动点火开关至点火挡，使用万用表测量该插接器，若无电，则使用万用表20V挡或试灯检查插接器30端子有无12V电压。

（2）若无12V电压，则说明点火开关30端子与蓄电池正极线之间存在断路，应检查蓄电池正极柱和负极柱的连接情况和蓄电池上方保险丝有无熔断现象。若30端子有12V电压，则进行下一步检查。

（3）打开点火开关至点火挡，使用万用表蜂鸣挡检查点火开关后方30端子与50端子是否导通。若不导通，则说明点火开关损坏，应更换点火开关；若导通，则说明点火开关插接器插接不良或点火开关的50端子与磁力开关插接器线路存在断路。

（4）使用万用表电阻挡测量50端子至磁力开关插接器线路，若无穷大，则说明线路断路。

（5）使用万用表蜂鸣挡测量跨接线导通情况。用跨接线连接磁力开关插接器，用万用表蜂鸣挡测量50端子至磁力开关插接器线路。若无反应，则说明线路断路（若以上检查均正常，则说明起动机损坏，需要更换起动机）。

练习十五 简述纯电动汽车预充电管理的作用，并绘制预充电结构图

1. 预充电管理的作用

预充电管理是新能源汽车中必不可少的重要环节。其中，电动汽车预充电的主要作用是给电机控制器（即逆变器）的大电容进行充电，以减少接触器接触时火花拉弧，降低冲击，增加安全性。预充电结构简图如图2-13所示。

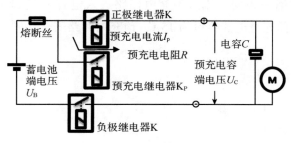

图2-13 预充电结构简图

2. 无预充电分析

以某两厢纯电动汽车蓄电池、蓄电池管理系统、电机控制器、预充电系统为例，整车动力蓄电池系统由9并102串磷酸铁锂电芯串联组成，电芯规格为36800MP（3.2V，6.5Ah），电容容量$C = 0\,000\mu F$。

如图2-13所示，蓄电池所带的电机控制器负载前端都有较大的电容C，在冷态起动时，电容C上无电荷或只有很低的残留电压。当无预充电时，主继电器K_+、K_-直接与电容C接通，此时蓄电池电压U_B有326.4V高压，而负载电容C上电压接近0，相当于瞬间短路，负载电阻仅仅是导线和继电器触点的电阻，一般远小于20mΩ。根据欧姆定律，回路电阻按20mΩ计算，$U_B - U_C$电压差按326.4 V计算，瞬间电流$I = 326.4/0.02 = 16\,320A$。继电器$K_+$及$K_-$则肯定损坏。

3. 预充电分析

图2-14所示为预充电过程波形图。加入预充电过程，K_+先断开，使拥有较大阻抗的K_P和R构成的预充电回路先接通，当预充电电路工作时，负载电容C上的电压U_C越来越高（预充电电流$I_P = (U_B - U_C)/R$越来越小），当接近蓄电池电压U_B时（即图2-14中的ΔU足够小，一般小于U_B的10%），切断预充电继电器K_P，接通主继电器K_+，不再有大电流冲

击。因为此时 $U_B - U_C$ 电压差很小，所以电流小。

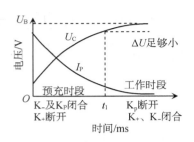

图 2-14 预充电过程波形图

通常选择预充电的电阻范围为 20~100Ω，此项目选用 $R = 25Ω$。U_B 与 U_C 电压差值仍然按 326.4V 计算，在接通一瞬间，流过预充电回路进入电容 C 的最大电流 $I_P = 326.4/25 = 13.056A$。此时，选择预充继电器容量为 15A，预充电回路安全，同时能保证 K 闭合时没有冲击电流存在。

练习十六　简述并联式油电混合动力汽车的动力传递原理

停车	**发动机、电动机、动力系统全部停止** 发动机、电动机、发电机自动停止,不会因急速无谓地消耗能量
起步/低速行驶	**仅凭减速区间效率高的电动机行驶,停止发动机** 低速区间对发动机来说不是高效率的区间。而电动机在低速区间效率高。因此,起步/低速区间的行驶利用混合动力的电力,依靠电动机的动力行驶
正常行驶	**以发动机为主动力的低油耗行驶** 在发动机的高效率区间,主要使用发动机的动力行驶。发动机的动力直接驱动轮胎的同时,根据行驶状况,向发电机分配 发动机发出的电力驱动电动机,辅助发动机的驱动力。由于使用了发动机和电动机两个动力,因此能够将发动机产生的能量毫不浪费地传到路面
正常行驶　剩余能量充电	**剩余的能量储存于混合动力蓄电池中** 由于优先运转发动机,因此发动机产生的动力有时候使用不完。当发动机产生剩余动力时,发动机将其转变为电力,毫不浪费地储存于混合动力的蓄电池中
加速	**使用发动机和电动机两个动力,使加速上一个档次** 混合动力蓄电池也提供电力,增加电动机的输出功率。两个动力合在一起,实现了与高一个等级的汽油发动机具有相同的动力和平顺的加速性
减速　再生制动	**把减速时的能量回收到混合动力蓄电池中** 踩制动或松油门时,依靠轮胎的旋转驱动电动机,将其作为发电机使用。把通常作为热能浪费的减速能量变为电能,有效地回收到混合动力蓄电池中,以便重新使用

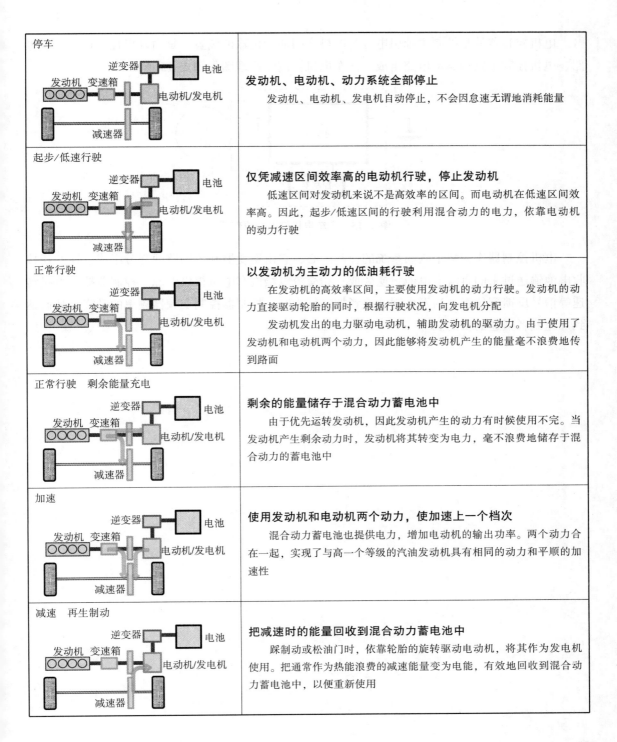

练习十七　简述电动汽车电机控制器的组成和运作原理

电机控制器就是控制主牵引电源与电机之间能量传输的装置，是由外界控制信号接口电路、电机控制电路和驱动电路组成。汽车电机控制器原理图如图2-15所示。

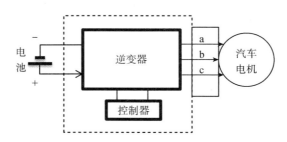

图 2-15　汽车电机控制器原理图

电机控制器作为整个制动系统的控制中心，它由逆变器和控制器两部分组成。逆变器接收电池输送过来的直流电电能，逆变成三相交流电给汽车电机提供电源。控制器接受电机转速等信号反馈到仪表，当发生制动或者加速行为时，控制器控制变频器频率的升降，从而达到加速或者减速的目的。

练习十八　简述电动汽车动力系统的组成及主要部件作用

电动汽车动力系统主要由电动机、动力电池、控制器和功率转换器组成。

（1）电动机的作用：电源为电动汽车的驱动电动机提供电能，电动汽车电机将电源的电能转化为机械能，通过传动装置或直接驱动车轮和工作装置。

（2）动力电池的作用：动力电池是电动汽车的储能装置，是电动汽车的动力源。

（3）控制器的作用：控制器是按照驾驶人员操纵变速杆、加速踏板和制动踏板等，相应地输入前进、倒退、起步、加速、制动等信号，以及各种检测传感器反馈的信号，通过运算、逻辑判断、分析比较等适时向功率转换器发出相应的指令，使整个驱动系统有效地运行。

（4）功率转换器的作用：功率转换器按照所选电动机驱动电流的要求，将动力电池的直流电转换为相应电压等级的直流、交流，或者脉冲电源。

练习十九　简述纯电动汽车的结构

典型的纯电动汽车主要包括电源系统、驱动电机系统、整车控制器和辅助系统。

练习二十　简述新能源汽车包括的类型

新能源汽车主要包括纯电动汽车、增程式电动汽车、混合动力电动汽车、燃料电池电动汽车、其他新能源汽车等。

练习二十一 简述新能源汽车动力传递方式

新能源汽车动力传递方式主要有以下几种形式。

（1）与内燃机汽车类似的传动系统，如图 2-16 所示。它含有离合器、齿轮箱、差速器等。

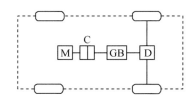

图 2-16　与内燃机汽车类似的传动系统

C——离合器；D——差速器；GB——变速器；M——驱动电机

（2）省去离合器，驱动电机、固定速比减速器、差速器合为一体。固定速比传动系统如图 2-17 所示。

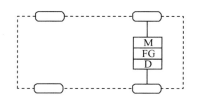

图 2-17　固定速比传动系统

D——差速器；FG——固定速比减速器；M——驱动电机

3. 轮毂电机与车轮融为一体。轮毂电机传动系统如图 2-18 所示。

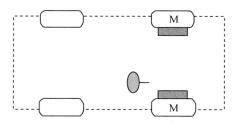

图 2-18　轮毂电机传动系统

M——驱动电机

轮毂电机的发展很好地解决了传统传动系统中的复杂结构。如图 2-19 所示，除了结构更为简单之外，采用轮毂电机驱动的车辆还可以获得更好的空间利用率，同时传动效率也要高出不少。

轮毂电机驱动系统根据电机的转子形式主要分成两种结构形式：内转子式和外转子式。

外转子式采用低速外转子电机，电机的最高转速为1 000~1 500r/min，无减速装置，车轮的速度和电机相同。采用低速外转子电机，外转子就安装在车轮的轮缘上，而且电机转速和车轮转速相等，因而不需要减速装置。

内转子式采用高速内转子电机，配备固定传动比的星型减速器，也称轮边减速器，为获得较高的功率密度，电机的转速可高达10 000r/min。所选用的行星齿轮变速机构的速度比为10∶1，而车轮的转速范围则为0~1 000r/min。随着更为紧凑的行星齿轮减速器的出现，内转子式轮毂电机在功率密度方面比低速外转子式更具有竞争力。

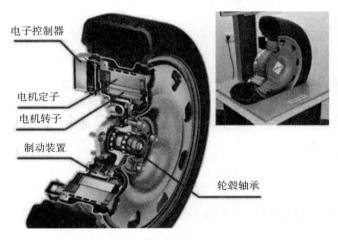

图2-19　轮毂电机结构原理图

第三部分　模拟试卷

中级工模拟试卷　一

一、单选题

1. 汽车转弯时，差速器中的行星齿轮（　　）。
   A. 只公转　　　　B. 只自转　　　　C. 既公转又自转　　　　D. 既不公转又不自转
2. 汽油机燃料供给系的作用是根据发动机各种不同工况的要求，将洁净的（　　），按一定的时间和数量供入气缸。
   A. 空气
   B. 柴油
   C. 汽油或汽油和空气配制出适当浓度的混合气
   D. 天然气
3. 背隙是活塞及活塞环装入气缸后，活塞环内圆柱面与活塞环槽底部间的间隙，一般为（　　）。
   A. 0.15~0.50mm　　B. 0.50~1.00mm　　C. 0.25~0.50mm　　D. 0.05~0.50mm
4. 百分表中的短指针转动一格为（　　）mm。
   A. 0.1　　　　B. 0.2　　　　C. 1　　　　D. 2
5. 发动机气缸沿径向的磨损呈不规则的（　　）。
   A. 圆形　　　　B. 圆柱形　　　　C. 圆锥形　　　　D. 椭圆形
6. （　　）可是用来检查发动机冷却液的温度，作为燃油喷射及点火正时的修正信号。
   A. 温度传感器　　B. 空气流量传感器　　C. 氧传感器　　D. 压力传感器
7. 在职业交往活动中，符合仪表端庄具体要求的是（　　）。
   A. 着装华贵　　B. 鞋袜等搭配合理　　C. 饰品俏丽　　D. 发型要突出个性
8. 自动变速器内的单向离合器的作用是（　　）。
   A. 连接　　　　B. 固定　　　　C. 锁止　　　　D. 制动
9. 汽车维护中常用扭力扳手的规格为（　　）。
   A. 0~300N·m　　B. 0~500N·m　　C. 0~1 000N·m　　D. 0~2 000N·m

10. 关于膨胀阀，甲说膨胀阀安装于驾驶室内，乙说膨胀阀安装于蒸发器旁。你认为以上观点（　　）。
    A. 甲正确　　　　　B. 乙正确　　　　　C. 甲乙都正确　　　　D. 甲乙都不正确
11. 下列选项是液压系统的执行元件的是（　　）。
    A. 换向阀　　　　　B. 节流阀　　　　　C. 液压泵　　　　　　D. 液压马达
12. 下列不属于电池成组后会出现的问题的是（　　）。
    A. 过充/过放　　　　B. 温度过高　　　　C. 短路或漏电　　　　D. 充电过慢
13. 汽车双丝前照灯在近光灯丝（　　）装置有金属反光板罩。
    A. 上方　　　　　　B. 下方　　　　　　C. 前方　　　　　　　D. 后方
14. 动力转向液压助力系统转向助力泵损坏会导致（　　）。
    A. 不能转向　　　　B. 转向沉重　　　　C. 制动跑偏　　　　　D. 行驶跑偏
15. 镍镉蓄电池单体工作电压为（　　）。
    A. 12V　　　　　　B. 2V　　　　　　　C. 1.2V　　　　　　　D. 3V
16. 硅油风扇离合器以（　　）为介质来传递扭矩。
    A. 硅油　　　　　　B. 汽油　　　　　　C. 煤油　　　　　　　D. 柴油
17. 气缸体翘曲变形多用（　　）进行检测。
    A. 百分表和塞尺　　B. 塞尺和直尺　　　C. 游标卡尺和直尺　　D. 千分尺和塞尺
18. 更换动力电池箱散热风扇后，以下操作执行正确的是（　　）。
    A. 装上蓄电池负极电缆，试车
    B. 装上蓄电池负极电缆，清除故障代码
    C. 清除故障代码，对模块进行设置、编程，试车
    D. 清除故障代码，用万用表进行性能测试
19. 以下属于凸轮轴变形的主要原因的是（　　）。
    A. 机油压力过高　　　　　　　　　　　B. 按规定力矩拧紧螺栓力矩
    C. 未按规定力矩拧紧螺栓　　　　　　　D. 凸轮轴轴承磨损
20. （　　）在30km/h的初速度下采用应急制动系统制动时，制动距离要求≤20m。
    A. 货车　　　　　　B. 客车　　　　　　C. 乘用车　　　　　　D. 特种车
21. 能量管理系统是电动汽车的智能核心，其英文表示为（　　）。
    A. ABS　　　　　　B. BMS　　　　　　C. ECU　　　　　　　D. DOD
22. 一般汽车音响的工作电流为（　　）A。
    A. 12　　　　　　　B. 5　　　　　　　　C. 0.5~1　　　　　　D. 低于0.5
23. 下列（　　）是汽车底盘一级维护作业内容。
    A. 检查转向角　　　　　　　　　　　　B. 检查变速器润滑油质量
    C. 检查备胎　　　　　　　　　　　　　D. 检查减振器性能

第三部分　模拟试卷

24. 发动机气缸沿轴线方向磨损呈（　　）的特点。
    A. 上大下小　　　B. 上小下大　　　C. 上下相同　　　D. 中间大

25. （　　）导致前排乘客侧电动车窗都不能升降。
    A. 熔断器故障　　　　　　　　　　B. 前排乘客侧开关故障
    C. 左后乘客侧开关故障　　　　　　D. 右后乘客侧开关故障

26. 正确的主减速器主、从动锥齿轮啮合印痕应位于（　　）。
    A. 齿长方向偏向大端，齿高方向偏向顶端
    B. 齿长方向偏向小端，齿高方向偏向顶端
    C. 齿长方向偏向大端，齿高方向偏向底端
    D. 齿长方向偏向小端，齿高方向偏向底端

27. 以下不属于混合气过浓的原因的是（　　）。
    A. 空气滤清器堵塞　　　　　　　　B. 进气歧管堵塞
    C. 油压过高　　　　　　　　　　　D. 汽油泵磨损

28. 为保证车辆顺利起动，起动电流稳定值应该为100~150A，蓄电池内阻不大于20mΩ；稳定电压不小于（　　）V。
    A. 3　　　　　　B. 6　　　　　　C. 9　　　　　　D. 12

29. 柴油机电控系统的基本组成包括传感器、ECU 和（　　）。
    A. 电脑　　　　B. 执行元件　　　C. 喷油器　　　　D. 喷油泵

30. 使用 LED 发光二极管作汽车制动灯的光源，在车辆行驶时能获得的突出优点是（　　）。
    A. 特别光亮　　B. 发光极快　　　C. 造型醒目　　　D. 能自动开启

31. 曲柄连杆机构在作功行程活塞承受燃烧气体产生的膨胀压力时，通过连杆使（　　）的直线运动变为曲轴的旋转运动，向外输出动力。
    A. 活塞　　　　B. 连杆　　　　　C. 活塞销　　　　D. 飞轮

32. 中央门锁出现机械故障的特点是（　　）。
    A. 所有门锁工作不正常　　　　　　B. 半边车门锁动作不正常
    C. 个别门锁工作不正常　　　　　　D. 所有门锁无法打开

33. 汽油发动机机油警报灯亮起时，表示发动机润滑机油压力为危险压力，润滑油压力为0.16~0.40 MPa 说明（　　）。
    A. 压力过低　　B. 压力过高　　　C. 压力正常　　　D. 压力极低

34. 同步器依靠（　　）来实现动力的传递。
    A. 摩擦　　　　B. 啮合　　　　　C. 链条　　　　　D. 齿带

35. 转向失控时，需要检查的项目是（　　）。
    A. 两前轮胎压　　　　　　　　　　B. 钢板弹簧是否折断
    C. 两侧轴距是否相等　　　　　　　D. 以上选项都正确

36. 起动发动机时，每次接通起动机的时间不应超过（　　）s。
    A. 5　　　　　　B. 10　　　　　　C. 15　　　　　　D. 20
37. 货车在30km/h的初速度下采用应急制动系统制动时，制动距离要求≤（　　）m。
    A. 10　　　　　　B. 20　　　　　　C. 30　　　　　　D. 40
38. 关于充电电流不稳故障的症状，甲说充电电流不稳的症状是发动机在中速以上运转，电流表指示充电电流忽大忽小；乙说充电电流不稳的症状是发动机在中速以上运转，电流表指示时充时放，指针摆动大。你认为以上观点（　　）。
    A. 甲正确　　　　B. 乙正确　　　　C. 甲乙都正确　　　　D. 甲乙都不正确
39. 关于汽车的组合式尾灯的描述中，结论正确的是（　　）。
    A. 制动灯的功率要比示宽灯的小　　　　B. 制动灯的功率要比转向灯的大
    C. 倒车灯的功率要比示宽灯的小　　　　D. 转向灯的颜色为黄色
40. 下列关于勤劳节俭的论述中，正确的选项是（　　）。
    A. 勤劳是人生致富的充分条件　　　　B. 节俭是企业持续发展的必要条件
    C. 勤劳不如巧干　　　　　　　　　　D. 节俭不如创造
41. 汽车起步，车身发抖并能听到"嚓啦"的撞击声是（　　）异响。
    A. 万向传动装置　　B. 变速器　　　　C. 离合器　　　　D. 驱动桥
42. （　　）不能导致所有电动座椅都不能动。
    A. 熔断器故障　　　　　　　　　　B. 搭铁不良
    C. 搭铁线断路　　　　　　　　　　D. 右后乘客侧开关故障
43. 蜡式节温器安装在（　　）。
    A. 水道里　　　　B. 进气管里　　　C. 排气管里　　　D. 燃油道里
44. 离合器踏板的（　　），是分离轴承与分离杠杆之间等处间隙的体现。
    A. 全部行程　　　B. 自由行程　　　C. 最大行程　　　D. 最小行程
45. （　　）不是汽车行驶跑偏的原因。
    A. 减振器性能减弱　　　　　　　　B. 前悬挂移位
    C. 单侧悬挂弹簧弹力不足　　　　　D. 车架变形
46. 机油牌号中，在数字后面带"W"字母的，（　　），数字代表黏度等级。
    A. 表示夏季使用机油　　　　　　　B. 表示柴油机油
    C. 表示汽油机油　　　　　　　　　D. 表示低温系列，W 表示冬季使用
47. 发动机工作时，（　　）带动凸轮轴正时齿轮，使凸轮轴转动。
    A. 曲轴正时齿轮　B. 发电机皮带轮　C. 曲轴皮带轮　　D. 水泵皮带轮
48. 不装订的图样（　　）画出边框。
    A. 不需　　　　　B. 可以　　　　　C. 必须　　　　　D. 不一定
49. 根据《汽车发动机缸体与气缸盖修理技术条件》（GB 3801-1983）的技术要求，气门导

管与承孔的配合过盈量一般为（　　）mm。

A. 0.01~0.04　　B. 0.01~0.06　　C. 0.02~0.04　　D. 0.2~0.06

50. 为确保安全，更换霍尔传感器前应采取的措施是（　　）。
    A. 拆下蓄电池负极导线　　　　　　B. 拆下蓄电池正极导线
    C. 拆下蓄电池　　　　　　　　　　D. 关闭点火开关

51. 分水管→水套→出水口→上水管→散热器→下水管→水泵，是进行（　　）。
    A. 大循环　　　B. 微循环　　　C. 小循环　　　D. 中循环

52. 对汽车起动机来讲，下列选项中正确的是（　　）。
    A. 起动机的搭铁回路电压降允许的最大值是0.9V
    B. 起动机工作时的噪声大多来自电枢
    C. 发动机刚起动时，起动机的工作电流为180~350A
    D. 与驱动齿轮一体的是楔块式结构的单向离合器

53. 在发动机润滑系中并联于润滑系内，并能滤出润滑油中微小杂质的选项是（　　）。
    A. 机油集滤器　　B. 机油细滤器　　C. 机油粗滤器　　D. 机油散热器

54. 制动甩尾的原因有（　　）。
    A. 制动阀调整不当　　　　　　　　B. 两后轮制动间隙过小
    C. 两后轮制动气室制动管路漏气　　D. 前桥悬架弹簧弹力不一致

55. 交流发电机单相桥式硅整流器每个二极管，在一个周期内的导通时间为（　　）周期。
    A. 1/2　　　B. 1/3　　　C. 1/4　　　D. 1/6

56. 良好的节温器阀门全开时，要求阀门的升起高度应不小于（　　）mm。
    A. 9　　　B. 10　　　C. 11　　　D. 12

57. 前轮定位包括（　　）、主销内倾、车轮外倾和前轮前束4个参数。
    A. 主销前倾　　B. 主销后倾　　C. 主销外倾　　D. 主销左倾

58. 拆下火花塞，观察绝缘体裙部颜色，（　　）且电极有被烧蚀痕迹，则选用的火花塞为热型。
    A. 浅褐色　　　B. 黑色　　　C. 灰白色　　　D. 棕色

59. 下列温度传感器中，用作进气温度传感器的是（　　）温度传感器。
    A. 绕线电阻式　　B. 热敏电阻式　　C. 扩散电阻式　　D. 半导体管式

60. 具有再生制动能量回收系统的电动汽车，一次充电续驶里程可以增加（　　）。
    A. 5%~15%　　B. 10%~30%　　C. 30%~40%　　D. 40%~50%

61. 对于真空增压制动传动装置，解除制动时，控制油压下降，（　　）互相沟通，又具有一定的真空度，膜片、推杆、辅助缸活塞都在回位弹簧作用下各自回位。
    A. 辅助缸　　　B. 控制阀　　　C. 加力气室　　　D. 主缸

62. 一般要求活塞环外围工作面在开口处（　　）范围内不许漏光。
    A. 15°　　　B. 30°　　　C. 45°　　　D. 60°

63. 变速器不常接合齿轮齿厚磨损不得超过（　　）mm。
    A. 0.2   B. 0.25   C. 0.3   D. 0.4
64. 更换桥壳齿轮油时，应起动汽车行驶一段距离，使桥壳齿轮油升温，在齿轮油处于（　　）状态时，拧下放油螺塞，放出齿轮油。
    A. 冷   B. 温热   C. 任意温度   D. 常温
65. 电器设备一级维护作业内容包括检查蓄电池液面高度，一般补充（　　）。
    A. 蒸馏水   B. 水   C. 硫酸   D. 盐酸
66. （　　）用于建立燃油系统压力。
    A. 油泵   B. 喷油器   C. 油压调节器   D. 油压缓冲器
67. 企业创新要求员工努力做到（　　）。
    A. 不能墨守成规，但也不能标新立异   B. 大胆地破除现有的结论，自创理论体系
    C. 大胆地试大胆地闯，敢于提出新问题 D. 激发人的灵感，遏制冲动
68. 悬架由（　　）、导向装置和减振器等三部分组成。
    A. 弹性元件   B. 传动装置   C. 固定装置   D. 锁止装置
69. 以下属于气缸盖腐蚀的主要原因的是（　　）。
    A. 冷却液加注过多   B. 使用了不符合要求的冷却液
    C. 汽车工作条件恶劣   D. 汽车长时间超负荷工作
70. 汽车上的安全系统有主动安全系统和被动安全系统，（　　）为主动安全系统。
    A. 制动系统   B. 安全气囊系统 C. 巡航系统   D. 发动机系统
71. 进气温度传感器安装在（　　）。
    A. 进气道上   B. 排气管上   C. 水道上   D. 油底壳上
72. 用百分表测量变速器输出轴的径向跳动量要求不大于（　　）mm，使用极限为0.06mm。
    A. 0.02   B. 0.025   C. 0.03   D. 0.035
73. 发动机不运转，空挡释放手制动，晃动第二轴凸缘，若其晃动量大，则说明（　　）。
    A. 第二轴轴承松旷 B. 齿轮松动   C. 啮合间隙过大 D. 壳体变形
74. 采用气压制动的机动车当气压升至（　　）kPa且不使用制动的情况下，停止空气压缩机3min后，其气压的降低值应不大于10kPa。
    A. 200   B. 400   C. 600   D. 800
75. 对全面质量管理方法的特点描述恰当的是（　　）。
    A. 单一性   B. 机械性   C. 多样性   D. 专一性
76. 纯电动汽车动力系统由动力电池组、驱动电机、（　　）及安全保护系统等组成。
    A. 电子系统   B. 控制系统   C. 机械系统   D. 电机控制系统
77. 机油滤清方法分为（　　）和滤清器与主油道并联—分流式滤清两种。
    A. 滤清器与主油道串联—全流式滤清   B. 滤清器与主油道并联—全流式滤清
    C. 滤清器与主油道并联—合流式滤清   D. 滤清器与主油道串联—分流式滤清

78. 离合器踏板自由行程过大，会造成离合器（　　）。
    A. 打滑　　　　　B. 分离不彻底　　　C. 起步发抖　　　D. 半接合状态

79. （　　）用于检测节气门的开启角度。
    A. 空气流量计　　　　　　　　　　B. 进气温度传感器
    C. 节气门位置传感器　　　　　　　D. 发动机转速传感器

80. 在电磁学中，穿出磁路节点的磁通的代数和恒等于零，这个定律称为（　　）。
    A. 法拉第电磁感应定律　　　　　　B. 楞次定律
    C. 磁路的基尔霍夫第一定律　　　　D. 磁路的基尔霍夫第二定律

81. 混合动力汽车的动力部分一般包括（　　）。
    A. 发动机与发电机　　　　　　　　B. 发电机与驱动电机
    C. 发动机与驱动电机　　　　　　　D. 发动机、发电机与驱动电机

82. 职业纪律是从事这一职业的员工应该共同遵守的行为准则，它包括的内容有（　　）。
    A. 交往规则　　　B. 操作程序　　　C. 群众观念　　　D. 外事纪律

83. 汽车行驶7 500～8 000km应对空气滤清器进行（　　）。
    A. 更换　　　　　B. 维护　　　　　C. 检查　　　　　D. 冲洗

84. 判断汽车硅整流发电机磁场是否正常，可在其运转时，最简单的测试方法是（　　）。
    A. 充电指示灯状况　　　　　　　　B. "+"端的电压值
    C. "F"端的电压情况　　　　　　　D. 用螺丝刀检测发电机外壳的磁性

85. 当机油压力低于0.03～0.15MPa时，机油压力过低报警灯报警开关（　　）。
    A. 触点闭合，报警灯灭　　　　　　B. 触点闭合，报警灯亮
    C. 触点断开，报警灯亮　　　　　　D. 触点断开，报警灯灭

86. 动力电池组的英文表示为（　　）。
    A. PACK　　　　　B. BATTERY　　　C. ELECTRIC　　　D. CAR

87. 冷却系统为了更有效地利用空气流，加强冷却，一般都装有（　　）。
    A. 导流罩　　　　B. 散热片　　　　C. 分流板　　　　D. 鼓风机

88. （　　）转向器具有结构简单、操作灵敏、维修方便等特点，且被现代轿车广泛应用。
    A. 循环球式　　　B. 齿轮—齿条式　　C. 蜗杆指销式　　D. 单销式

89. 职业道德是人的事业成功的（　　）。
    A. 重要保证　　　B. 最终结果　　　C. 决定条件　　　D. 显著标志

90. 气门头部的形状有（　　）、凸顶和凹顶三种结构形式。
    A. 尖顶　　　　　B. 圆顶　　　　　C. 平顶　　　　　D. 以上选项都不正确

91. 变速器的直接挡的传动比为（　　）。
    A. $i=0$　　　　　B. $i=1$　　　　　C. $i>0$　　　　　D. $i>1$

92. 二级维护前检测轿车，轮胎气压应符合规定：前轮180kPa，后轮（　　）kPa；车轮动不平衡量为0。
    A. 190　　　　　B. 260　　　　　C. 300　　　　　D. 400
93. 关于转向沉重的原因，甲认为：转向器转向轴弯曲或管柱凹瘪相互摩擦是其中原因之一；乙认为：转向器摇臂与衬套间隙过小是其中原因之一；丙认为：转向梯形横、直拉杆球头配合间隙过小是其中原因之一。看法正确的是（　　）。
    A. 甲和乙　　　　B. 乙和丙　　　　C. 丙和甲　　　　D. 以上均不正确
94. （　　）是动力转向液压助力系统引起的转向沉重的原因。
    A. 油液脏
    B. 缺液压油或滤油器堵塞
    C. 分配阀反作用弹簧过软或损坏
    D. 流量控制阀被卡住
95. 霍尔元件产生的霍尔电压为（　　）级。
    A. mV　　　　　B. V　　　　　C. kV　　　　　D. μV
96. （　　）制动器可以在行车制动装置失效后应急制动。
    A. 平衡式　　　　B. 非平衡式　　　　C. 行车　　　　D. 驻车
97. 间接测量型有（　　）方式和速度—密度方式两种。
    A. 节流—速度　　B. 节流—密度　　C. 压力—速度　　D. 压力—密度
98. 关于燃油表的检修，甲认为在安装传感器时，与油箱搭铁必须良好；乙认为传感器的电阻末端必须搭铁，这样可以避免因滑片与电阻接触不良时产生火花而引起火灾。你认为以上观点（　　）。
    A. 甲正确　　　　B. 乙正确　　　　C. 甲乙都正确　　D. 甲乙都不正确
99. （　　）或服务质量是企业生产经营活动的结果。
    A. 劳动　　　　　B. 工作　　　　　C. 产品　　　　　D. 商品
100. 燃油泵供油量在有汽油滤清器的情况下应为（　　）ml。
    A. 400~700　　B. 700~1 000　　C. 1 000~1 300　　D. 1 300~1 600
101. 差速器壳上安装着行星齿轮、半轴齿轮、从动圆锥齿轮和行星齿轮轴，其中不属于差速器的是（　　）。
    A. 行星齿轮　　　B. 半轴齿轮　　　C. 从动圆锥齿轮　　D. 行星齿轮轴
102. （　　）是行驶跑偏的原因。
    A. 两前轮胎气压差过大
    B. 车架变形或铆钉松动
    C. 转向节主销与衬套间隙过大
    D. 减振器失效，前钢板弹力不一致
103. 发动机曲轴各轴颈的圆度和圆柱度误差一般用（　　）来测量。
    A. 游标卡尺　　　B. 百分表　　　C. 外径分厘卡　　D. 内径分厘卡

104. （　　）装置用于使停驶的汽车驻留在原位不动。
    A. 紧急制动　　　B. 安全制动　　　C. 行车制动　　　D. 驻车制动

105. 行车制动在产生最大制动作用时的踏板力，对于座位数小于或等于9的载客汽车应不大于（　　）N。
    A. 100　　　　　B. 200　　　　　C. 500　　　　　D. 800

106. "∥"符号代表（　　）。
    A. 平行度　　　B. 垂直度　　　C. 倾斜度　　　D. 位置度

107. 当汽车在行驶中后桥出现连续的"嗷嗷"声响，车速加快声响也加大，滑行时稍有减弱，说明（　　）。
    A. 圆锥主从动齿啮合间隙过小　　　B. 圆锥主从动齿啮合间隙过大
    C. 圆锥主从动齿啮合轮齿折断　　　D. 半轴花键损坏

108. 不属于电动汽车用电池的主要性能指标的是（　　）。
    A. 电压　　　B. 内阻　　　C. 容量和比容量　　　D. 流量

109. 调整发动机气门间隙时应在（　　）、气门挺杆落至最终位置进行。
    A. 进气门完全关闭　　　　　　　　B. 排气门完全关闭
    C. 进、排气门完全关闭　　　　　　D. 进、排气门不需关闭

110. 水泵在更换水封总成时，将水泵风扇轮毂装在台钳上夹紧，拆下（　　），拧下叶轮紧固螺栓，拆下叶轮后，取出水封总成，进行更换。
    A. 水泵壳　　　B. 水泵轴　　　C. 水泵盖　　　D. 静环总成

111. 关于发动机缺火的原因，甲认为：发动机个别缸火花塞不工作可导致发动机缺火；乙认为：发动机个别缸高压线断路可导致发动机缺火。看法正确的是（　　）。
    A. 甲　　　B. 乙　　　C. 二者都正确　　　D. 二者都不正确

112. 水泵在泵轴处设有（　　），其作用是确定水封是否漏水和排出水泵漏出的水。
    A. 溢水孔　　　B. 传感器　　　C. 加油孔　　　D. 检测孔

113. 更换发动机润滑油后，应（　　），检查滤清器处应无润滑油泄漏。
    A. 起动发动机　　B. 清洁发动机　　C. 盖上机器盖　　D. 检查冷却液

114. 普通电磁继电器由（　　）和触点组成。
    A. 铁芯　　　B. 衔铁　　　C. 永久磁铁　　　D. 电磁铁

115. 变速器验收时各密封部位不得漏油，润滑油温度不得越过室温（　　）℃。
    A. 40　　　　B. 50　　　　C. 80　　　　D. 90

116. 配气相位是指用发动机曲轴的（　　）表示进、排气门开启时刻和开启的延续时间。
    A. 转速　　　B. 转角　　　C. 圈数　　　D. 位置

117. 汽车空调鼓风机的无级变速电路，是采用（　　）的调速控制原理。
    A. 步进式　　　B. 开关式　　　C. 占空比　　　D. 电位器

118. 曲轴飞轮组主要由曲轴、（　　）和附件等组成。
    A. 齿轮　　　　B. 链轮　　　　C. 带轮　　　　D. 飞轮
119. 离合器踏板的自由行程，是（　　）之间等处间隙的体现。
    A. 分离轴承与分离杠杆　　　　B. 踏板与地板高度
    C. 压盘与从动盘　　　　　　　D. 变速器与离合器
120. 用诊断仪对发动机进行检测，点火开关应（　　）。
    A. 关闭　　　　B. 打开　　　　C. 位于起动挡　　　　D. 位于锁止挡
121. 汽车起步时，强行挂挡后，在未抬离合器踏板的情况下，汽车出现（　　）现象时，说明存在离合器分离不彻底故障。
    A. 抖动　　　　B. 后移　　　　C. 前移　　　　D. 跑偏
122. 充氟试漏是向系统充注氟利昂蒸汽，使系统压力高达（　　）MPa，然后用卤素灯检漏仪检漏。
    A. 0.15　　　　B. 025　　　　C. 0.35　　　　D. 0.45
123. 喷油器滴漏会导致发动机（　　）。
    A. 不能起动　　B. 不易起动　　C. 怠速不稳　　D. 加速不良
124. 用游标卡尺分别测量制动蹄支承销与衬套，其配合间隙不应超过（　　）mm。
    A. 0.30　　　　B. 0.25　　　　C. 0.35　　　　D. 0.40
125. 空调与暖风系统延时继电器的作用是（　　）。
    A. 在发动机冷却液达到预定温度之前防止加热循环
    B. 在发动机起动后转速稳定之前延迟空调系统的起动
    C. 在发动机冷却液达到预定温度之前防止制冷循环
    D. 在关闭点火钥匙后将各风门回复到原位
126. 二级维护前检测轮胎，应无异常磨损。轮胎胎冠花纹深度应大于（　　）mm。
    A. 1.2　　　　B. 1.6　　　　C. 1.8　　　　D. 2.0
127. 液压传动靠（　　）来传递动力。
    A. 油液的容积　B. 油液的黏度　C. 油液的压力　D. 油液的压缩性
128. 汽车最大总质量是（　　）。
    A. 整车装备质量　　　　　　　　B. 最大装载质量
    C. 整车装备质量与最大装载质量之差　D. 整车装备质量与最大装载质量之和
129. 电控汽油喷射发动机回火是指汽车行驶中，发动机有时回火，动力（　　）。
    A. 明显下降　　B. 不变　　　　C. 有所下降　　D. 下降或不变
130. 混合动力电动汽车和所有电动汽车都使用高压（HV）电路，为做好安全保护，识别高压电线的颜色是（　　）。
    A. 橙色　　　　B. 蓝色　　　　C. 黄色　　　　D. 灰色

第三部分　模拟试卷

131. 以下属于二级维护内容的是（　　）。
   A. 检查、调整转向节　　　　　　　　B. 更换活塞环
   C. 更换活塞销　　　　　　　　　　　D. 检查曲轴轴向间隙

132. 以下属于发动机二级维护作业内容是（　　）。
   A. 拆检清洗机油盘、集滤器；检查曲轴轴承松紧度，校紧曲轴轴承螺栓、螺母
   B. 更换气门油封
   C. 更换曲轴前后油封
   D. 检查与更换节温器

133. 采用"分体顶置式"空调装置的大客车，其空调压缩机由（　　）驱动。
   A. 专门空调发动机　　　　　　　　　B. 液压马达
   C. 专门空调发动机或行驶发动机　　　D. 电机

134. 进行空调压缩机检查时，每年添加制冷剂的同时应补加（　　）g 同类冷冻机油。
   A. 10~20　　　B. 20~30　　　C. 30~40　　　D. 40~50

135. 锂离子电池单体工作电压为（　　）。
   A. 12V　　　B. 3.6V　　　C. 1.2V　　　D. 1.8V

136. 关于充电电流不稳故障的原因，甲认为：充电电流不稳的原因可能是发电机内部定子或转子线圈某处有断路或短路；乙认为：充电电流不稳的原因可能是电压调节器有关线路板松动或搭铁不良。你认为以上观点（　　）。
   A. 甲正确　　　B. 乙正确　　　C. 甲乙都正确　　　D. 甲乙都不正确

137. 废气再循环 EGR 系统可分为：普通电子式 EGR 控制系统、可变 EGR 控制系统、带压力反馈电子（PFE）传感器的 EGR 控制系统、（　　）和带 EGR 位置传感器的 EGR 控制系统。
   A. 机械式 EGR 控制系统
   B. 真空式 EGR 控制系统
   C. 带压差反馈式电子（DPFE）传感器的 EGR 控制系统
   D. 不带压差反馈式电子（DPFE）传感器的 EGR 控制系统

138. 空气流量传感器是用来测量（　　）的装置。
   A. 空气量　　　B. 燃油量　　　C. 进气量　　　D. 排气量

139. 各种职业道德往往采取简洁明快的形式，对本职业人员提出具体的道德要求，以保证职业活动的顺利开展，这体现了职业道德的（　　）。
   A. 稳定性　　　B. 专业性　　　C. 具体性　　　D. 适用性

140. 以下是关于 HV 蓄电池总成维修塞把手的描述，请选择正确的描述（　　）。
   A. 拆下维修塞把手时无须佩戴绝缘手套
   B. 拆下维修塞把手前，务必将电源开关置于 OFF 位置（关闭 SMR）以确保安全

C. 拆下维修塞把手前，务必将电源开关置于 ON 位置（打开 SMR）以确保安全

D. 不要在口袋内携带拆下的维修塞把手，以防止维修车辆时将其丢失

141. 发动机凸轮轴变形的主要形式是（　　）。
    A. 弯曲　　　　B. 扭曲　　　　C. 弯曲和扭曲　　　　D. 圆度误差

142. 汽车起动机电磁开关将起动机主电路接通后，活动铁芯靠（　　）线圈产生的电磁力保持在吸合位置上。
    A. 吸拉　　　　　　　　　　　　B. 保持
    C. 吸拉和保持　　　　　　　　　D. 以上选项都不正确

143. 轮毂轴承螺栓、螺母的拆装适宜选用（　　）。
    A. 内六角扳手　B. 方扳手　　　C. 钩型扳手　　　D. 专用套筒扳手

144. 关于发动机功率不足的原因，甲认为：点火正时不正确；乙认为：高压火弱。对于以上说法（　　）。
    A. 甲正确　　　B. 乙正确　　　C. 甲乙都正确　　D. 甲乙都不正确

145. 排放控制系统用于减少废气中有害气体（　　）、HC 和 NO_x 排入大气。
    A. C　　　　　B. O_2　　　　C. CO_2　　　　D. CO

146. 节气门体过脏会导致（　　）。
    A. 不易起动　　B. 怠速不稳　　C. 加速不良　　　D. 减速熄火

147. （　　）的作用是在发电机转速变化时，自动改变励磁电流的大小，使发电机输出电压保持不变。
    A. 整流器　　　B. 调节器　　　C. 蓄电池　　　　D. 电容器

148. 蓄电池搭铁极性必须与（　　）的搭铁极性一致。
    A. 发动机　　　B. 起动机　　　C. 发电机　　　　D. 变速器

149. 在测量发动机气缸磨损程度时，为准确起见，应在不同的位置和方向共测出至少（　　）个值。
    A. 2　　　　　B. 4　　　　　C. 6　　　　　　D. 8

150. 按气门的布置形式分类，可分为（　　）、侧置气门式。
    A. 上置气门式　B. 中置气门式　C. 下置气门式　　D. 顶置气门式

151. 废气涡轮与压气机通常装成一体，便称为（　　）。
    A. 组合式涡轮增压器　　　　　　B. 复合式废气涡轮增压器
    C. 机械式涡轮增压器　　　　　　D. 废气涡轮增压器

152. （　　）转向器采用齿轮齿条传动原理传递动力。
    A. 曲柄指销式　B. 循环球式　　C. 涡轮蜗杆式　　D. 齿轮齿条式

153. 进行汽车二级维护前，检查发动机的转速为 800r/min 时，点火电压应为（　　）kV。
    A. 2~4　　　　B. 4~6　　　　C. 6~8　　　　　D. 8~10

第三部分　模拟试卷

154. C 级火灾发生时可用（　　）灭火法。
　　A. 冷却　　　　　B. 二氧化碳　　　　C. 绝缘灭火剂　　　　D. 特殊灭火剂盖熄

155. 汽车空调制冷循环顺序是（　　）。
　　A. 压缩机→干燥过滤器→蒸发器→冷凝器→膨胀阀
　　B. 蒸发器→膨胀阀→冷凝器→干燥过滤器→压缩机
　　C. 膨胀阀→干燥过滤器→压缩机→冷凝器→蒸发器
　　D. 冷凝器→干燥过滤器→膨胀阀→蒸发器→压缩机

156. 下列不属于汽车底盘一级维护作业内容的是（　　）。
　　A. 检查离合器片　　　　　　　　　　B. 检查转向器
　　C. 检查离合器自由行程　　　　　　　D. 检查补足轮胎气压

157. 空调怠速继电器的作用是（　　）。
　　A. 保护空调压缩机
　　B. 当发动机转速低到某一最低转速时，使空调压缩机停止运转
　　C. 避免空调电路因大电流而烧坏
　　D. 控制发动怠速

158. 安装正时皮带或正时链条及导链板，调整（　　）张紧轮或正时链条导链板张紧器张紧到规定的程度。
　　A. 正时齿轮　　　B. 发电机皮带　　　C. 正时皮带　　　D. 水泵皮带

159. 汽车直线行驶中，个别车轮有异响可能是该车轮（　　）。
　　A. 轴承预紧度过大　　　　　　　　　B. 制动踏板的自由行程过小
　　C. 制动踏板的自由行程过大　　　　　D. 个别车轮轴承可能损坏

二、判断题

1. （　　）进行汽车二级维护前，检查发动机的转速为 800r/min 时，点火提前角应为 7°。
2. （　　）废气涡轮的全部功率用于驱动与涡轮机同轴旋转的压气机工作叶轮，在压气机中将废气压缩后再送入气缸。
3. （　　）一般汽车的驱动桥主要由主减速器、差速器、半轴和驱动桥壳等组成。
4. （　　）汽车空调压力开关也称压力继电器。
5. （　　）前后独立方式的双回路液压传动装置，由双腔主缸通过两套独立回路分别控制车轮制动器。
6. （　　）直列六缸四冲程发动机曲拐布置形式分为 1—5—3—6—2—4 和 1—4—2—6—3—5 两种。
7. （　　）未成年工是指不满 16 周岁的劳动者。
8. （　　）目前我国发动机所使用的冷却液几乎都是乙二醇型冷却液。
9. （　　）交流发电机的电磁不需他励。

10. （　）检测发电机整流器的性能应选用万用表"二极管"挡。
11. （　）传动轴万向节叉等速排列不当，必然使万向传动装置异响。
12. （　）关于起动机运转无力故障的症状，有人认为起动机运转无力的症状是指起动机运转缓慢无力，不能带动发动机正常运转。
13. （　）离合器分离爪内端高低不一致能造成离合器发抖。
14. （　）变速器第一轴的轴向间隙不大于0.15mm，其他各轴的轴向间隙不大于0.20mm。
15. （　）服务也需要创新。
16. （　）大修的离合器应在装车前与曲轴飞轮组一起进行平衡。
17. （　）牵引汽车自身不装载货物。
18. （　）离合器摩擦片沾油或磨损过甚会引起离合器打滑。
19. （　）无刷交流发电机，由于转子上没有激磁线圈，因此省去了滑环而保留了电刷。
20. （　）根据冷却方式不同，气缸体可分为水冷式和油冷式。
21. （　）发动机在正常工作情况下，涡轮排气的温度可达600～900℃。
22. （　）弧光放电前照灯由弧光灯组件、电子控制器和升压器三大部件组成。
23. （　）更换动力电池箱散热风扇后，如果未连接好维修塞把手，直接起动车辆，可能会损坏蓄电池ECU，造成损失。
24. （　）柴油机电控泵喷嘴没有高压油管，每缸两组泵喷嘴。
25. （　）配气机构按曲轴和凸轮轴的传动方式分类，可分为齿轮式、铰链式和正时皮带式。
26. （　）电控燃油喷射（EFI）主要包括喷油量、喷射正时、燃油停供和燃油泵的控制。
27. （　）传动轴中间支承轴承散架必然造成万向传动装置异响。
28. （　）用曲轴转角表示的进、排气门开闭时刻和开启持续时间，称为配气相位图。
29. （　）职业道德是协调企业内部人际关系的法宝，而企业内部人际关系的主体是职工与领导之间的关系。
30. （　）制动蹄回位弹簧折断或弹力不够是制动拖滞的原因之一。
31. （　）检查电气线束时，操作人员需具有相应操作资质，手机、金属钥匙等放入工作服的口袋里。
32. （　）空气流量计用于检测发动机运转时吸入的空气量。
33. （　）对于所有轿车的中央门锁系统，驾驶员按遥控器开车门时，按一下，驾驶员侧车门锁开启，接着再按一下，其他车门锁开启，而锁门时，只需按一下遥控器上的锁门键，就能完成所有车门的锁门动作。
34. （　）节温器是润滑系的重要组成部件。
35. （　）汽车空调制冷系统在工作时，压缩机上的进、出冷气管应无明显温差。
36. （　）当汽车前照灯线路某侧搭铁不良时，会出现一个前照灯亮而另一个前照灯明显

发暗的现象。

37. （　　）汽车传动系的基本功用是将发动机输出的动力传递给各车轮。
38. （　　）座椅调节过程中，若电动座椅调节电动机电路电流过大，过载保险就会熔断。
39. （　　）曲轴位置传感器能够识别哪一个缸活塞即将到达上止点，被称为气缸识别传感器。
40. （　　）曲柄连杆机构在作功行程活塞承受燃烧气体产生的膨胀压力时，通过连杆使活塞销的直线运动变为曲轴的旋转运动，向外输出动力。

中级工模拟试卷 二

一、单选题

1. 按凸轮轴的布置形式分类,可分为上置凸轮轴式、(　　)式和下置凸轮轴式。
   A. 侧置凸轮轴　　B. 中置气门式　　C. 中置凸轮轴　　D. 顶置凸轮轴
2. 镍氢电池单体工作电压为(　　)。
   A. 12V　　B. 2V　　C. 1.2V　　D. 0.5V
3. 以下不属于发动机二级维护内容是(　　)。
   A. 按规定次序和扭矩校紧缸盖螺栓　　B. 检查发动机支架的连接及损坏情况
   C. 更换气门油封　　D. 检查、紧固、调整散热器及百叶窗
4. 动力电池组的总电压可以达到(　　)。
   A. 36～88V　　B. 420～500V　　C. 90～400V　　D. 12～35V
5. 液压行车制动系在达到规定的制动效能时,对于制动器装有自动调整间隙装置的车辆的踏板行程不得超过踏板全行程的(　　)。
   A. 1/4　　B. 2/4　　C. 3/4　　D. 4/5
6. 关于空调压缩机不运转故障的原因,甲认为:空调压缩机不运转故障的原因可能是空调系统内无制冷剂;乙认为:空调压缩机不运转故障的原因可能是电源线路断路。你认为以上观点(　　)。
   A. 甲正确　　B. 乙正确　　C. 甲乙都正确　　D. 甲乙都不正确
7. 根据《汽车驱动桥修理技术条件》(GB 8825-1988)技术要求,圆锥主、从动齿轮啮合间隙为(　　)mm。
   A. 0.15～0.25　　B. 0.15～0.35　　C. 0.15～0.45　　D. 0.15～0.50
8. (　　)导致前排乘客侧电动车窗都不能升降。
   A. 熔断器故障　　B. 前排乘客侧开关故障
   C. 左后乘客侧开关故障　　D. 右后乘客侧开关故障
9. 汽车后桥某一部位的齿轮啮合间隙过大,会使汽车在(　　)时发响。
   A. 下坡　　B. 上坡　　C. 上、下坡　　D. 起步
10. (　　)的作用是把高压导线送来的高压电放电,击穿火花塞两电极间空气,产生电火花以此引燃气缸内的混合气体。
    A. 分电器　　B. 点火线圈　　C. 电容器　　D. 火花塞
11. 下列(　　)不是引起低速打摆现象的原因。
    A. 前束过大,车轮外倾角、主销后倾角变小
    B. 车架变形或铆钉松动

C. 转向器啮合间隙过大

D. 转向节主销与衬套间隙过大

12. 关于喇叭不响故障的原因，甲认为：喇叭不响故障的原因可能是喇叭按钮接触不良；乙认为：喇叭不响故障的原因可能是喇叭衔铁气隙过大。你认为以上观点（　　）。

  A. 甲正确　　　　　B. 乙正确　　　　　C. 甲乙都正确　　　　D. 甲乙都不正确

13. 节气门位置传感器的功用是检测节气门的开度状态，如（　　）状态。

  A. 怠速　　　　　　　　　　　　　　B. 全开

  C. 部分打开　　　　　　　　　　　　D. 以上选项都正确

14. 汽车上使用的三线圈电磁式燃油表，当点火钥匙被取下时，燃油表的指针应停留在（　　）位置。

  A. 最后一时刻的位置　　　　　　　　B. E 位

  C. H 位　　　　　　　　　　　　　　D. 任意位

15. 游标卡尺常用的精度值是（　　）。

  A. 0.10mm、0.02mm、0.05mm　　　　B. 0.01mm、0.02mm、0.05mm

  C. 0.10mm、0.20mm、0.50mm　　　　D. 0.10mm、0.20mm、0.05mm

16. 活塞开口间隙过小时，会导致活塞环（　　）。

  A. 对口　　　　　　B. 折断　　　　　　C. 泵油　　　　　　D. 变形

17. 下列不属于电池故障级别信息的是（　　）。

  A. 尽快维修　　　　B. 立即维修　　　　C. 电池报废　　　　D. 电池寿命

18. （　　）导致不能用驾驶员侧车门锁按钮锁定两扇车门。

  A. 熔断器故障　　　　　　　　　　　B. 驾驶员侧开关故障

  C. 乘客侧开关故障　　　　　　　　　D. 点火开关故障

19. 轿车类别代号是（　　）。

  A. 4　　　　　　　　B. 5　　　　　　　　C. 6　　　　　　　　D. 7

20. 若发电机调节器带有蓄电池检测方式的"S"线，其发电系统（　　）。

  A. 输出电流要大些　　　　　　　　　B. 充电电压比较高些

  C. 输出电功率比较更大　　　　　　　D. 输出电压要稍低些

21. 紧固、润滑（　　）球头销是汽车底盘一级维护的作业内容。

  A. 前桥　　　　　　B. 后桥　　　　　　C. 传动轴　　　　　D. 支架

22. （　　）是车身倾斜的原因。

  A. 后桥异响　　　　　　　　　　　　B. 主销变形

  C. 车架轻微变形　　　　　　　　　　D. 单侧悬挂弹簧弹力不足

23. 纯电动汽车动力系统由（　　）、驱动电机、控制系统及安全保护系统等组成。

  A. 动力电池组　　　B. 发动机　　　　　C. 电动机　　　　　D. 电机控制系统

24. 如果水温传感器线路断路，则会导致（   ）。
    A. 不易起动   B. 加速不良   C. 怠速不稳   D. 飞车
25. 冷却液温度传感器的输出信号是（   ）。
    A. 脉冲信号   B. 数字信号   C. 模拟信号   D. 固定信号
26. 高阻抗喷油器的电阻值为（   ）Ω。
    A. 2~3   B. 5~10   C. 12~15   D. 50~100
27. 铝合金发动机气缸盖的水道容易被腐蚀，轻者可（   ）修复。
    A. 堆焊   B. 镶补
    C. 环氧树脂粘补   D. 以上选项均正确
28. （   ）用于诊断发动机气缸及进排气门的密封状况。
    A. 气缸漏气量检测仪   B. 真空表
    C. 发动机分析仪   D. 尾气分析仪
29. 液压传动是以（   ）作为工作介质进行能量传递和控制的传动形式。
    A. 固体   B. 液体   C. 气体   D. 机械力
30. 主要对汽车进行局部举升的装置是（   ）。
    A. 举升器   B. 千斤顶   C. 木块   D. 金属块
31. 当汽车气压制动系统储气筒内的气压低于某一值时，气压不足报警灯报警开关触点（   ），报警灯（   ）。
    A. 分开 不亮   B. 分开 亮   C. 闭合 不亮   D. 闭合 亮
32. 汽车传动系应用最广泛的是十字轴式刚性万向节，其允许相连两轴的最大交角为（   ）。
    A. 10°~15°   B. 15°~20°   C. 20°~25°   D. 25°~30°
33. 用诊断仪读取故障代码时，应选择（   ）。
    A. 故障诊断   B. 数据流   C. 执行元件测试   D. 基本设定
34. 在混合动力汽车发动机中，下列关于阿特金森循环的描述正确的是（   ）。
    A. 与常规型汽油发动机相比其压缩比低
    B. 压缩行程长而膨胀行程短
    C. 与常规型汽油发动机相比其排气损失低
    D. 仅控制排气门正时
35. 配气相位通常用环形图来表示，通常把这种图称为（   ）。
    A. 气门重叠角   B. 气门锥角   C. 配气相位   D. 配气相位图
36. 液晶显示器件的英文缩写是（   ）。
    A. LBD   B. LCD   C. LDD   D. LED
37. 全面质量管理这一概念最早在（   ）由美国质量管理专家提出。
    A. 19世纪50年代   B. 20世纪30年代

C. 20 世纪 40 年代　　　　　　　　D. 20 世纪 50 年代

38. 对于曲轴前端装止推垫片的发动机，曲轴轴向间隙因磨损而增大时，应在保证前止推片为标准厚度的情况下，加厚（　　）止推垫片的厚度，以满足车辆曲轴轴向间隙的要求。
    A. 前　　　　B. 后　　　　C. 第一道　　　　D. 第二道

39. 一般来说，电动燃油泵的工作电压是（　　）V。
    A. 5　　　　B. 12　　　　C. 24　　　　D. 42

40. 用曲轴转角表示的进、排气门开闭时刻和开启持续时间，称为（　　）。
    A. 气门重叠角　　B. 气门锥角　　C. 配气相位　　D. 气门迟闭角

41. 离合器从动盘钢片破裂造成（　　）异响。
    A. 离合器　　B. 变速器　　C. 驱动桥　　D. 万向传动轴

42. 汽车空调电路系统中延时继电器的作用是（　　）。
    A. 在发动机冷却水达到预定温度之前，防止加热循环
    B. 在发动机冷却水达到预定温度之前，防止制冷循环
    C. 在关闭点火钥匙后，将各风门恢复到原位
    D. 在发动机转速稳定之前，延迟空调系统的起动

43. 电子控制式安全气囊系统采用的碰撞传感器按功用可分为（　　）传感器和防护碰撞传感器两大类。
    A. 撞击　　　　　　　　　　　B. 碰撞烈度（激烈程度）
    C. 重量　　　　　　　　　　　D. 距离

44. 根据储能机制不同，再生制动能量回收系统回收能量的方法也不同，下列不属于这三种储能方式的是（　　）。
    A. 飞轮储能　　B. 液压储能　　C. 电化学储能　　D. 电子储能

45. 制动蹄与制动鼓之间的间隙过小，将导致（　　）。
    A. 车辆行驶跑偏　　B. 无制动　　C. 制动时间变长　　D. 制动距离变长

46. 无轨电车属于（　　）。
    A. 轿车　　B. 货车　　C. 商用车　　D. 乘用车

47. （　　）的作用有：防止曲轴箱内气压过高，机油渗漏；把渗入曲轴箱油蒸气引入气缸内燃烧；防止油蒸气稀释机油而变质。
    A. 强制通风　　B. 自然通风　　C. 活性炭罐　　D. 曲轴箱通风

48. 在电控汽油喷射系统中用（　　）或进气歧管绝对压力传感器两种方式测量进入气缸的空气量。
    A. 进气温度传感器　　　　　　B. 节气门位置传感器
    C. 空气流量计　　　　　　　　D. 凸轮轴位置传感器

49. 曲轴要求用强度、冲击韧性和耐磨性都比较高的材料制造，一般都采用（　　）。
    A. 高级合金钢　　B. 中碳合金钢　　C. 镍铬不锈钢　　D. 低碳合金钢

50. 用百分表测量变速器输入轴的径向跳动量要求不大于（　　）mm，使用极限为0.06mm。
    A. 0.020　　　　B. 0.025　　　　C. 0.030　　　　D. 0.035
51. 对于独立悬架，弹簧的（　　）对乘客的舒适性起主要影响。
    A. 强度　　　　B. 刚度　　　　C. 自由长度　　　　D. 压缩长度
52. 采用双向活塞式的斜盘式空调压缩机，其进、排气阀片是（　　）。
    A. 安装于前端　　　　　　　　　　B. 安装在后端
    C. 前后端分别都有　　　　　　　　D. 进气阀片安装在前端，排气阀片在后端
53. 下列属于汽车底盘二级维护作业内容的是（　　）。
    A. 检查曲轴磨损　　　　　　　　　B. 检查变速器齿轮
    C. 检查离合器片厚度　　　　　　　D. 检查调整气门间隙
54. 汽车轮胎一级维护作业的技术要求为（　　）。
    A. 检查轮胎一级维护时，气压应符合规定，胎面无嵌石及其他硬物
    B. 轮胎气压应略高于规定值
    C. 轮胎气压应略低于规定值
    D. 轮胎的胎面磨损量需要检查
55. 关于引起高速打摆现象的主要原因，甲认为：车架变形是其中原因之一；乙认为：前减振器失效是其中原因之一；丙认为：前束过大是其中原因之一。看法正确的是（　　）。
    A. 甲和乙　　　　B. 乙和丙　　　　C. 丙和甲　　　　D. 以上选项均不正确
56. 汽车双丝前照灯在近光灯丝下方有金属反光板罩，其目的是（　　）。
    A. 增加亮度　　　　　　　　　　　B. 增加透雾性
    C. 防止会车时对方驾驶员产生眩目现象　　D. 节约电能
57. 混合动力电动汽车和所有电动汽车都使用高压（HV）电路，此电压为（　　）。
    A. 30~42V　　　　B. 100~120V　　　　C. 144~600V　　　　D. 12~24V
58. （　　）不能导致驾驶员侧电动车门锁不能开启。
    A. 熔断器故障　　　B. 开关故障　　　C. 遥控器故障　　　D. 点火开关故障
59. 曲轴箱通风的作用有：防止曲轴箱内气压过高，机油渗漏；把渗入曲轴箱油蒸气引入气缸内燃烧；（　　）。
    A. 降低机油温度　　　　　　　　　B. 过滤燃油蒸气
    C. 防止油蒸气稀释机油而变质　　　D. 稀释机油
60. 关于废气再循环 EGR 系统，下列说法中不正确的是（　　）。
    A. 传统机械式废气再循环的 EGR 率可达 20%
    B. 废气再循环有外 EGR 与内 EGR 两种类型
    C. 利用发动机可变气门系统可实现无外部专用装置的 EGR 循环
    D. 排气背压式 EGR，只能对废气再循环阀门的运作起修正作用

61. 打开鼓风机开关，鼓风机不运转，可能线路上存在（　　）。
    A. 断路　　　　B. 短路　　　　C. 搭铁　　　　D. 击穿
62. 下列选项中属于企业文化功能的是（　　）。
    A. 体育锻炼　　B. 整合功能　　C. 歌舞娱乐　　D. 社会交际
63. 下列选项不属于可撤销合同的是（　　）。
    A. 依法订立的合同　　　　　　　B. 显失公平的合同
    C. 乘人之危订立的合同　　　　　D. 因重大误解订立的合同
64. 并列双腔制动主缸中前活塞回位弹簧的弹力（　　）后活塞回位弹簧弹力。
    A. 大于　　　　B. 小于　　　　C. 等于　　　　D. 大于或等于
65. 下面不是盘式制动器的优点的是（　　）。
    A. 散热能力强　B. 抗水衰退能力强　C. 制动平顺性好　D. 管路液压低
66. 蜡式节温器的工作起始温度是（　　）℃。
    A. 35　　　　　B. 65　　　　　C. 85　　　　　D. 105
67. 多缸发动机曲柄连杆机构的形式取决于（　　）。
    A. 冲程数　　　　　　　　　　　B. 燃料
    C. 气缸数与气缸的布置形式　　　D. 着火方式
68. 等速万向节的基本原理是从结构上保证万向节在工作过程中，其传力点永远位于（　　）上。
    A. 两轴交点上　　　　　　　　　B. 两轴交点的平分面上
    C. 两轴交点的平分线上　　　　　D. 两轴交点的1/2处
69. 用气体渗漏试验空调压缩机，通过充填阀向空调压缩机充入制冷剂的压力需要达到（　　）MPa。
    A. 0.294　　　B. 0.101　　　C. 0.602　　　D. 1.003
70. 拆装油底壳、变速器等的放油螺栓通常选用（　　）。
    A. 内六角扳手　B. 方扳手　　　C. 钩型扳手　　D. 圆螺母扳手
71. 机油泵泵油压力过低会导致（　　）。
    A. 泵油量过大　　　　　　　　　B. 曲轴轴承间隙过大
    C. 凸轮轴轴承间隙过大　　　　　D. 曲轴轴承烧熔
72. 正确的主减速器主、从动锥齿轮啮合印痕应位于齿长方向偏向小端，齿高方向偏向（　　）端。
    A. 底　　　　　　　　　　　　　B. 顶
    C. 中　　　　　　　　　　　　　D. 以上选项都不正确
73. （　　）不是电控燃油系统的电子控制系统组成部分。
    A. 节气门位置传感器　　　　　　B. 曲轴位置传感器
    C. 急速旁通阀　　　　　　　　　D. 进气压力传感器

74. 以下不属于曲轴变形的主要原因的是（   ）。
    A. 曲轴受到冲击　　　　　　　　　B. 按规定力矩拧紧螺栓
    C. 未按规定力矩拧紧螺栓　　　　　D. 材料缺陷

75. 对合同的转让理解不正确的是（   ）。
    A. 合同权利的转让　　　　　　　　B. 合同义务的转让
    C. 合同权利义务的一并转让　　　　D. 只是对合同内容的变更

76. 铅酸电池、锂电池、镍氢电池的最佳工作温度为（   ）。
    A. 25～40℃　　　B. 0～10℃　　　C. 45～80℃　　　D. 88～100℃

77. 二级维护前检测轿车，轮胎气压应符合规定：前轮（   ）kPa，后轮 190kPa；车轮动不平衡量为 0。
    A. 180　　　B. 260　　　C. 300　　　D. 400

78. 对于真空控制的中央门锁装置，当真空管路出现故障时，将造成真空泄漏，它出现故障时的特点是（   ）门锁执行机构不能正常工作，甚至在门锁工作时能听到漏气的声响。
    A. 所有　　　B. 左前　　　C. 右前　　　D. 左后

79. 检查所装配的正时配气机构的安装标记是否对准，若正时皮带或正时链条张紧后标记有误，应重新（   ）。
    A. 调整　　　B. 安装　　　C. 更换　　　D. 以上选项都不是

80. 为保证车辆顺利起动，起动前蓄电池电压不小于（   ）V。
    A. 6　　　B. 8　　　C. 10　　　D. 12

81. 柴油的低温起动性、工作可靠性、燃料经济性均与柴油的（   ）有关。
    A. 黏性　　　B. 蒸发性　　　C. 发火性　　　D. 安定性

82. 当主、挂车因故脱挂时，挂车（   ）。
    A. 不制动　　　B. 自行制动　　　C. 停车　　　D. 制动力减小

83. 汽车起动机电磁开关通电，活动铁芯完全吸入驱动齿轮时，驱动齿轮与止推环之间的间隙一般为（   ）mm。
    A. 1.5～2.5　　　B. 5　　　C. 5～10　　　D. 5～7

84. 同一活塞环上漏光弧长所对应的圆心角总和不超过（   ）。
    A. 15°　　　B. 25°　　　C. 45°　　　D. 60°

85. 手动变速器的齿轮、齿圈的啮入端（   ）方向形成锥形时，是造成自动脱挡故障的原因之一。
    A. 齿顶　　　B. 齿中　　　C. 齿根　　　D. 齿长

86. 更换水泵的水封总成后应进行漏水试验，要求堵住水泵进出水口，将水注满（   ），转动泵轴，检查各处应无漏水。
    A. 叶轮腔　　　B. 发动机水道　　　C. 出水腔　　　D. 水封总成

第三部分　模拟试卷

87. 检查、更换动力电池的电气线束，需测量线束的绝缘等级，这时使用的测量仪器是（　　）。

    A. 兆欧表　　　　B. 万用表　　　　C. 电阻表　　　　D. 电压表

88. 汽油发动机起动困难原因是（　　）。

    A. 混合气过浓或过稀　　　　　　　B. 点火不正时

    C. 低压电路短路　　　　　　　　　D. 低压电路断路

89. （　　）可导致发电机异响。

    A. 发电机轴承润滑不良　　　　　　B. 碳刷过短

    C. 定子短路　　　　　　　　　　　D. 转子短路

90. 压紧的钢板弹簧在其中部各片应紧密贴合，且相邻两片在总接触长度 1/4 的长度内的间隙一般应不大于（　　）mm。

    A. 1.0　　　　　B. 1.1　　　　　C. 1.3　　　　　D. 1.2

91. 在测量发动机气缸磨损程度时，为准确起见，应在不同的位置和方向共测出至少（　　）个值。

    A. 2　　　　　　B. 4　　　　　　C. 6　　　　　　D. 8

92. 电控燃油喷射系统保持压力下降较快，应检查燃油泵上的（　　）和燃油系统的密封性。

    A. 燃油滤清器　　B. 止回阀　　　　C. 喷油器　　　　D. 真空管

93. 客车在 30km/h 的初速度下采用应急制动系统制动时，制动距离要求≤（　　）m。

    A. 18　　　　　　B. 28　　　　　　C. 38　　　　　　D. 48

94. 机油压力过低报警灯报警开关安装在（　　）上。

    A. 润滑油主油道　B. 发动机曲轴箱　C. 气门室罩盖　　D. 节气门体

95. 汽车维护是指为维持（　　）或工作能力而进行的作业，应贯彻"预防为主、强制维护"的原则。

    A. 车容整洁　　　　　　　　　　　B. 汽车大修间隔里程

    C. 汽车完好技术状况　　　　　　　D. 机油量应位于油标尺上、下刻线之间

96. 行车制动在产生最大制动作用时的踏板力，对于座位数小于或等于 9 的载客汽车应不大于（　　）N。

    A. 100　　　　　B. 200　　　　　C. 500　　　　　D. 800

97. 发电机转子端隙应不大于（　　）mm。

    A. 0.10　　　　　B. 0.20　　　　　C. 0.25　　　　　D. 0.30

98. 青岛莱西有北汽新能源汽车生产基地，最近一款 EC180 充一次电续航里程是（　　）。

    A. 180km　　　　B. 280km　　　　C. 380km　　　　D. 500km

99. 间歇性燃油喷射系统按喷油器控制方式又可以分为同时喷射、（　　）和顺序喷射。

    A. 单点喷射　　　B. 多点喷射　　　C. 分组喷射　　　D. 连续喷射

100. 市场经济条件下，（　　），不违反职业道德规范中关于诚实守信的要求。
   A. 通过诚实合法劳动，实现利益最大化
   B. 打进对手内部，增强竞争优势
   C. 根据服务对象来决定是否遵守承诺
   D. 凡有利于增大企业利益的行为就做
101. 汽车上手动变速器（　　）轴的轴承盖回油螺纹积污过多会出现漏油故障。
   A. 第一　　　　B. 第二　　　　C. 倒挡　　　　D. 中间
102. 关于装备动力转向系统的汽车方向发飘或跑偏的原因，甲认为：分配阀反作用弹簧过软或损坏是其中之一；乙认为：流量控制阀被卡住是其中之一；丙认为：阀体与阀体台阶位置偏移使滑阀不在中间位置是其中之一。看法正确的是（　　）。
   A. 甲和乙　　　B. 乙和丙　　　C. 丙和甲　　　D. 以上选项均不正确
103. 神龙富康轿车的主减速器属于（　　）结构。
   A. 单级圆柱齿轮式　　　　　　　B. 单级圆锥齿轮式
   C. 轮边行星齿轮式　　　　　　　D. 单排行星齿轮式
104. 在检测排放前，应调整好汽油发动机的（　　）。
   A. 怠速　　　B. 点火正时　　　C. 供油量　　　D. 怠速和点火正时
105. 检查传动轴轴管的最大径向跳动量，其值应不大于（　　）mm。
   A. 0.2　　　B. 0.4　　　C. 0.6　　　D. 0.8
106. 轿车的轮辋一般是（　　）。
   A. 深式　　　B. 平式　　　C. 可拆式　　　D. 圆形式
107. 排放控制系统包括曲轴箱强制通风系统、蒸发排放系统、（　　）及废气再循环系统4个系统。
   A. 涡轮增压系统　　　　　　　　B. 二次喷射系统
   C. 三元催化转换系统　　　　　　D. 高压共轨系统
108. 氧传感器检测发动机排气中氧的含量，向ECU输入空燃比反馈信号，进行喷油量的（　　）。
   A. 开环控制　　B. 闭环控制　　C. 控制　　　D. 开环或闭环控制
109. 汽车液压制动个别车轮制动拖滞是由于（　　）。
   A. 制动液太脏或黏度过大　　　　B. 制动踏板自由行程过小
   C. 制动蹄片与制动鼓间隙过小　　D. 制动主缸旁通孔堵塞
110. 以下不属于气缸体裂纹的主要原因的是（　　）。
   A. 车辆在严寒季节，停车后没有及时放净发动机水道和散热器内的冷却水
   B. 发动机过热时，突然添加冷水
   C. 气缸体铸造时残余应力的影响及气缸盖在生产中壁厚过薄，强度不足
   D. 气缸体螺栓拧紧力矩过大

第三部分　模拟试卷

111. 机油泵泵油压力过低会导致（　　）。
    A. 泵油量过大　　　　　　　　　B. 曲轴轴承间隙过大
    C. 凸轮轴轴承间隙过大　　　　　D. 曲轴轴承烧熔

112. 喷油器每循环喷出的燃油量基本上决定于（　　）时间。
    A. 开启持续　　B. 开启开始　　C. 关闭持续　　D. 关闭开始

113. 汽油机燃料供给系的作用是根据发动机各种（　　）的要求，将洁净的汽油或汽油和空气配制出适当浓度的混合气，按一定时间和数量供入气缸。
    A. 不同工况　　B. 转速　　　　C. 怠速　　　　D. 行驶速度

114. 电子调节器都是根据发电机端电压的变化，使（　　）及时地导通或截止，进一步控制大功率三极管饱和和截止，使发电机端电压不变。
    A. 二极管　　　B. 稳压管　　　C. 电阻器　　　D. 电容器

115. 充氟试漏是向系统充注氟利昂蒸汽，使系统压力高达（　　）MPa，然后用卤素灯检漏仪检漏。
    A. 0.15　　　　B. 0.25　　　　C. 0.35　　　　D. 0.45

116. 气缸体的气缸排列形式主要有单排直列式和（　　）排列。
    A. V 形　　　　B. L 形　　　　C. 双列式　　　D. 直列式

117. 用深度游标卡尺测量，衬片铆钉头距摩擦衬片表面应不小于（　　）mm，衬片厚度应不小于9mm。
    A. 0.20　　　　B. 0.30　　　　C. 0.40　　　　D. 0.80

118. 以下不是发动机回火的原因的是（　　）。
    A. 汽油泵与气缸体间衬垫过厚　　　B. 汽油泵摇臂和凸轮轴凸轮靠得过近或过远
    C. 进气歧管衬垫损坏　　　　　　　D. 排气歧管衬垫损坏

119. 怠速控制阀关闭不严会导致发动机（　　）。
    A. 不能起动　　B. 不易起动　　C. 怠速不稳　　D. 加速不良

120. 发电机二级维护作业中要求电刷与滑环的接触面积（　　），且滑环表面光滑。
    A. <75%　　　 B. >75%　　　 C. <70%　　　 D. >70%

121. （　　）式起动机由驾驶员旋动点火开关或按下起动按钮，直接参与控制或通过起动继电器，控制电磁开关接通或切断起动机电路。
    A. 电磁操纵式　B. 直接操纵式　C. 惯性啮合式　D. 移动电枢啮合式

122. （　　）用于检测柴油车废气中有害气体的含量。
    A. 烟度计　　　B. 废气分析仪　C. 示波仪　　　D. 万用表

123. 柴油机电控系统的类型分为开环控制和（　　）。
    A. 闭环控制　　B. 开路控制　　C. 闭路控制　　D. 循环控制

124. 电控发动机燃油喷射系统中的怠速旁通阀是（　　）系统组成部分。
    A. 供气　　　　B. 供油　　　　C. 控制　　　　D. 空调

125. （　　）不是动力转向系统方向发飘或跑偏的原因。
   A. 分配阀反作用弹簧过软或损坏
   B. 缺液压油或滤油器堵塞
   C. 流量控制阀被卡住
   D. 阀体与阀体台阶位置偏移使滑阀不在中间位置

126. 鼓风机被卡住不能运转，会导致（　　）。
   A. 蓄电池损坏　　B. 保险被烧毁　　C. 风机开关烧毁　　D. 发电机损坏

127. 曲轴位置传感器是发动机电子控制系统中最主要的传感器之一，它提供点火时刻（点火提前角）、确认（　　）的信号。
   A. 活塞位置　　B. 曲轴位置　　C. 凸轮轴位置　　D. 飞轮位置

128. 汽车发动机需要传递较大转矩且起动机尺寸较大时，应使用（　　）式单向离合器。
   A. 滚柱　　B. 摩擦片　　C. 弹簧　　D. 带式

129. 电控燃油系统中，燃油压力通过（　　）调节。
   A. 喷油器　　B. 燃油泵　　C. 压力调节器　　D. 输油管

130. 燃烧室的类型有半球形、（　　）和盆形。
   A. 统一式　　B. 楔形　　C. 方形　　D. 锥形

131. 汽车音响按照放音机芯的功能可分为（　　）。
   A. 普通型换向机芯和自动换向机芯
   B. 中频放大机芯和调频中频信号放大机芯
   C. 调频高频信号放大电路机芯、混频电路机芯
   D. 本振电路机芯、调频选频机芯及预中频放大电路机芯等

132. 更换动力电源插接件应注意（　　）。
   A. 拆下维修塞把手时无须佩戴绝缘手套
   B. 拆下维修塞把手前，务必将电源开关置于OFF位置（关闭SMR）以确保安全
   C. 拆下维修塞把手前，无须关闭点火开关
   D. 不要在口袋内携带拆下的维修塞把手，以防止维修车辆时将其丢失

133. 用溢流法检测柴油机喷油提前角须在（　　）上进行。
   A. 喷油器试验器　　　　　　　B. 喷油泵试验台
   C. 台架　　　　　　　　　　　D. 喷油泵试验台或台架

134. 气门头部的形状有平顶、凸顶和（　　）三种结构形式。
   A. 尖顶　　B. 圆顶　　C. 凹顶　　D. 以上选项均不正确

135. 下列选项（　　）的功用是增大转向盘传到转向轮上的转向力矩，并改变力的传递方向。
   A. 转向万向节　　B. 转向传动轴　　C. 转向横拉杆　　D. 转向器

136. 维修轿车空调制冷系统后，给空调系统抽真空时间最少要达（　　）。
    A. 5min　　　　　B. 10min　　　　　C. 18min　　　　　D. 30min 以上
137. 开关式怠速控制阀控制线路断路会导致（　　）。
    A. 不能起动　　　B. 怠速过高　　　C. 怠速不稳　　　D. 减速不良
138. 职业道德活动中，对乘客做到（　　）是符合语言规范的具体要求的。
    A. 言语细致，反复介绍　　　　　　B. 语速要快，不浪费乘客时间
    C. 用尊称，不用忌语　　　　　　　D. 语气严肃，维护自尊
139. 冷却液是由（　　）、防冻剂、添加剂三部分组成的。
    A. 酒精　　　　　B. 乙二醇　　　　C. 甘油　　　　　D. 水
140. 在液压传动的基本回路中，平衡阀是由（　　）组成的复合阀。
    A. 减压阀和溢流阀　　　　　　　　B. 单向阀和溢流阀
    C. 单向阀和顺序阀　　　　　　　　D. 节流阀和顺序阀
141. 如果进气温度传感器失效，则会引起（　　）。
    A. 不易起动　　　B. 怠速不稳　　　C. 进气温度过高　　　D. 进气温度过低
142. 当冷却液温度在（　　）以下时，冷却液进行小循环，当温度达85℃时，节温器开始打开。
    A. 65℃　　　　　B. 75℃　　　　　C. 80℃　　　　　D. 85℃
143. 职业道德对企业起到（　　）的作用。
    A. 增强员工独立意识　　　　　　　B. 调和企业上级与员工关系
    C. 使员工规规矩矩做事情　　　　　D. 增强企业凝聚力
144. 以下选项除了（　　）都属于混合动力汽车的动力部分。
    A. 控制系统　　　B. 发电机　　　　C. 驱动电机　　　D. 发动机
145. 下列选项属于职业道德范畴的是（　　）。
    A. 人们的内心信念　　　　　　　　B. 人们的文化水平
    C. 人们的思维习惯　　　　　　　　D. 员工的技术水平
146. 检查调整行车制动踏板自由行程和驻车制动自由行程是汽车底盘（　　）维护作业内容。
    A. 一级　　　　　B. 二级　　　　　C. 日常　　　　　D. 特殊
147. 涡轮增压器按增压方式分为废气涡轮增压器、（　　）和组合式涡轮增压器。
    A. 机械式涡轮增压器　　　　　　　B. 复合式废气涡轮增压器
    C. 电涡流增压器　　　　　　　　　D. 以上选项均不正确
148. 水温传感器线路断路，会导致（　　）。
    A. 不易起动　　　B. 加速不良　　　C. 怠速不稳　　　D. 飞车
149. 根据《汽车发动机缸体与气缸盖修理技术条件》（GB 3801-1983）的技术要求，气缸体上平面50×50（mm）测量范围内平面度误差应不大于（　　）mm。
    A. 0.01　　　　　B. 0.04　　　　　C. 0.05　　　　　D. 0.10

150. 开启汽车灯开关时，尾灯和前照灯均亮，唯有示宽灯不亮，其原因有（   ）。
    A. 示宽灯线路有断路   B. 发电机调压器不良
    C. 前照灯搭铁不良   D. 前照灯灯丝损坏

151. 充气轮胎按其结构组成可分为（   ）。
    A. 有内胎轮胎和无内胎轮胎   B. 高压轮胎和低压轮胎
    C. 子午线轮胎和普通斜交轮胎   D. 普通花纹轮胎和混合花纹轮胎

二、判断题

1. （   ）变速器操纵机构的互琐装置损坏能造成乱挡。
2. （   ）气门与座圈的密封带宽度应符合原设计规定，一般为1.2~2.0mm。
3. （   ）一般汽车的驱动桥主要由主减速器、差速器、半轴和驱动桥壳等组成。
4. （   ）二级维护过程中检验项目的技术要求应满足有关技术要求或规范。
5. （   ）三元催化转换（TWC）系统和废气再循环（EGR）系统可统称为废气排放控制系统。
6. （   ）发电机调节器是调节发电机电压的。
7. （   ）起动过程中，电磁开关内的保位线圈被短路，由吸拉线圈维持起动状态。
8. （   ）粗滤器并联于润滑系内，用以滤去润滑油中较大的杂质。
9. （   ）在进行维修时，若不知道音响密码，则不要轻易断开蓄电池的电源线。
10. （   ）为诊断和排除汽油发动机油路故障，需要掌握发动机动力及烟度等情况。
11. （   ）排放控制系统用于减少废气中有害气体CO、HC和NO排入大气。
12. （   ）在混联式混合传动机构中，用于实现能量分流和综合的动力分配装置是一个行星齿轮机构。
13. （   ）转向操纵机构应转动灵活、无卡滞现象、装配齐全、紧固可靠。
14. （   ）主销内倾角可以调整其大小。
15. （   ）汽车音响内部出现了故障，必须将其从车上拆下来才能进行维修，要求配备维修电源、音箱、天线等外部设施。
16. （   ）空气流量计是一种间接的检测空气流量的传感器。
17. （   ）永磁转子式交流发电机没有激磁绕组、滑环和电刷装置。
18. （   ）电控燃油喷射系统按喷油器与气缸的数量关系分，有单点燃油喷射系统和两点燃油喷射系统。
19. （   ）铝铁电池单体工作电压为1.2~1.5V。
20. （   ）拆卸制动钳之前，先从主缸储液室中放出全部制动液，以防止在维修时溢出。
21. （   ）在汽车制动系中，凸轮式制动器多用气体作为工作介质。
22. （   ）发动机气缸套的承孔内径修理尺寸的级差为0.5mm，共有三个级别。
23. （   ）离合器盖与压盘松动不会有异响发生。
24. （   ）汽车空调压缩机的电磁离合器线圈两端并联的二极管是为了整流。

25. （　　）更换发动机润滑油时，汽油机润滑油和柴油机润滑油牌号相差不大时可以通用。
26. （　　）对于串联混合动力系统，发动机驱动发电机，电动机使用由此产生的电能驱动车轮。
27. （　　）配气机构的作用是将可燃混合气或空气及时充入气缸，并及时将废气排出气缸。
28. （　　）汽车维护的目的是减少汽车噪声和排放的污染物对环境造成污染。
29. （　　）用质量为 0.25kg 的锤子沿曲轴轴向轻轻敲击连杆，连杆能沿轴向移动，且连杆大头两端与曲柄的间隙为 0.17~0.35mm。
30. （　　）气缸盖与气缸体可以同时用水压法检测裂纹。
31. （　　）职业道德活动中做到严肃待客、不卑不亢是符合职业道德规范要求的。
32. （　　）检修汽车空调鼓风机开关，当位于最大风挡位时其电阻值应为 0，如果阻值变大或部分不通，则应更换开关。
33. （　　）四灯制前照灯并排安装时，装于外侧的一对应为近光灯，装于内侧的一对应为远光单光束灯。
34. （　　）职业纪律中包括群众纪律。
35. （　　）电控发动机采用氧传感器反馈控制能进一步精确地控制点火时刻。
36. （　　）在汽车驻车制动器中，有少数汽车的驻车制动器装在主减速器主动轴的前面。
37. （　　）驻车制动装置通常由驾驶员用手操纵。
38. （　　）由于真空增压器助力较大，因此重型汽车采用空气增压装置。
39. （　　）更换汽车空调压缩机时，空调压缩机皮带要同时进行更换。
40. （　　）采用液力挺杆的配气机构不需要预留气门间隙。

高级工模拟试卷 一

一、单选题

1. 大型货车通常采用（   ）的主减速器。
    A. 单级   B. 双级
    C. 多级   D. 以上选项均不正确
2. （   ）不是导致汽车钢板弹簧损坏的主要原因。
    A. 汽车长期超载   B. 材质不符合要求
    C. 装配不符合要求   D. 未按要求对轮胎进行换位
3. （   ）是指调整劳动关系及与劳动关系密切联系的其他社会关系的法律规范的总称。
    A. 狭义的劳动法   B. 广义的劳动法   C. 职业道德   D. 道德规范
4. 下列（   ）不是汽车悬架所用的弹性元件。
    A. 钢板弹簧   B. 螺旋弹簧   C. 扭杆弹簧   D. 牵引钩弹簧
5. 下列选项中，关于职业道德与人生事业成功的关系的正确论述是（   ）。
    A. 职业道德是人生事业成功的重要条件
    B. 职业道德水平高的人肯定能够取得事业的成功
    C. 缺乏职业道德的人也会获得事业的成功
    D. 人的事业成功与否与职业道德无关
6. 下列对于轮毂异响故障的原因叙述不正确的是（   ）。
    A. 轮毂轴承与半轴套管配合处磨损严重   B. 轮毂轴承外座圈与轮毂配合松动
    C. 轮毂轴承外座圈与后桥配合松动   D. 半轴套管与后桥配合松动
7. 变速器如果只有（   ）和空挡能行驶，而其他挡均不能行驶，则拆下变速器检查第二轴前端滚针轴承是否烧结。
    A. 倒挡   B. 直接挡   C. 前进挡   D. 超速挡
8. （   ）是指为维持汽车完好技术状况或工作能力而进行的作业，应贯彻"预防为主、强制维护"的原则。
    A. 汽车维护   B. 汽车维护的目的
    C. 延长汽车大修间隔里程   D. 保持车容整洁
9. 汽车用气体燃料的特点是（   ）。
    A. 有较高的热效率 B. 火焰温度高   C. 高温性能良好 D. 会稀释润滑油
10. 减振器内的活塞及缸筒表面磨损后，使配合间隙大于（   ）mm时，应更换减振器总成。
    A. 0.05   B. 0.10   C. 0.15   D. 0.20

11. 下列对于手动变速器乱挡的故障现象叙述不正确的是（　　）。
    A. 自动脱挡　　　　　　　　　　B. 挂上挡后不能移至空挡
    C. 挂入的挡位与应该挂入的挡位不相符　　D. 一次同时挂两个挡

12. （　　）用来清除风窗玻璃上的雨水、雪或尘土，确保驾驶员能有良好的视线。
    A. 电动刮水器　　　　　　　　　B. 风窗玻璃清洗装置
    C. 风窗除霜装置　　　　　　　　D. 以上选项都不正确

13. 下列选项中，（　　）的功用是增大转向盘传到转向轮上的转向力矩，并改变力的传递方向。
    A. 转向万向节　　B. 转向传动轴　　C. 转向横拉杆　　D. 转向器

14. ROM 表示（　　）。
    A. 随机存储器　　B. 只读存储器　　C. 中央处理器　　D. 转换器

15. 在职业交往活动中，符合仪表端庄具体要求的是（　　）。
    A. 着装华贵　　　　　　　　　　B. 鞋袜等搭配合理
    C. 饰品俏丽　　　　　　　　　　D. 发型要突出个性

16. 对待职业和岗位，（　　）并不是爱岗敬业所要求的。
    A. 树立职业理想　　　　　　　　B. 干一行爱一行专一行
    C. 遵守企业的规章制度　　　　　D. 一职定终身，不改行

17. （　　）或服务质量是企业生产经营活动的结果。
    A. 劳动　　　　B. 工作　　　　C. 产品　　　　D. 商品

18. 下列关于勤劳节俭的论述中，不正确的是（　　）。
    A. 企业可提倡勤劳，但不宜提倡节俭
    B. "一分钟应看成是八分钟"
    C. 1996 年亚洲金融危机是"饱暖思淫欲"的结果
    D. "节省一块钱，就等于净赚一块钱"

19. 职业纪律是从事这一职业的员工应该共同遵守的行为准则，它包括的内容有（　　）。
    A. 交往规则　　B. 操作程序　　C. 群众观念　　D. 外事纪律

20. 关于创新的论述，正确的是（　　）。
    A. 创新就是出新花样　　　　　　B. 创新就是独立自主
    C. 创新是企业进步的灵魂　　　　D. 创新不需要引进外国的新技术

21. 离合器发抖，是指汽车在（　　）时，离合器接合不平稳而使汽车发生抖振。
    A. 停车　　　　B. 高速行驶　　C. 加速　　　　D. 起步

22. （　　）转向器主要由壳体、转向螺杆、摇臂轴、转向螺母等组成。
    A. 循环球式　　B. 齿轮—齿条式　　C. 蜗杆指销式　　D. 双指销式

23. 离合器踏板的自由行程，是（　　）之间等处间隙的体现。
    A. 分离轴承与分离杠杆　　　　　B. 踏板与地板高度
    C. 压盘与从动盘　　　　　　　　D. 变速器与离合器

24. 汽车离合器压盘及飞轮表面烧蚀的主要原因是离合器（　　）。
    A. 打滑 B. 分离不彻底 C. 动平衡破坏 D. 踏板自由行程过大
25. 若摩擦片有油污应用（　　）清洗并烘干，然后找出油污来源，予以排除。
    A. 柴油 B. 汽油 C. 清洁剂 D. 机油
26. 下列不是离合器分离不彻底故障现象的是（　　）。
    A. 未抬离合器踏板，汽车前移
    B. 变速时挂不进挡
    C. 变速时挂挡困难且变速器内有齿轮撞击声
    D. 完全放松离合器踏板，汽车仍不能行驶
27. 汽车起步时，将离合器踏板（　　）时，仍感觉挂挡困难，说明存在离合器分离不彻底的故障。
    A. 踩到底 B. 踩到一大半 C. 踩到一半 D. 放松
28. （　　）是行驶跑偏的原因。
    A. 两前轮胎气压差过大 B. 车架变形或铆钉松动
    C. 转向节主销与衬套间隙过大 D. 减振器失效，前钢板弹力不一致
29. （　　）不是车身倾斜的原因。
    A. 车架轻微变形 B. 单侧悬挂弹簧弹力不足
    C. 减振器损坏 D. 轮胎气压不平衡
30. 采用（　　）时，车桥都是断开式的。
    A. 独立悬架 B. 非独立悬架 C. 单级主减速器 D. 双级主减速器
31. 转向失控时，需要检查的项目是（　　）。
    A. 两前轮胎压 B. 钢板弹簧是否折断
    C. 两侧轴距是否相等 D. 以上选项都正确
32. 循环球式转向器第二级传动副是（　　）传动副。
    A. 双螺杆 B. 齿轮齿条 C. 齿条齿扇 D. 螺母螺杆
33. 汽车出现侧滑不稳的原因可能是（　　）引起的。
    A. 制动 B. 转向
    C. 路面 D. 以上选项均有可能
34. 车轮制动器制动蹄装配时，支承销其偏心部位（　　）靠边，此时两支承销外端面上标记也应相对。
    A. 朝右 B. 朝左 C. 朝外 D. 朝内
35. 当踩下离合器踏板，分离杠杆便带动从动盘克服压紧弹簧的压力（　　）而与飞轮分离，使离合器处于分离状态。
    A. 前移 B. 后移 C. 上移 D. 下移
36. 制动主缸装配前，用（　　）清洗缸壁。

A. 酒精　　　　　　B. 汽油　　　　　　C. 柴油　　　　　　D. 防冻液

37. 在制动时，液压制动系统中制动主缸与制动轮缸的油压是（　　）。

  A. 主缸高于轮缸　　B. 主缸低于轮缸　　C. 轮缸主缸相同　　D. 不确定

38. 《汽车运输业车辆技术管理规定》将汽车维护分为（　　）、一级维护、二级维护三个等级。

  A. 轮胎维护　　B. 发动机维护　　C. 更换润滑油维护　　D. 日常维护

39. 电器设备在进行一级维护时，要求蓄电池电解液液面应高出极板（　　）mm。

  A. 0～5　　　　B. 5～10　　　　C. 10～15　　　　D. 15～20

40. 电器设备在进行一级维护时，要求（　　）、喇叭、仪表齐全有效。

  A. 音响　　　　B. 灯光　　　　C. 空调　　　　D. 倒车雷达

41. 紧固、润滑（　　）球头销是汽车底盘一级维护的作业内容。

  A. 前桥　　　　B. 后桥　　　　C. 传动轴　　　　D. 支架

42. 一级维护竣工检验技术要求中：发动机前后悬挂、进排气歧管、散热器、轮胎、传动轴、车身、附件支架等外露件螺母（　　）。

  A. 须齐全、紧固、无裂纹　　　　　　B. 须齐全、紧固、有裂纹

  C. 须大多数齐全、紧固、无裂纹即可　　D. 无须检查

43. 机油牌号中，在数字后面带"W"字母的（　　），数字代表黏度等级。

  A. 表示夏季使用机油　　　　　　　　B. 表示柴油机油

  C. 表示汽油机油　　　　　　　　　　D. 表示低温系列，W表示冬季使用

44. 在更换变速器齿轮油时，应先使变速器齿轮油升温，在齿轮油处在（　　）状态时，拧下放油孔螺塞，放出齿轮油，再将放油孔螺塞拧紧牢固。

  A. 冰冷　　　　B. 温热　　　　C. 常温　　　　D. 任意温度

45. 按汽车使用说明书的要求，按期更换制动液，更换期一般为汽车行驶（　　）km。

  A. 25 000～40 000　　　　　　　　B. 20 000～40 000

  C. 20 000～30 000　　　　　　　　D. 25 000～45 000

46. 更换发动机冷却液（　　）要求是长效防锈防冻液每两年更换一次。

  A. 里程　　　　B. 温度　　　　C. 时间　　　　D. 成分

47. 轮胎应当定期做动平衡检查，用（　　）检查。

  A. 静平衡检测仪　　B. 动平衡检测仪　　C. 扒胎机　　D. 测功机

48. 经过维护的汽车发动机的燃油经济性常用（　　）来评价。

  A. 油耗量（L）/50km　　　　　　　B. 油耗量（L）/80km

  C. 油耗量（L）/100km　　　　　　D. 油耗量（L）/120km

49. 对汽车上使用的免维护蓄电池的容量检测，从蓄电池上部的密度表中观察，如果密度表呈现（　　）颜色表示蓄电池的容量状况良好。

A. 红 B. 绿 C. 黄 D. 暗

50. （　　）的叙述不正确。
    A. 国家规定，一级维护、小修及专项修理质量保证期为车辆行驶2 000km或者从出厂之日10天内
    B. 国家规定，其他机动车整车修理或者总成修理质量保证期为车辆行驶6 000km或者从出厂之日60天内；维护、小修及专项修理质量保证期为车辆行驶700km或者从出厂之日7天内
    C. 国家规定，质量保证期中以行驶里程为质保指标
    D. 国家规定，质量保证期中行驶里程和日期指标，以先达到者为准

51. 汽车二级维护的行驶里程为（　　）km。
    A. 5 000～10 000　　　　　　　　B. 10 000～15 000
    C. 20 000～30 000　　　　　　　D. 30 000～40 000

52. 以下属于发动机二级维护作业内容是（　　）。
    A. 拆检清洗机油盘、集滤器；检查曲轴轴承松紧度，校紧曲轴轴承螺栓、螺母
    B. 更换气门油封
    C. 更换曲轴前后油封
    D. 检查与更换节温器

53. 下列对于底盘二级维护作业的技术要求叙述不正确的是（　　）。
    A. 变速器的油质和油面应符合要求　　B. 差速器齿轮损伤应不超过齿高的1/3
    C. 差速器齿轮损伤应不超过齿高的1/5　　D. 转向盘自由转动量符合规定

54. 电器设备二级维护作业内容包括检查电解液密度，根据情况加注（　　）。
    A. 盐酸　　　B. 硫酸　　　C. 井水　　　D. 蒸馏水

55. 二级维护前检测轿车轮胎气压应符合规定：前轮（　　）kPa，后轮190kPa；车轮动不平衡量为0。
    A. 180　　　B. 260　　　C. 300　　　D. 400

56. 柴油发动机的（　　）开始压油到上止点为止的曲轴转角称为喷油提前角。
    A. 机油泵　　B. 汽油泵　　C. 输油泵　　D. 喷油泵

57. 定位前检查轮胎，充气轮胎的内胎尺寸应比外胎内壁尺寸（　　）。
    A. 略大　　　B. 略小　　　C. 相等　　　D. 无规定

58. 汽车制动系一般包括两套独立的制动装置，一套是行车制动装置，另一套是（　　）装置。
    A. 紧急制动　B. 安全制动　C. 发动机制动　D. 驻车制动

59. （　　）装置用于使停驶的汽车驻留在原位不动。
    A. 紧急制动　B. 安全制动　C. 行车制动　D. 驻车制动

60. 汽车液压动力转向系统的原始动力来自（　　）。
    A. 蓄电池　　B. 马达　　　C. 发动机　　D. 油泵

61. 高压充气轮胎的胎压是（　　）MPa。
    A. >0.5　　　　　B. 0.5~0.7　　　　C. 0.15~0.45　　　D. >0.15
62. 变速器挂挡后不能脱回空挡，应拆下（　　），检查操纵杆下端弧形工作面和拨叉导块凹槽磨损是否过大。
    A. 互锁装置　　　B. 传动装置　　　C. 变速器操纵杆　　　D. 拨叉
63. 汽车转向器一级维护的内容主要有检查转向器、转向传动机构的工作状况和（　　），并校紧各螺栓。
    A. 转向横拉杆　　B. 转向传动轴　　C. 密封性　　　　D. 转向盘
64. 蓄电池槽底沉积杂质过多会造成（　　）。
    A. 断路　　　　　B. 短路　　　　　C. 锈蚀　　　　　D. 绝缘
65. 更换柴油车蓄电池前应先拆旧蓄电池，拆蓄电池应按（　　）次序。
    A. 火线→蓄电池之间的连线→搭铁线　　B. 搭铁线→蓄电池之间的连线→火线
    C. 蓄电池之间的连线→火线→搭铁线　　D. 蓄电池之间的连线→搭铁线→火线
66. 汽车铅蓄电池"自放电现象"是（　　）引起的。
    A. 电解液密度过低　　　　　　　B. 极板硫化
    C. 电解液不纯　　　　　　　　　D. 温度变化
67. 打开前照灯时发现右侧前照灯近光不亮，可能存在的原因是（　　）。
    A. 蓄电池电量不足　　　　　　　B. 右侧前照灯近光灯丝损坏
    C. 灯光开关未开　　　　　　　　D. 近光继电器损坏
68. 当喇叭不响时，确定为喇叭损坏后，更换喇叭，喇叭通常固定在（　　）上。
    A. 固定支架　　　B. 缓冲支架　　　C. 旋转支架　　　D. 固定支撑板
69. 诊断转向灯不亮故障时，检查闪光器B端子电压，如果无电压，则进行闪光器B和开关F之间配线导通检查，开关输入端子（　　）的电压检查。
    A. B1、B2　　　B. B1、L　　　　C. E1、E2　　　　D. F1、F2
70. 为增强雾灯的透雾性，雾灯的灯面玻璃多采用（　　）色。
    A. 白　　　　　　B. 红　　　　　　C. 绿　　　　　　D. 黄
71. 发电机不发电的故障现象为发动机高于怠速运转时，（　　）指示放电的指示灯亮。
    A. 电压表　　　　B. 万用表　　　　C. 电流表　　　　D. 故障灯
72. 汽车上常见的电路保护器件有易熔线、（　　）及电路断路保护器等。
    A. 二极管　　　　B. 熔断器（片）　C. 开关　　　　　D. 导线
73. 普通电磁继电器由（　　）和触点组成。
    A. 铁芯　　　　　B. 衔铁　　　　　C. 永久磁铁　　　D. 电磁铁
74. 一般轿车音响的工作电压为（　　）V。
    A. 36　　　　　　B. 12　　　　　　C. 5　　　　　　　D. 24
75. 电动后视镜开关可以分别控制电动后视镜（　　）、左右方向位置。

A. 上下方向　　　　B. 水平方向　　　　C. 内外方向　　　　D. 垂直方向

76. 电动座椅系统中，调节（　　）可以控制座椅前端上下的升降动作，改变座椅的水平角度，以适应不同身材驾乘人员的需要。
   A. 前后调节电动机　　　　　　　　B. 前端上下调节电动机
   C. 后端上下调节电动机　　　　　　D. 左右调节电动机

77. 如果检测到空调系统低压和高压侧压力都偏低，从储液干燥器到空调压缩机间的管路都结霜，可能的故障原因是（　　）。
   A. 制冷剂过量　　B. 制冷剂不足　　C. 制冷剂循环不良　　D. 制冷剂不纯

78. 从制冷系统拆下空调歧管压力表时，应先（　　）阀门，再取下加注口接头。
   A. 关闭高压　　B. 关闭低压　　C. 关闭高低压　　D. 高低压都打开

79. 带有玻璃观察孔的储液干燥器，从透视孔中观察到有清水略带气泡流过，说明系统（　　）。
   A. 制冷剂不足　　B. 制冷剂正常　　C. 制冷剂中有水分　　D. 制冷剂不纯

80. 维修轿车空调制冷系统后，给空调系统抽真空时间最少要达（　　）。
   A. 5min　　B. 10min　　C. 18min　　D. 30min 以上

81. 维修系统管路时，汽车空调 R134a 系统的 O 形冷气胶圈通常是（　　）的。
   A. 红色或黑色　　B. 黑色或绿色　　C. 黑色或黄色　　D. 红色或白色

82. 常开型汽车空调高压保护开关通常安装在（　　）。
   A. 干燥瓶　　B. 蒸发器　　C. 压缩机　　D. 冷凝器

83. 空调系统工作时，若蒸发器内制冷剂不足，离开蒸发器的制冷剂会是（　　）。
   A. 高于正常压力，温度较低　　　　B. 低于正常压力，温度较高
   C. 高于正常压力，温度较高　　　　D. 低于正常压力，温度较低

84. 发动机高速运转时由（　　）向蓄电池充电。
   A. 分电器　　B. 交流发电机　　C. 电动机　　D. 起动机

85. 下列选项中能把其他形式的能转换为电能的是（　　）。
   A. 电动机　　B. 发电机　　C. 开关　　D. 继电器

86. 在发动机运转及汽车行驶的大部分时间里，由（　　）向用电设备供电。
   A. 电动机　　B. 起动机　　C. 点火线圈　　D. 交流发电机

87. 发电机不发电故障可能是（　　）。
   A. 风扇损坏　　　　　　　　　　　B. 风扇 V 带装反
   C. 发电机 V 带损坏　　　　　　　　D. 风扇叶片损坏

88. 起动机一般由直流电动机、（　　）和电磁开关三部分组成。
   A. 齿轮机构　　B. 吸拉线圈　　C. 传动机构　　D. 减速机构

89. 为进一步证明起动机离合器是否失效，应检查起动机的单向离合器的（　　）。
   A. 锁止力矩　　B. 间隙　　C. 卡滞　　D. 装反

90. 液压转向助力泵的作用是将发动机的（　　）变为驱动转向动力缸工作的液压能，再由转向动力缸输出转向力，驱动转向轮转向。
    A. 机械能　　　　B. 热能　　　　C. 化学能　　　　D. 转矩

91. 转向油泵的拆卸顺序是（　　）。
    ①拆卸转向油泵后支架上的固定螺栓。
    ②拆卸油泵上回油软管的高压软管的泄放螺栓排放 ATF 润滑油。
    ③举升车辆。
    ④拆卸转向油泵前支架上的张紧螺栓。
    ⑤松开转向油泵中心支架上的固定螺母和螺栓。
    A. ①—②—③—④—⑤　　　　B. ③—②—④—①—⑤
    C. ③—②—⑤—①—④　　　　D. ②—①—③—⑤—④

92. （　　）是发动机各个机构和系统的装配基体，并由它来保持发动机各运动件相互之间准确位置的关系。
    A. 气缸盖　　　　B. 气缸体　　　　C. 气缸套　　　　D. 气缸垫

93. 活塞的基本结构由顶部、裙部、（　　）三部分组成。
    A. 活塞销　　　　B. 上部　　　　C. 头部　　　　D. 裙边

94. 油环用来刮除气缸壁上多余的（　　），并在气缸壁上布上一层均匀的油膜。通常发动机上有 1~2 道油环。
    A. 冷却液　　　　B. 机油　　　　C. 齿轮油　　　　D. 黄油

95. （　　）的作用是连接活塞和连杆小头，将活塞承受的气体作用力传给连杆。
    A. 活塞头部　　　　B. 活塞环　　　　C. 缸套　　　　D. 活塞销

96. 连杆组件包括连杆、连杆盖、（　　）、连杆螺栓等。
    A. 卡环　　　　B. 主轴瓦　　　　C. 活塞销　　　　D. 连杆轴承

97. 连杆由小头、杆身、（　　）三部分组成。
    A. 中段　　　　B. 衬套　　　　C. 端盖　　　　D. 大头

98. 曲轴的功用是将（　　）传来的气体作用力转变为扭矩并输出动力。
    A. 活塞　　　　B. 连杆活塞环　　　　C. 活塞销　　　　D. 活塞连杆组

99. 气门传动组一般包括凸轮轴驱动件、凸轮轴、气门挺杆、（　　）、摇臂及摇臂轴总成等。
    A. 曲轴　　　　B. 气门弹簧　　　　C. 推杆　　　　D. 气门导管

100. 凸轮轴主要由（　　）和凸轮轴轴颈组成。
    A. 凸轮轴正时齿轮　　　　B. 齿条式
    C. 凸轮　　　　D. 铰链式

101. 四冲程发动机曲轴旋转（　　），凸轮轴旋转（　　）。

A. 180°，360°　　B. 360°，360°　　C. 360°，720°　　D. 720°，360°

102. 气门间隙的大小由发动机制造厂根据试验确定，如果间隙（　　），发动机在热态下可能会漏气，导致功率下降，甚至将气门烧坏。

　　A. 过小　　　　B. 过大　　　　C. 过大或过小　　D. 以上选项都不正确

103. 以下不属于发动机拆装作业的技术要求是（　　）。

　　A. 校紧曲轴主轴承和连杆轴承螺栓，其扭矩符合各车型技术要求

　　B. 燃料供给装置、空气供给装置和混合气形成装置等

　　C. 油底壳衬垫完好有效，曲轴箱油面高度符合要求

　　D. 发动机支架无断裂，发动机支承垫齐全完好，螺栓螺母紧固

104. 紧固发动机气缸盖螺栓时要求自中间向两端交叉（　　）拧紧力矩。

　　A. 随意　　　　　　　　　　　B. 尽可能

　　C. 均匀拧紧到规定的　　　　　D. 均匀拧紧到最大的

105. 精度为0.05mm的游标卡尺其游标的刻线格数为（　　）。

　　A. 10格　　　　B. 20格　　　　C. 30格　　　　D. 40格

106. 用千分尺测量工件时，先旋转微分套筒，当（　　）时改用旋转棘轮，直到棘轮发出2~3下"咔、咔……"声时，开始读数。

　　A. 测砧与工件测量表面接近　　　B. 测砧远离工件测量表面

　　C. 测砧与测微螺杆接近　　　　　D. 测砧远离测微螺杆

107. 百分表的精度值为（　　）mm。

　　A. 0.01　　　　B. 0.02　　　　C. 0.001　　　　D. 0.002

108. 在拆卸发动机气门旧座圈时，应用（　　）或撬棒将旧的气门座圈取出。拆卸后，清理气门座孔，将积炭清除干净。

　　A. 一字螺丝刀　　B. 十字螺丝刀　　C. 尖嘴钳子　　D. 专用拉器

109. 在配制电解液时，应使用（　　），将硫酸慢慢地倒入水中。

　　A. 不锈钢容器　　B. 金属容器　　C. 塑料容器　　D. 陶瓷或玻璃容器

110. 通电线圈插入铁芯后，其磁感应强度将（　　）。

　　A. 减弱　　　　B. 增强　　　　C. 不变　　　　D. 不确定

111. 汽油机燃料供给系的作用是根据发动机各种（　　）的要求，将洁净的汽油或汽油和空气配制出适当浓度的混合气，按一定时间和数量供入气缸。

　　A. 不同工况　　B. 转速　　　　C. 怠速　　　　D. 行驶速度

112. 蓄电池搭铁极性必须与（　　）的搭铁极性一致。

　　A. 发动机　　　B. 起动机　　　C. 发电机　　　D. 变速器

113. 某一电器设备其电阻值是55Ω，使用时的电流为4A，则其供电线路的电压是（　　）V。

　　A. 100　　　　B. 110　　　　C. 200　　　　D. 220

第三部分　模拟试卷

114. 对蓄电池安全操作正确的是（　　）。
　　A. 配制电解液时应将硫酸倒入水中
　　B. 配制电解液时应将水倒入硫酸中
　　C. 观看检查电解液用的仪器时应远离电解液注口
　　D. 蓄电池壳上可以放置较轻的物体

115. 电工作业时，杆上电工操作不正确的是（　　）。
　　A. 杆上物品必须吊取　　　　　　　B. 保持身体平衡
　　C. 腰带不能束得过高　　　　　　　D. 可以借助上层带电架空线以保持身体平衡

116. 在液压传动过程中，其工作容积（　　）。
　　A. 密封但大小不能变化　　　　　　B. 密封且不断变化
　　C. 不密封不变化　　　　　　　　　D. 不密封但大小要变化

117. 下列选项为液压传动缺点的是（　　）。
　　A. 不便于过载保护　　　　　　　　B. 传动效率低
　　C. 润滑条件差　　　　　　　　　　D. 不易实现无级调速

118. 剪式举升器多为（　　）。
　　A. 手动式举升器　　B. 电动式举升器　　C. 固定式举升器　　D. 移动式举升器

119. 汽车直线行驶中，个别车轮有异响可能是该车轮（　　）。
　　A. 轴承预紧度过大　　　　　　　　B. 制动踏板的自由行程过小
　　C. 制动踏板的自由行程过大　　　　D. 个别车轮轴承可能损坏

120. （　　）平衡机按动平衡原理工作。
　　A. 就车式　　　　B. 离车式　　　　C. 气压式　　　　D. 液压式

121. 当电解液中含有（　　）会造成蓄电池自放电故障。
　　A. 盐酸　　　　　B. 硝酸　　　　　C. 蒸馏水　　　　D. 杂质

122. 发动机在发动前不应（　　）。
　　A. 检查油底壳　　　　　　　　　　B. 检查冷却液
　　C. 换挡开关在空挡位置　　　　　　D. 放开驻车制动器

123. 现代汽车较多采用的起动机是（　　）。
　　A. 直接操纵式　　　　　　　　　　B. 惯性啮合式
　　C. 移动电枢啮合式　　　　　　　　D. 强制啮合式

124. 汽车行驶7 500~8 000km应对空气滤清器进行（　　）。
　　A. 更换　　　　　B. 维护　　　　　C. 检查　　　　　D. 冲洗

125. 压紧的钢板弹簧在其中部各片应紧密贴合，且相邻两片在总接触长度的1/4长度内的间隙一般应不大于（　　）mm。
　　A. 1.0　　　　　B. 1.1　　　　　C. 1.3　　　　　D. 1.2

126. 四冲程柴油机在工作时，混合气体是（　　）的。
　　A. 点燃　　　　　　　　　　　　　B. 压燃
　　C. 点燃、压燃均可　　　　　　　　D. 以上三项均不正确

127. 曲轴后油封在安装时,应将油封座孔槽清洗干净,在槽侧面涂一层(　　)。
　　A. 密封胶　　　B. 机油　　　　C. 柴油　　　　D. 润滑脂
128. 冷却液是由(　　)、防冻剂、添加剂三部分组成。
　　A. 酒精　　　　B. 乙二醇　　　C. 甘油　　　　D. 水
129. 紧固、润滑(　　)球头销是汽车底盘一级维护的作业内容。
　　A. 前桥　　　　B. 后桥　　　　C. 传动轴　　　D. 支架
130. 转向桥主要的功用是承受地面和车架之间的垂直载荷、纵向力和横向力,并保证(　　)做正确的运动。
　　A. 驱动轮　　　B. 皮带轮　　　C. 后轮　　　　D. 转向轮
131. 为分析离合器打滑故障存在的原因,应最先进行检查的项目是(　　)。
　　A. 检查离合器踏板自由行程　　　B. 检查离合器盖、飞轮连接螺钉是否松动
　　C. 检查离合器分离杠杆内端面高低　　　D. 检查离合器摩擦片
132. 柴油机燃料供给装置由柴油箱、输油泵、喷油泵、(　　)、回油管和低、高压油路等组成。
　　A. 进油管　　　B. 喷油管　　　C. 喷油器　　　D. 滤清器
133. 下列对于点火次级电路断路的故障原因叙述不正确的是(　　)。
　　A. 分火头漏电　　　　　　　　　B. 高压线短路
　　C. 高压线断路　　　　　　　　　D. 分电器中心炭极脱落
134. 转向节轴颈与轴承(　　)的配合应符合规定。
　　A. 中部　　　　B. 外圈　　　　C. 内圈　　　　D. 右部
135. (　　)用来吸收汽车空调系统中制冷剂中的水分。
　　A. 储液干燥器　B. 冷凝器　　　C. 膨胀阀　　　D. 蒸发器
136. 空气流量传感器是用来测量(　　)的装置。
　　A. 混合气量　　B. 燃油量　　　C. 进气量　　　D. 排气量
137. 氧化锆型氧传感器应安装在(　　)的位置。
　　A. 进气温度高　B. 进气温度低　C. 排气温度高　D. 排气温度低
138. 若在火场时衣服着火了,不正确的是(　　)。
　　A. 尽快脱掉衣帽　B. 就地倒下打滚　C. 快跑　　　D. 将衣服撕碎扔掉
139. 电工作业时,停电检修时不正确的操作是(　　)。
　　A. 断开检修段的电源总开关　　　B. 约时送电
　　C. 挂警告牌　　　　　　　　　　D. 清除边角废料
140. 下列对乙基汽油有关说法不正确的是(　　)。
　　A. 有毒　　　　　　　　　　　　B. 无毒
　　C. 在修理车间须通风　　　　　　D. 避免人体接触
141. 全面质量管理这一概念最初由(　　)质量管理专家提出。
　　A. 中国　　　　B. 日本　　　　C. 美国　　　　D. 英国

142. 每个工作人员的（　　）会直接或间接地影响产品质量。
   A. 体质　　　　　B. 能力　　　　　C. 精神　　　　　D. 工作质量
143. 合同内容由（　　）约定。
   A. 代理人　　　　　　　　　　　　B. 当事人
   C. 合同建议的提出者　　　　　　　D. 旁观者
144. 《劳动法》中权利和义务的关系是（　　）。
   A. 相辅相成的　　　　　　　　　　B. 互为条件的
   C. 相互统一的　　　　　　　　　　D. 以上选项都正确
145. 以下属于新能源汽车的是（　　）。
   A. 混合动力电动汽车　　　　　　　B. 纯电动汽车
   C. 氢发动机汽车　　　　　　　　　D. 以上三种都正确
146. 以下不属于混合动力电动汽车的部件的是（　　）。
   A. 内燃机　　　　B. 发电机　　　　C. 起动机　　　　D. 蓄电池
147. 以下部件中，除了（　　）之外，都是电动汽车的主要组成部件。
   A. 电力驱动系统　　B. 电源系统　　C. 辅助系统　　　D. 发动机系统
148. 以下不属于电动车电源系统的组成部分的是（　　）。
   A. 电源　　　　　B. 电动机　　　　C. 充电机　　　　D. 能量管理系统
149. 电动汽车的动力电池按反应类型分，可以分为（　　）。
   A. 化学电池和酸性电池　　　　　　B. 化学电池和物理电池
   C. 物理电池和碱性电池　　　　　　D. 酸性电池和碱性电池
150. 以下不是电动汽车驱动电机特点的是（　　）。
   A. 低速大转矩　　　　　　　　　　B. 工况适应性强
   C. 采用｛A｝V 低电压　　　　　　D. 高比功率
151. 以下气体中可以作为气体燃料汽车的燃料的是（　　）。
   A. 甲烷（CH_4）　B. 丙烷（C_3H_8）　C. 氢气（H_2）　D. 以上选项均正确
152. 企业创新要求员工努力做到（　　）。
   A. 不能墨守成规，但也不能标新立异　B. 大胆地破除现有的结论，自创理论体系
   C. 大胆地试大胆地闯，敢于提出新问题　D. 激发人的灵感，遏制冲动和情感
153. 职业道德是一种（　　）的约束机制。
   A. 强制性　　　　B. 非强制性　　　C. 自愿　　　　　D. 随意
154. 职业道德是人的事业成功的（　　）。
   A. 重要保证　　　B. 最终结果　　　C. 决定条件　　　D. 显著标志

二、判断题

1.（　　）连杆组的作用是将活塞承受的力传给活塞销，推动曲轴转动对外输出转矩。
2.（　　）转向油泵安装顺序与拆卸顺序相同。

3. （　　）凸轮分为进气凸轮和排气凸轮两种。
4. （　　）直列四缸四冲程发动机的曲拐布置形式分为1—2—4—3和1—3—2—4两种。
5. （　　）气门组主要包括凸轮轴、正时齿轮、挺柱、推杆、摇臂和摇臂轴等。
6. （　　）直列六缸四冲程发动机的曲拐布置形式分为1—5—3—6—2—4和1—4—2—6—3—5两种。
7. （　　）蓄电池的电解液由专用盐酸和蒸馏水配制而成。
8. （　　）节气门位置传感器有线性输入和开关量输入两种形式。
9. （　　）电流表可以利用并联不同的电阻扩大其量程。
10. （　　）目前汽车采用的空调压缩机多为独立式。
11. （　　）交流电的有效值是最大值的倍数。
12. （　　）汽油的辛烷值越高其抗爆性能越好。
13. （　　）目前我国还没有制定出中负荷汽车齿轮油规格的国家标准。
14. （　　）柴油机混合气是在燃烧室形成的。
15. （　　）转盘式清洗机主要用于整车清洗。
16. （　　）游标卡尺按其测量功能不同可分为0.10mm、0.02mm和0.05mm三种。
17. （　　）有时六轮汽车的6个轮都是驱动轮。
18. （　　）电工在进行停电检修时要采用约时送电。
19. （　　）转向传动机构的作用是将转向器输出的转向力传给转向车轮。
20. （　　）柴油机在压缩行程中压缩的是可燃混合气。
21. （　　）混合动力电动汽车属于新能源汽车。
22. （　　）各行各业的职业道德具有相同的内容。
23. （　　）事业成功的人往往具有较高的职业道德。
24. （　　）职业道德对企业起到增强竞争力的作用。
25. （　　）勤劳是现代市场经济所需要的，而节俭则不宜提倡。
26. （　　）转向系按使用能源的不同分为机械式转向系和动力式转向系。
27. （　　）离合器分离爪内端高低不一致能造成离合器发抖。
28. （　　）手动变速器在拆装时应注意零部件上的标记和配合要求。
29. （　　）汽车后桥壳变形会使轮胎磨损加快。
30. （　　）包括驾驶员座位在内最多不超过9个座位，封闭车身，用于载运乘客的汽车称为商用车。
31. （　　）变速器与飞轮壳固定螺栓紧固过紧能造成离合器发抖。
32. （　　）《汽车运输业车辆技术管理规定》将汽车维护分为常规检查、日常维护、一级维护、二级维护4个等级。
33. （　　）维护后的发动机使用废气分析仪检测发动机的废气，当检测完毕后应立即抽出探头并及时关闭分析仪。

34.（   ）一级维护质量保证期为车辆行驶 300km 或者两天内。

35.（   ）在汽车制造厂有特别说明或标明润滑油是汽油机和柴油机的通用油时，可以任意通用。

36.（   ）汽车音响中，AM/FM 的含义是调幅/调频。

37.（   ）在检验汽车风窗刮水器时，应预先将风窗玻璃喷湿；否则不仅会刮伤玻璃，而且还会损坏刮片或烧坏电机。

38.（   ）采用 R134a 制冷剂的汽车空调系统，如果歧管压力表读数，低压侧为 $0.15\sim0.25$MPa，高压侧为 $1.37\sim1.57$MPa，说明系统正常。

39.（   ）汽车电动车窗的电动机一般有两个，分别控制玻璃的上升和下降。

40.（   ）在对汽车空调制冷循环系统进行零部件更换时，须先将系统内的制冷剂直接放掉后，再进行维修更换。

高级工模拟试卷 二

一、单选题

1. 装有液压制动装置的汽车，行驶一定里程后，用手触摸各制动鼓均感觉发热，故障可能是由（　　）引起的。
   A. 制动主缸　　　　　　　　　　B. 制动蹄片
   C. 制动鼓　　　　　　　　　　　D. 制动踏板自由行程过大
2. 液压转向助力泵的类型有齿轮式、（　　）和转子式。
   A. 柱塞式　　　B. 叶片式　　　C. 活塞式　　　D. 齿条式
3. 汽车直线行驶时，个别车轮有异响是（　　）的故障现象。
   A. 车架异响　　B. 车桥异响　　C. 轮毂异响　　D. 车身异响
4. 运动型轿车和方程式赛车多采用的布置形式是（　　）。
   A. 发动机后置后轮驱动　　　　　B. 发动机中置后轮驱动
   C. 发动机前置前轮驱动　　　　　D. 发动机前置后轮驱动
5. 轮胎应当定期做动平衡检查，用（　　）检查。
   A. 静平衡检测仪　B. 动平衡检测仪　C. 扒胎机　　　D. 测功机
6. 以下属于增程式电动汽车特点的是（　　）。
   A. 配有地面充电功能　　　　　　B. 具有车载供电功能
   C. 串联插电式混合动力汽车　　　D. 以上选项都正确
7. （　　）空气流量传感器可分为主流量方式和旁通流量方式两种。
   A. 翼板式　　　B. 热线式　　　C. 热膜式　　　D. 卡门涡旋式
8. 液压传动是以（　　）作为工作介质进行能量传递和控制的传动形式。
   A. 固体　　　　B. 液体　　　　C. 气体　　　　D. 机械力
9. 发动机怠速时熄火是（　　）故障的现象。
   A. 发动机怠速不良　　　　　　　B. 发动机加速不良
   C. 发动机起动困难　　　　　　　D. 发动机无法起动
10. 前轮、前轴、转向节与（　　）的相对安装位置，称为转向车轮定位。
    A. 悬架　　　　B. 半轴　　　　C. 车架　　　　D. 车桥
11. 《汽车运输业车辆技术管理规定》将汽车维护分为日常维护、一级维护、（　　）三级。
    A. 发动机二级维护　　　　　　　B. 更换润滑油维护
    C. 二级维护　　　　　　　　　　D. 轮胎维护
12. 当线圈中通电时，电磁继电器上的衔铁带动活动触点与固定（　　）断开。
    A. 常开触点　　　　　　　　　　B. 常闭触点
    C. 铁芯　　　　　　　　　　　　D. 以上选项都不正确

第三部分　模拟试卷

13. 更换新的空调压缩机后，应向压缩机重新加入润滑油，在旧压缩机内油量的基础上再加入（　　）mL 的润滑油。
    A. 0　　　　　　　B. 10　　　　　　　C. 20　　　　　　　D. 40

14. 当发电机不发电时，应先区别是蓄电池存电不足，还是（　　）有故障。
    A. 充电系统　　　　B. 点火系统　　　　C. 电控系统　　　　D. 起动系统

15. 职业道德与人的事业的关系是（　　）。
    A. 职业道德是人成功的充分条件
    B. 没有职业道德的人不会获得成功
    C. 事业成功的人往往具有较高的职业道德
    D. 缺乏职业道德的人往往也有可能获得成功

16. 职业道德活动中，对客人做到（　　）是符合语言规范的具体要求的。
    A. 言语细致，反复介绍　　　　　　B. 语速要快，不浪费客人时间
    C. 用尊称，不用忌语　　　　　　　D. 语气严肃，维护自尊

17. 爱岗敬业作为职业道德的重要内容，是指员工（　　）。
    A. 热爱自己喜欢的岗位　　　　　　B. 热爱有钱的岗位
    C. 强化职业责任　　　　　　　　　D. 不应多转行

18. 市场经济条件下，（　　），不违反职业道德规范中关于诚实守信的要求。
    A. 通过诚实合法劳动，实现利益最大化　　B. 打进对手内部，增强竞争优势
    C. 根据服务对象来决定是否遵守承诺　　　D. 凡有利于增大企业利益的行为就做

19. 企业文化的功能不包括（　　）。
    A. 激励功能　　　　B. 导向功能　　　　C. 整合功能　　　　D. 娱乐功能

20. 下列选项中属于企业文化功能的是（　　）。
    A. 体育锻炼　　　　B. 整合功能　　　　C. 歌舞娱乐　　　　D. 社会交际

21. 三轴式五挡变速器的 1 挡、倒挡从动齿轮与（　　）以矩形花键连接。
    A. 中间轴　　　　　B. 输出轴　　　　　C. 输入轴　　　　　D. 倒挡轴

22. 对于水平放置的三轴式变速器，当位于 5 挡位置时，将第二轴 4、5 挡接合套向前移动与第一轴主动齿轮的接合齿圈啮合，动力不经过（　　）的齿轮传动，故称为直接挡。
    A. 中间轴　　　　　B. 第二轴　　　　　C. 倒挡轴　　　　　D. 输出轴

23. 汽车行驶一定里程后，制动鼓发热是（　　）的故障现象。
    A. 制动传动装置引起的不正常制动　　B. 轮毂过热
    C. 车轮过热　　　　　　　　　　　　D. 轴承松动

24. 汽车后桥某一部位的齿轮啮合间隙过大，会使汽车在（　　）时发响。
    A. 下坡　　　　　　B. 上坡　　　　　　C. 上、下坡　　　　D. 起步

25. 用百分表测量变速器输出轴的径向跳动量要求不大于（　　）mm，使用极限为 0.06mm。
    A. 0.020　　　　　　B. 0.025　　　　　　C. 0.030　　　　　　D. 0.035

26. 为分析离合器打滑故障存在的原因，应最先进行检查的项目是（　　）。
    A. 检查离合器踏板自由行程　　　　B. 检查离合器盖、飞轮连接螺钉是否松动
    C. 检查离合器分离杠杆内端面高低　D. 检查离合器摩擦片
27. 手动变速器的第二轴前端滚针轴承烧结使（　　）和第二轴连成一体，会产生乱挡的故障。
    A. 第一轴　　　B. 第二轴　　　C. 中间轴　　　D. 倒挡轴
28. 变速器操纵机构由（　　）、拨叉、拨叉轴、锁止装置和变速器盖等组成。
    A. 变速器操纵杆　B. 输入轴　　C. 变速器壳体　　D. 控制系统
29. 下列（　　）不是引起低速打摆现象的原因。
    A. 前束过大，车轮外倾角、主销后倾角变小
    B. 车架变形或铆钉松动
    C. 转向器啮合间隙过大
    D. 转向节主销与衬套间隙过大
30. 关于车身倾斜的原因，甲认为：单侧悬挂弹簧弹力不足是其中之一；乙认为：轮胎气压不平衡是其中之一；丙认为：减振器损坏是其中之一。看法正确的是（　　）。
    A. 甲和乙　　　B. 乙和丙　　　C. 丙和甲　　　D. 以上选项均不正确
31. 汽车直线行驶时，（　　）有异响是轮毂异响的故障现象之一。
    A. 车轮　　　B. 车桥　　　C. 车架　　　D. 车身
32. 悬架由（　　）、导向装置和减振器三部分组成。
    A. 弹性元件　B. 传动装置　　C. 固定装置　　D. 锁止装置
33. 当离合器的（　　）翘曲时，会造成离合器分离不彻底。
    A. 分离轴承　B. 踏板　　　C. 从动盘　　　D. 离合器盖
34. 动力转向液压助力系统的转向助力泵损坏会导致（　　）。
    A. 不能转向　B. 转向沉重　　C. 制动跑偏　　D. 行驶跑偏
35. 汽车直线行驶时，下列（　　）是轮毂异响的故障现象。
    A. 车轮有异响　B. 车桥有异响　C. 车架有异响　D. 车身有异响
36. 在使用指针式前束尺测量前束时，要求将前束尺安装在前轴后面两车轮（　　）的中心位置。
    A. 左侧　　　B. 右侧　　　C. 内侧　　　D. 外侧
37. 当缓慢地抬起离合器踏板，使（　　）在压紧弹簧压力作用下前移与飞轮恢复接触，离合器处于接触状态。
    A. 从动盘　　B. 主动盘　　　C. 飞轮　　　D. 离合器盖
38. 制动蹄与制动鼓之间的间隙过大，将导致（　　）。
    A. 车辆行驶跑偏　B. 制动不良　C. 制动时间变短　D. 制动距离变短
39. 《汽车运输业车辆技术管理规定》将汽车维护分为日常维护、（　　）、二级维护三个等级。
    A. 轮胎维护　B. 一级维护　　C. 发动机维护　D. 更换润滑油维护

40. 清除蓄电池电桩及夹头氧化物是电器设备的（　　）的作业内容。
    A. 一级维护　　　　B. 二级维护　　　　C. 特殊维护　　　　D. 大修

41. 检查灯光、仪表、信号装置是电器设备（　　）维护的作业内容。
    A. 一级　　　　　　B. 二级　　　　　　C. 三级　　　　　　D. 日常

42. 检查调整行车制动踏板自由行程和驻车制动自由行程是汽车底盘（　　）维护作业内容。
    A. 一级　　　　　　B. 二级　　　　　　C. 日常　　　　　　D. 特殊

43. 在装配车轮制动器的支承销时应使其偏心部位朝（　　）靠边。
    A. 左　　　　　　　B. 右　　　　　　　C. 外　　　　　　　D. 内

44. 汽车行驶7 500~8 000km应对空气滤清器进行（　　）。
    A. 更换　　　　　　B. 维护　　　　　　C. 检查　　　　　　D. 冲洗

45. （　　）是指为维持汽车完好技术状况或工作能力而进行的作业，应贯彻"预防为主、强制维护"的原则。
    A. 汽车维护　　　　　　　　　　　　　B. 汽车维护的目的
    C. 延长汽车大修间隔里程　　　　　　　D. 保持车容整洁

46. 在汽车制造厂有特别说明或标明润滑油是汽油机和柴油机的通用油时，（　　）。
    A. 可以任意通用　　　　　　　　　　　B. 可在标明的级别内通用
    C. 也不能通用　　　　　　　　　　　　D. 大型货车可以通用

47. 在加注变速器齿轮油时，应加入符合要求的新齿轮油，直到（　　）为止，然后装好检查孔螺塞。
    A. 齿轮油从油位检查孔向外溢出　　　　B. 齿轮油距油位检查孔20mm处
    C. 齿轮油距油位检查孔300mm处　　　　D. 齿轮油距油位检查孔25mm处

48. 制动液更换一般在汽车行驶（　　）km。
    A. 10 000~20 000　　　　　　　　　　B. 20 000~30 000
    C. 10 000~30 000　　　　　　　　　　D. 20 000~40 000

49. （　　）是以动植物脂肪酸钠皂稠化矿物润滑油制成的耐高温但不耐水的普通润滑脂。
    A. 钙基润滑脂　　B. 钠基润滑脂　　C. 通用锂基润滑脂　　D. 石墨钙基润滑脂

50. 检查紧固轮胎螺栓时，应按照规定的力矩（　　）进行。
    A. 对称　　　　　　B. 逐个　　　　　　C. 随便　　　　　　D. 中间间隔一个

51. 维护后的发动机使用废气分析仪检测发动机的废气，当检测完毕后应（　　）。
    A. 立即抽出探头并及时关闭分析仪
    B. 不得即时抽出探头，但应及时关闭分析仪，以防仪器过热
    C. 即时抽出探头，但应待分析仪回零后再关闭分析仪
    D. 不得即时抽出探头，待指针稳定5s后，才抽出探头并及时关闭分析仪

52. 汽车的干荷蓄电池，在充注电解液（　　）后可使用。
    A. 立即　　　　　　B. 静置 10min　　　C. 静置 30min　　　D. 静置 50~60min

53. 汽车二级维护时首先要进行检测，汽车进厂后，根据汽车技术档案的记录资料和驾驶员反映的汽车使用技术状况，（　　）。
    A. 确定所需检测项目　　　　　　　　B. 进行技术评定
    C. 进行维护作业　　　　　　　　　　D. 确定附加作业项目
54. （　　）更换一般在汽车行驶20 000~40 000km。
    A. 制动液　　　B. 雨刷水　　　C. 机油　　　D. 发电机
55. 以下不属于发动机二级维护内容是（　　）。
    A. 按规定次序和扭矩校紧缸盖螺栓　　B. 检查发动机支架的连接及损坏情况
    C. 更换气门油封　　　　　　　　　　D. 检查、紧固、调整散热器及百叶窗
56. 底盘二级维护作业内容包括检查紧固变速器（　　）轴凸缘螺母。
    A. 第一　　　B. 第二　　　C. 中间　　　D. 倒挡
57. 电器设备二级维护作业内容包括清除发电机滑环表面油污，清洗检查轴承，填充（　　）。
    A. 润滑脂　　　B. 机油　　　C. 密封胶　　　D. 汽油
58. 二级维护前检测轿车轮胎气压应符合规定：前轮 180kPa，后轮 190kPa，车轮动不平衡量为（　　）。
    A. 0　　　B. 2　　　C. 3　　　D. 4
59. 柴油机燃料系由燃料供给装置、空气供给装置、（　　）和废气排出装置组成。
    A. 混合气形成装置　　　　　　　　　B. 混合气燃烧装置
    C. 混合气传输装置　　　　　　　　　D. 混合气排出装置
60. 前轮定位包括（　　）、主销内倾、车轮外倾和前轮前束4个参数。
    A. 主销前倾　　　B. 主销后倾　　　C. 主销外倾　　　D. 主销左倾
61. （　　）装置通常由驾驶员用手操纵。
    A. 行车制动　　　B. 驻车制动　　　C. 发动机制动　　　D. 以上选项均不正确
62. 发动机在起动前不应（　　）。
    A. 检查油底壳　　　　　　　　　　　B. 检查冷却液
    C. 换挡开关在空挡位置　　　　　　　D. 放开驻车制动器
63. 转向系按使用能源不同分为机械式转向系和（　　）转向系两种。
    A. 电液式　　　　　　　　　　　　　B. 电控液压式
    C. 动力式　　　　　　　　　　　　　D. 以上选项均不正确
64. 充气轮胎的内胎尺寸应比外胎内壁尺寸（　　）。
    A. 略大　　　B. 略小　　　C. 相等　　　D. 无规定
65. 检查蓄电池外部是否清洁，主要看（　　）是否有污物堆积。
    A. 电池内部　　　B. 电池外部　　　C. 电池盖　　　D. 电池侧面
66. 诊断、排除蓄电池自放电故障时，要关闭（　　）。
    A. 点火开关　　　B. 各用电设备　　　C. 起动机　　　D. 发电机

67. 更换汽车仪表内新的里程表时，应将新里程表的读数调到（　　）。
    A. 0 公里数   B. 车主要求的公里数
    C. 原公里数   D. 随意公里数

68. 从电源开始到前照灯做线路的搭铁检查是为了检查前照灯（　　）的故障。
    A. 不断电   B. 灯光暗淡   C. 灯泡损坏   D. 灯泡短路

69. 汽油发动机机油警报灯亮起时，表示发动机润滑机油压力为危险压力，润滑油正常压力应为（　　）。
    A. 2~3MPa   B. 2~4MPa   C. 0.16~0.40MPa   D. 5.4~7.4MPa

70. 诊断转向灯不亮的故障时，将紧急闪光灯处于"ON"位置检查灯闪频率，如果灯不闪，则检查闪光器（　　）端子电压。
    A. A   B. B   C. C   D. D

71. 为进一步证明起动机离合器是否失效，应检查起动机的单向离合器的（　　）。
    A. 锁止力矩   B. 间隙   C. 卡滞   D. 装反

72. 发电机正常发电现象为发动机运转到（　　）时，电流表指示放电的指示灯熄灭。
    A. 高于怠速   B. 500 r/min   C. 400 r/min   D. 550 r/min

73. 双金属片式断路保护器常用于汽车上的（　　）内，以防止电流过大造成线路部件损坏。
    A. 起动机   B. 车窗玻璃升降电机
    C. 发电机   D. 步进电机

74. 汽车音响中的 FM 表示（　　）。
    A. 调频   B. 调幅   C. 调压   D. 调音

75. 在检修电动门窗时应分清是电路故障还是机械故障。检修时，当听到门窗电机有转动声响，表明可能是（　　）。
    A. 机械故障   B. 电路故障   C. 电路或机械故障   D. 油路故障

76. 电动座椅系统中，调节（　　）可以控制座椅后端上下的升降动作，以适应不同身材驾乘人员的需要。
    A. 前后调节电动机   B. 前端上下调节电动机
    C. 后端上下调节电动机   D. 左右调节电动机

77. 如果检测到空调系统低压和高压侧压力太高，在低压侧的管路结霜或有大量的露水，可能的原因是（　　）。
    A. 制冷剂过量   B. 膨胀阀故障或热传感管安装不当
    C. 制冷剂不纯   D. 制冷剂中有空气

78. 下列（　　）情况不需要更换储液干燥器。
    A. 储液干燥器泄漏   B. 储液干燥器吸足了水分
    C. 空调系统与大气相通 2 h 以上   D. 储液干燥器凹陷

79. 通过汽车空调膨胀阀的制冷剂流量，应适宜（　　）。
    A. 平衡制冷管道内压力的变化   B. 制冷负荷的变化
    C. 蒸发压力调节阀的流量变化   D. 平衡制冷功耗的变化

80. 用气体渗漏试验空调压缩机,通过充填阀向空调压缩机充入制冷剂的压力需要达到( )MPa。
   A. 0.294   B. 0.101   C. 0.402   D. 2.015

81. 汽车空调的储液干燥器里,引出管安插在罐( ),以确保抽离储液罐的制冷剂百分之百是液体。
   A. 顶部   B. 底部   C. 中部   D. 上部

82. 当汽车工作时蒸发器表面控制在( )。
   A. 0℃   B. 1~4℃   C. 4~6℃   D. 6~8℃

83. 汽车空调的蒸发器与冷凝器比较,( )。
   A. 蒸发器的管道壁较厚
   B. 冷凝器的管道壁较厚
   C. 两者管道壁厚相差不大
   D. 冷凝器比蒸发器的热交换能力更强

84. 三相同步交流发电机的组成中( )用来产生三相交流电。
   A. 转子总成   B. 定子总成   C. 电刷   D. 电刷架

85. 当发动机处于低速运转,发电机的端电压低于蓄电池电压时,由( )向用电设备供电。
   A. 发动机   B. 发电机   C. 起动机   D. 蓄电池

86. 发电机电刷二级维护作业的技术要求是磨损不超过基本尺寸的( )。
   A. 1/2   B. 1/3   C. 1/4   D. 1/5

87. 起动系统的功用是将( )的电能转变为机械能,产生转矩,起动发动机。
   A. 发电机   B. 蓄电池   C. 电容器   D. 点火线圈

88. 发动机起动时,蓄电池可向起动机提供高达( )A的起动电流。
   A. 100~200   B. 100~300   C. 200~300   D. 200~600

89. 汽车用起动机的电机一般为直流串激电动机,这种电动机( )。
   A. 可在高速时产生较大的扭矩
   B. 可在高速时产生较大的电流
   C. 可在低速时产生较大的扭矩
   D. 可在低速时产生较大的电流

90. 液压转向助力泵的作用是将发动机的机械能变为驱动转向动力缸工作的( ),再由转向动力缸输出转向力,驱动转向轮转向。
   A. 动能   B. 热能   C. 化学能   D. 液压能

91. 转向油泵的拆卸顺序是( )。
   ①拆卸转向油泵后支架上的固定螺栓。
   ②拆卸油泵上回油软管的高压软管的泄放螺栓,排放 ATF 润滑油。
   ③举升车辆。
   ④拆卸转向油泵前支架上的张紧螺栓。
   ⑤松开转向油泵中心支架上的固定螺母和螺栓。
   A. ②—①—③—④—⑤   B. ②—①—③—⑤—④

第三部分　模拟试卷

  C. ③—②—⑤—①—④　　　　　　　　D. ③—②—④—①—⑤

92. 气缸垫用来保证气缸体与（　　）结合面间的密封，防止漏气、漏水。

  A. 气缸套　　　B. 活塞　　　C. 气门室罩盖　　　D. 气缸盖

93. 活塞顶部形状与燃烧室形式有关，一般有（　　）、凸顶和凹顶三种。

  A. 平顶　　　B. 尖顶　　　C. 圆顶　　　D. ω 型

94. 活塞环有气环和（　　）两种。

  A. 扭曲环　　　B. 矩形环　　　C. 锥形环　　　D. 油环

95. 活塞销的连接方式有两种：全浮式和（　　）。

  A. 分体式　　　B. 整体式　　　C. 半浮式　　　D. 固定式

96. 连杆组件包括（　　）、连杆盖、连杆轴承、连杆螺栓等。

  A. 连杆　　　B. 主轴瓦　　　C. 活塞销　　　D. 卡环

97. V 形发动机由于左右两缸的连杆装在同一个连杆轴颈上，因此其结构随安装布置而不同，有并列式、主副连杆式和（　　）三种形式。

  A. 叉形连杆式　　　B. 对置式　　　C. Y 形连杆式　　　D. V 形

98. 直列四缸四冲程发动机的曲拐布置形式分为 1—3—4—2 和（　　）两种。

  A. 1—3—2—4　　　B. 1—2—4—3　　　C. 1—4—2—3　　　D. 1—2—3—4

99. （　　）的功用是用来控制各气缸的进、排气门的开闭时刻，使之符合发动机工作次序和配气相位的要求，同时控制气门开度的变化。

  A. 推杆　　　B. 凸轮轴　　　C. 正时齿轮　　　D. 气门导管

100. 凸轮轴分为进气凸轮轴和（　　）两种。

  A. 排气凸轮轴　　　B. 曲轴　　　C. 凸轮轴　　　D. 偏心轴

101. 四冲程发动机中，凸轮轴正时齿轮齿数是曲轴正时齿轮的（　　）倍。

  A. 1　　　B. 2　　　C. 3　　　D. 4

102. 如果气门间隙（　　），则传动零件之间及气门与气门座之间将产生撞击并发出响声，加剧了零件的磨损，同时也会使气门开启的持续时间减少，气缸的充气及排气情况变坏。

  A. 过小　　　B. 过大　　　C. 过大或过小　　　D. 以上选项都不正确

103. 曲轴后油封在安装时，应将油封座孔槽清洗干净，在槽侧面涂一层（　　）。

  A. 密封胶　　　B. 机油　　　C. 柴油　　　D. 润滑脂

104. 进、排气门同时开启的角度被称为（　　）。

  A. 气门叠开角　　　B. 气门叠开　　　C. 配气相位　　　D. 配气相位图

105. 用（　　）测量工件时，读完数后需倒转微分套筒使量具与工件分离后再取出工件。

  A. 游标卡尺　　　B. 百分表　　　C. 千分尺　　　D. 千分表

106. 百分表中的短指针转动一格为（　　）mm。

188

A. 0.1　　　　　B. 0.2　　　　　C. 1　　　　　D. 2

107. 百分表的表盘刻度为 100 格,长指针每偏转一格表示（　　）。

A. 0.1mm　　　B. 0.2mm　　　C. 0.01mm　　　D. 0.02mm

108. （　　）是指金属材料是否具有容易被切削工具进行加工的性能。

A. 可焊性　　　B. 延展性　　　C. 切削性　　　D. 渗透性

109. 青铜原指铜与（　　）的合金。

A. 锡　　　　　B. 锌　　　　　C. 镍　　　　　D. 铝

110. 柴油发动机的（　　）开始压油到上止点为止的曲轴转角称为喷油提前角。

A. 机油泵　　　B. 汽油泵　　　C. 输油泵　　　D. 喷油泵

111. 若摩擦片有油污应用（　　）清洗并烘干,然后找出油污来源,予以排除。

A. 柴油　　　　B. 汽油　　　　C. 清洁剂　　　D. 机油

112. 前照灯不亮故障的处理方法是：首先检查灯泡良好,然后从（　　）开始顺着线路做有无电压的导通检查。

A. 起动机　　　B. 高压线圈　　　C. 电源　　　　D. 分电器

113. 下列不是点火初级电路短路的故障现象的是（　　）。

A. 打开点火开关,电流表指示值小于正常放电值且不摆动

B. 打开点火开关,电流表指在 0 不动

C. 发动机不能起动

D. 发动机温度容易升高

114. 蓄电池至分电器触点之间断路是（　　）的故障原因之一。

A. 点火次级电路断路　　　　　　B. 点火次级电路短路

C. 点火初级电路断路　　　　　　D. 点火线圈至分电器

115. 对于油压千斤顶重物应置于（　　）。

A. 大液压缸上　　　　　　　　　B. 小液压缸上

C. 单向阀的一侧　　　　　　　　D. 以上选项均不正确

116. 液压传动靠（　　）来传递动力。

A. 油液的容积　B. 油液的黏度　C. 油液的压力　D. 油液的压缩性

117. 下列（　　）是汽车底盘一级维护作业内容。

A. 检查转向角　　　　　　　　　B. 检查变速器润滑油质量

C. 检查备胎　　　　　　　　　　D. 检查减振器性能

118. 检查、清洁电器元件时,不许用（　　）清洁电器元件。

A. 汽油　　　　B. 湿布　　　　C. 干布　　　　D. 麂皮

119. 无轨电车属于（　　）。

A. 普通乘用车　B. 货车　　　　C. 客车　　　　D. 乘用车

第三部分　模拟试卷

120. 气缸的排量等于（　　）。
    A. 气缸的总容积　　　　　　　　B. 气缸的工作容积
    C. 气缸燃烧室容积　　　　　　　D. 气缸行程

121. 汽车使用技术状况包括汽车的动力性、（　　）和燃、润料消耗等。
    A. 起动性　　　B. 加速性　　　C. 工作可靠性　　　D. 爬坡性

122. 机油牌号中，在数字后面带"W"字母的，（　　），数字代表黏度等级。
    A. 表示夏季使用机油　　　　　　B. 表示柴油机油
    C. 表示汽油机油　　　　　　　　D. 表示低温系列，W 表示冬季使用

123. 通常汽车传动系动力最后经过（　　）传递给驱动轮。
    A. 离合器　　　B. 变速器　　　C. 主减速器　　　D. 半轴

124. 采用（　　）时，车桥都是断开式的。
    A. 独立悬架　　　B. 非独立悬架　　　C. 单级主减速器　　　D. 双级主减速器

125. 曲轴飞轮组主要由曲轴、（　　）和附件等组成。
    A. 齿轮　　　B. 链轮　　　C. 带轮　　　D. 飞轮

126. 当凸轮的尖顶转过挺杆向下运动时，气门在弹簧张力的作用下（　　），进气或排气过程即告结束。
    A. 逐渐打开　　　B. 进气门打开　　　C. 排气门打开　　　D. 逐渐关闭

127. 补充冷却液时，一定要等待发动机（　　）后再打开加水盖，以防止缸体变形。
    A. 加速　　　B. 制动　　　C. 冷却　　　D. 润滑

128. 更换发动机润滑油后，应（　　），检查滤清器处应无润滑油泄漏。
    A. 起动发动机　　　B. 清洁发动机　　　C. 盖上机器盖　　　D. 检查冷却液

129. 转向桥主要的功用是承受地面和车架之间的垂直载荷、纵向力和（　　），并保证转向轮做正确的运动。
    A. 驱动力　　　B. 牵引力　　　C. 横向力　　　D. 制动力

130. 汽车起步时，强行挂挡后，在未抬离合器踏板的情况下，汽车出现（　　）现象时，说明存在离合器分离不彻底故障。
    A. 抖动　　　B. 后移　　　C. 前移　　　D. 跑偏

131. （　　）属于压燃式发动机。
    A. 汽油机　　　　　　　　　　　B. 煤气机
    C. 柴油机　　　　　　　　　　　D. 以上选项均不正确

132. X431 解码仪触摸屏应用（　　）书写。
    A. 手指　　　　　　　　　　　　B. 专用的手写笔
    C. 专用的手写笔或手指　　　　　D. 金属细丝

133. 转向失控时，需要检查的项目是（　　）。

A. 两前轮胎压 B. 钢板弹簧是否折断
C. 两侧轴距是否相等 D. 以上选项都正确

134. 当发动机处于低速运转,发电机的端电压低于蓄电池电压时,由( )向用电设备供电。
A. 发动机 B. 发电机 C. 起动机 D. 蓄电池

135. 在制冷系统中,用作热交换器的是( )。
A. 冷凝器 B. 膨胀阀 C. 储液干燥器 D. 空调压缩机

136. 氧化钛型氧传感器通常具有( )个二氧化钛元件。
A. 1 B. 2 C. 3 D. 4

137. 装有液压制动装置的汽车,行驶一定里程后,用手触摸各制动鼓均感觉发热,故障可能是由( )引起的。
A. 制动主缸 B. 制动蹄片
C. 制动鼓 D. 制动踏板自由行程过大

138. 安装锯条时,锯齿的齿尖要( )。
A. 朝前 B. 朝后 C. 倾斜 D. 无要求

139. 在火场的浓烟区被围困时,正确的做法是( )。
A. 低姿势行走 B. 短呼吸
C. 用湿毛巾捂住嘴 D. 以上选项都正确

140. 有关电工作业叙述不正确的是( )。
A. 电工服的袖口、裤管口必须扣紧 B. 应穿电工鞋
C. 应戴绝缘胶质手套 D. 以上三项都不正确

141. 对于汽油罐的使用下列说法不正确的是( )。
A. 放在通风良好的地方
B. 小型汽油罐可以放在汽车的行李厢里
C. 容积在 3.8L 以上的油罐出口要有防火滤网
D. 严禁明火

142. 全面的质量管理是把( )和效益统一起来的质量管理。
A. 产品质量 B. 工作质量 C. 质量成本 D. 使用成本

143. 对全面质量管理方法的特点描述恰当的是( )。
A. 单一性 B. 机械性 C. 多样性 D. 专一性

144. 合同是由当事人在( )基础上意思表示一致而成立的。
A. 有领导关系 B. 有亲属关系 C. 平等 D. 对立

145. 对《劳动法》规定理解正确的是( )。
A. 享有所有权利

B. 只享有平等就业的权利

C. 享有一定的权利，又要履行一定的义务

D. 不享有社会保险和福利的权利

146. 以下不是增程式电动汽车的特点的是（　　）。

　　A. 配有地面充电功能　　　　　　B. 具有车载供电功能

　　C. 并联插电式混合动力汽车　　　D. 串联插电式混合动力汽车

147. 根据混合动力汽车零部件的种类、数量和连接关系，混合动力汽车简称 SHEV，是指（　　）。

　　A. 串联式混合动力汽车　　　　　B. 并联式混合动力汽车

　　C. 混联式混合动力汽车　　　　　D. 以上选项都包括

148. 纯电动车按用途的不同，一般可以分为（　　）。

　　A. 纯电动轿车　　B. 电动货车　　C. 电动客车　　D. 以上选项都包括

149. 纯电动汽车的特点不包括（　　）。

　　A. 能源效率高　　B. 低使用噪声　　C. 低使用成本　　D. 结构简单

150. 以下可以作为电动汽车的动力电池的是（　　）。

　　A. 化学电池　　　　　　　　　　B. 物理电池

　　C. A 与 B 都是错误的　　　　　　D. A 与 B 都是正确的

151. 电动汽车的交流异步电机的控制可分为（　　）。

　　A. 矢量控制和直接转矩控制　　　B. 矢量控制和电流控制

　　C. 直接转矩控制和电压控制　　　D. 电流控制和电压控制

152. 以下（　　）电池的性能指标数据影响电动汽车的行驶距离。

　　A. 电压　　　　B. 容量　　　　C. 内阻　　　　D. 能量

153. 下列选项属于职业道德范畴的是（　　）。

　　A. 人们的内心信念　　　　　　　B. 人们的文化水平

　　C. 人们的思维习惯　　　　　　　D. 员工的技术水平

154. 职业道德的特征是（　　）。

　　A. 多样性和具体性　　　　　　　B. 专业性和实用性

　　C. 稳定性和连续性　　　　　　　D. 以上选项都正确

155. 职业道德对企业起到（　　）的作用。

　　A. 增强员工独立意识　　　　　　B. 磨合企业上级与员工关系

　　C. 使员工规规矩矩做事情　　　　D. 增强企业凝聚力

二、判断题

1. （　　）气门传动组一般包括凸轮轴驱动件、凸轮轴、气门、推杆、摇臂及摇臂轴总成等。

2. （   ）进气门和排气门同时开启的那一段时间或曲轴转角，称为气门重叠角。
3. （   ）连杆和连杆盖统称为连杆。
4. （   ）气门锥面与顶平面的夹角称为气门锥角。
5. （   ）汽车用的起动机的电机一般为直流串激电动机。
6. （   ）为防止行驶中起动机再误起动，其保护电路是利用点火断电器来保证的。
7. （   ）汽车维护的目的是贯彻"预防为主、强制维护"。
8. （   ）更换机油后，起动发动机，滤清器处无机油泄漏。
9. （   ）逻辑电路是利用半导体的开关特性来工作的。
10. （   ）板牙是加工外螺纹的工具，由切削部分、校准部分和排屑部分组成。
11. （   ）发动机在使用中，任何水都可以直接作为冷却水加注。
12. （   ）主销内倾角可以调整其大小。
13. （   ）水是天然灭火剂，适用于B级火灾。
14. （   ）液压传动系统中的容积调速回路可实现无级调速。
15. （   ）汽车直线行驶时差速器不起差速作用。
16. （   ）四冲程汽油机的可燃混合气需要点燃。
17. （   ）发动机电控燃油喷射系统具有维修简单的特征。
18. （   ）被围困浓烟区的人要短呼吸，匍匐穿过浓烟区。
19. （   ）气缸盖衬垫安装在气缸套与气缸体之间。
20. （   ）蓄电池的容量不影响纯电动汽车的续驶里程。
21. （   ）在职业活动中一贯地诚实守信会损害企业的利益。
22. （   ）创新既不能墨守成规，也不能标新立异。
23. （   ）勤劳节俭虽然有利于节省资源，但不能促进企业的发展。
24. （   ）职业道德活动中做到严肃待客、不卑不亢是符合职业道德规范要求的。
25. （   ）职业道德是指从事一定职业的人们，在长期职业活动中形成的一种行为规范。
26. （   ）汽车直线行驶时差速器不起差速作用。
27. （   ）制动总泵、制动踏板行程调整不当就是气压制动系统制动不良的原因。
28. （   ）汽车后桥一般为转向桥。
29. （   ）充气轮胎按胎面花纹的不同可分为普通花纹轮胎、越野花纹轮胎和混合花纹轮胎。
30. （   ）二级维护前检测轿车，轮胎车轮动不平衡量为0。
31. （   ）转向系按使用能源的不同分为机械式转向系和动力式转向系。
32. （   ）根据制动液的组成和特性，一般分为醇型、醇醚型、脂型、柴油型和硅油型5种。
33. （   ）国家规定，汽车小修质量保证期为车辆行驶1 000km或5天内。
34. （   ）机油牌号中，在数字后面带"W"字母的表示夏季使用机油，数字代表黏度

等级。

35. （　）检查清除电桩及夹头氧化物是电器设备一级维护作业的内容之一。
36. （　）为了使轮胎不过度磨损，应在轮胎维修时进行轮胎换位。
37. （　）汽车空调系统中，冷凝器的作用是吸收车内的热量，使制冷剂由气体变为液体。
38. （　）座椅调节过程中，若电动座椅调节电动机电路电流过大，过载保险丝就会熔断。
39. （　）当车辆发生紧急意外时，打开车辆的危险警告灯，此时所有车灯都应闪烁点亮。
40. （　）当机油滤清器堵塞，造成机油压力过高，也会使机油压力警告灯发亮。

理论知识答案

练习一 职业道德理论知识

一、选择题

1. C 2. A 3. B 4. C 5. B 6. D 7. C 8. C 9. A 10. A 11. A 12. C
13. D 14. B 15. C 16. B 17. B 18. D 19. C 20. B 21. C 22. A 23. B 24. A
25. D 26. C 27. D 28. B 29. D 30. C 31. B

二、判断题

1. × 2. √ 3. √ 4. × 5. √ 6. × 7. × 8. × 9. × 10. √ 11. × 12. ×
13. × 14. √ 15. × 16. √ 17. × 18. √ 19. × 20. √

练习二 基础知识

一、选择题

1. B 2. C 3. C 4. A 5. C 6. A 7. C 8. D 9. D 10. C 11. C 12. C
13. A 14. B 15. C 16. D 17. C 18. D 19. B 20. A 21. B 22. B 23. B 24. C
25. B 26. C 27. B 28. D 29. C 30. A 31. B 32. C 33. D 34. B 35. B 36. A
37. A 38. D 39. C 40. B 41. C 42. B 43. D 44. A 45. C 46. B 47. D 48. D
49. A 50. D 51. A 52. C 53. C 54. B 55. C 56. B 57. A 58. D 59. A 60. D
61. C 62. D 63. A 64. A 65. A 66. A 67. C 68. C 69. D 70. C 71. A 72. C
73. D 74. A 75. D 76. A 77. C 78. D 79. C 80. D 81. C 82. C 83. A 84. C
85. D 86. C 87. A 88. C 89. B 90. C 91. B 92. C 93. D 94. D 95. B 96. A
97. C 98. A 99. A 100. D 101. D 102. A 103. A 104. B 105. B 106. B 107. C
108. C 109. C 110. D 111. B 112. A 113. D 114. A 115. A 116. D 117. C 118. B
119. C 120. A 121. A 122. C 123. C 124. C 125. D 126. C 127. C 128. A 129. C
130. C 131. A 132. A 133. B 134. B 135. B 136. B 137. C 138. D 139. B 140. D
141. D 142. A 143. A 144. A 145. A 146. B 147. A 148. C 149. B 150. C 151. A
152. C 153. A 154. D 155. B 156. C 157. B 158. D 159. D 160. B 161. B 162. B
163. C 164. C 165. C 166. B 167. B 168. C 169. C 170. C 171. B 172. C 173. D
174. D 175. A 176. B 177. B 178. C 179. B 180. B 181. D

二、判断题

1. √ 2. × 3. √ 4. √ 5. √ 6. × 7. √ 8. × 9. √ 10. × 11. × 12. ×

13. √ 14. √ 15. × 16. × 17. √ 18. × 19. √ 20. √ 21. × 22. × 23. √
24. √ 25. × 26. √ 27. × 28. √ 29. × 30. √ 31. × 32. × 33. × 34. √
35. √ 36. √ 37. √ 38. × 39. √ 40. √ 41. √ 42. √ 43. √ 44. × 45. √
46. × 47. × 48. × 49. × 50. √ 51. × 52. √ 53. √ 54. × 55. × 56. ×
57. √ 58. √ 59. √ 60. √ 61. √

练习三 汽车维护理论知识

一、选择题

1. A 2. A 3. A 4. B 5. A 6. B 7. A 8. C 9. C 10. D 11. B 12. A
13. B 14. B 15. C 16. B 17. B 18. A 19. C 20. C 21. D 22. D 23. D 24. A
25. C 26. D 27. D 28. A 29. A 30. D 31. A 32. A 33. A 34. A 35. B 36. A
37. A 38. A 39. B 40. D 41. A 42. C 43. B 44. A 45. B 46. B 47. B 48. C
49. B 50. A 51. C 52. C 53. A 54. C 55. B 56. C 57. B 58. C 59. B 60. C
61. C 62. B 63. B 64. A 65. A 66. A 67. B 68. D 69. A 70. C 71. B 72. B
73. C 74. D 75. B 76. C 77. A 78. D 79. D 80. B 81. B 82. C 83. C 84. A
85. C 86. B 87. A 88. B 89. B 90. C 91. A 92. D 93. A 94. B 95. B 96. C
97. A 98. C 99. D 100. D 101. A 102. C 103. A 104. B 105. D 106. A 107. D
108. A 109. A

二、判断题

1. √ 2. √ 3. × 4. √ 5. × 6. × 7. × 8. √ 9. √ 10. √ 11. √ 12. ×
13. × 14. × 15. √ 16. × 17. √ 18. × 19. × 20. √ 21. × 22. × 23. ×
24. √ 25. × 26. × 27. √ 28. √ 29. × 30. × 31. × 32. × 33. × 34. √
35. √ 36. × 37. × 38. √ 39. √ 40. × 41. × 42. √ 43. √ 44. ×

练习四 检修汽车发动机理论知识

一、选择题

1. B 2. B 3. B 4. A 5. D 6. B 7. D 8. C 9. A 10. D 11. A 12. B
13. C 14. C 15. B 16. A 17. D 18. B 19. C 20. A 21. C 22. A 23. C 24. A
25. B 26. C 27. B 28. A 29. D 30. B 31. D 32. A 33. A 34. A 35. D 36. B
37. D 38. C 39. B 40. C 41. B 42. D 43. B 44. A 45. A 46. D 47. C 48. B
49. B 50. C 51. A 52. D 53. A 54. D 55. B 56. C 57. B 58. B 59. A 60. C
61. A 62. B 63. A 64. D 65. B 66. C 67. A 68. D 69. C 70. A 71. C 72. D
73. B 74. A 75. D 76. A 77. D 78. D 79. B 80. A 81. B 82. B 83. C 84. A
85. D 86. C 87. B 88. A 89. B 90. B 91. C 92. D 93. B 94. C 95. C 96. B

理论知识答案

97. B 98. C 99. C 100. B 101. C 102. A 103. C 104. A 105. A 106. C 107. D
108. C 109. A 110. B 111. B 112. C 113. C 114. C 115. B 116. D 117. D 118. B
119. C 120. D 121. C 122. C 123. D 124. C 125. A 126. B 127. C 128. A 129. D
130. D 131. A 132. C 133. B 134. D 135. A 136. C 137. C 138. A 139. D 140. B
141. C 142. A 143. A 144. B 145. B 146. A 147. C 148. C 149. C 150. A 151. A
152. C 153. C 154. B 155. C 156. C 157. B 158. C 159. C 160. B 161. B 162. C
163. D 164. D 165. B 166. B 167. C 168. B 169. C 170. C 171. C 172. C 173. B
174. C 175. C 176. B 177. D 178. D 179. A 180. D 181. C 182. B 183. D 184. A
185. C 186. B 187. A 188. D 189. C 190. A 191. C 192. B 193. B 194. B 195. C
196. A 197. D 198. B 199. A 200. D 201. B 202. B 203. A 204. D 205. D 206. A
207. B 208. D 209. A 210. A 211. B 212. C 213. B 214. B 215. A 216. A 217. B
218. A 219. B 220. A 221. C 222. C 223. D 224. C 225. A 226. C 227. C 228. D
229. C

二、判断题

1. √ 2. × 3. √ 4. × 5. √ 6. × 7. √ 8. √ 9. √ 10. √ 11. × 12. ×
13. √ 14. × 15. × 16. × 17. √ 18. √ 19. √ 20. √ 21. √ 22. √ 23. ×
24. × 25. √ 26. √ 27. √ 28. √ 29. √ 30. √ 31. √ 32. √ 33. √ 34. ×
35. × 36. √ 37. × 38. √ 39. √ 40. × 41. × 42. × 43. × 44. √ 45. √
46. × 47. √ 48. × 49. √ 50. × 51. √ 52. × 53. √ 54. √ 55. √ 56. ×
57. × 58. × 59. √ 60. × 61. × 62. × 63. √ 64. × 65. × 66. × 67. ×
68. × 69. √ 70. × 71. √ 72. × 73. × 74. √ 75. √ 76. × 77. √ 78. ×
79. × 80. √ 81. √ 82. √ 83. × 84. × 85. √ 86. × 87. × 88. × 89. √
90. × 91. × 92. × 93. √ 94. √ 95. × 96. √ 97. × 98. ×

练习五 检修汽车底盘理论知识

一、选择题

1. D 2. A 3. A 4. A 5. A 6. C 7. A 8. B 9. A 10. B 11. B 12. D
13. A 14. C 15. B 16. C 17. C 18. B 19. B 20. C 21. D 22. A 23. B 24. D
25. D 26. B 27. B 28. C 29. D 30. A 31. B 32. C 33. A 34. B 35. D 36. B
37. A 38. C 39. C 40. D 41. A 42. B 43. B 44. A 45. B 46. B 47. B 48. D
49. D 50. A 51. C 52. A 53. A 54. C 55. C 56. D 57. C 58. D 59. A 60. C
61. D 62. C 63. A 64. C 65. B 66. A 67. D 68. C 69. C 70. B 71. D 72. A
73. B 74. D 75. C 76. B 77. C 78. D 79. D 80. B 81. B 82. A 83. D 84. A

85. A 86. D 87. C 88. C 89. D 90. B 91. B 92. B 93. D 94. B 95. A 96. A
97. A 98. D 99. C 100. B 101. D 102. A 103. D 104. B 105. A 106. D 107. B
108. D 109. D 110. D 111. D 112. B 113. D 114. A 115. C 116. C 117. D 118. A
119. B 120. A 121. A 122. A 123. B 124. D 125. B 126. C 127. C 128. B 129. D
130. C 131. C 132. C 133. A 134. C 135. D 136. D 137. A 138. B 139. D 140. A
141. B 142. D 143. C 144. A 145. B 146. C 147. D 148. D 149. C 150. D 151. C
152. C 153. B 154. A 155. C 156. B 157. D 158. B 159. A 160. C 161. D 162. D
163. B 164. A 165. A 166. A 167. D

二、判断题

1. × 2. × 3. × 4. √ 5. √ 6. × 7. √ 8. × 9. √ 10. × 11. × 12. √
13. √ 14. √ 15. √ 16. × 17. × 18. √ 19. × 20. √ 21. √ 22. × 23. √
24. √ 25. × 26. √ 27. √ 28. × 29. × 30. × 31. × 32. √ 33. √ 34. √
35. √ 36. × 37. √ 38. × 39. √ 40. × 41. √ 42. × 43. × 44. × 45. √
46. × 47. × 48. × 49. √ 50. √ 51. √ 52. √ 53. √ 54. × 55. √ 56. √
57. √ 58. √ 59. × 60. √ 61. × 62. √ 63. × 64. × 65. √ 66. × 67. ×

练习六　检修汽车电器理论知识

一、选择题

1. B 2. D 3. C 4. A 5. B 6. C 7. D 8. A 9. B 10. B 11. A 12. B
13. C 14. C 15. C 16. A 17. B 18. A 19. B 20. D 21. B 22. C 23. C 24. A
25. A 26. B 27. B 28. B 29. D 30. A 31. C 32. A 33. C 34. A 35. A 36. C
37. B 38. C 39. C 40. D 41. D 42. B 43. C 44. B 45. A 46. B 47. D 48. C
49. A 50. B 51. A 52. C 53. A 54. C 55. A 56. C 57. C 58. D 59. D 60. B
61. B 62. B 63. C 64. D 65. A 66. C 67. D 68. B 69. B 70. C 71. A 72. C
73. B 74. A 75. C 76. B 77. B 78. C 79. A 80. C 81. B 82. B 83. B 84. C
85. C 86. C 87. B 88. B 89. A 90. B 91. B 92. D 93. C 94. D 95. D 96. C
97. A 98. B 99. A 100. B 101. C 102. A 103. A 104. A 105. C 106. A 107. B
108. C 109. B 110. C 111. C 112. D 113. D 114. B 115. A 116. C 117. A 118. C
119. C 120. A 121. C 122. D 123. C 124. A 125. B 126. C 127. D 128. B 129. A
130. C 131. A 132. C 133. C 134. C 135. C 136. C 137. C 138. C 139. C 140. C
141. C 142. C 143. B 144. A 145. D 146. C 147. A 148. D 149. C 150. B 151. B
152. B 153. C 154. A 155. D 156. C 157. A 158. C 159. C 160. B 161. C 162. A
163. B 164. B 165. D 166. C 167. C 168. C 169. A 170. C 171. C 172. A 173. C
174. B 175. C 176. C 177. B 178. A 179. D 180. B 181. C 182. D 183. D 184. A
185. C 186. D 187. B 188. C 189. D 190. B 191. D 192. D 193. C 194. A 195. B

理论知识答案

196. B　197. B　198. A　199. B　200. C　201. A

二、判断题

1. ×　2. √　3. √　4. ×　5. ×　6. ×　7. ×　8. √　9. √　10. ×　11. ×　12. √
13. ×　14. ×　15. √　16. ×　17. √　18. ×　19. ×　20. ×　21. ×　22. ×　23. √
24. ×　25. √　26. ×　27. √　28. √　29. ×　30. ×　31. √　32. ×　33. √　34. ×
35. √　36. √　37. √　38. √　39. ×　40. ×　41. ×　42. √　43. √　44. ×　45. ×
46. √　47. √　48. ×　49. ×　50. ×　51. ×　52. √　53. √　54. ×　55. √　56. √
57. ×　58. √　59. ×　60. ×　61. √　62. ×　63. √　64. √　65. √　66. ×　67. ×
68. ×　69. √　70. √　71. ×　72. ×　73. √　74. ×　75. √　76. √　77. ×　78. ×
79. √　80. √　81. √　82. ×　83. √　84. √

练习七　新能源汽车动力系统理论知识

一、选择题

1. A　2. B　3. D　4. C　5. B　6. B　7. A　8. C　9. B　10. D　11. D　12. D
13. A　14. B　15. C　16. B　17. C　18. B　19. D　20. B　21. D　22. C　23. A　24. A
25. C　26. D　27. D　28. C　29. C　30. B　31. A　32. C　33. C　34. D　35. C　36. B
37. B　38. C　39. C　40. A　41. C　42. A　43. D　44. A　45. B　46. D　47. C　48. C
49. B　50. C　51. A　52. D　53. C　54. B　55. A　56. D　57. C　58. C

二、判断题

1. ×　2. √　3. √　4. ×　5. √　6. √　7. √　8. √　9. √　10. √　11. √　12. √
13. ×　14. ×　15. √　16. √　17. ×　18. ×　19. √

模拟试卷答案

中级工模拟试卷　一

一、单选题

1. C　2. C　3. B　4. C　5. D　6. A　7. B　8. C　9. A　10. C　11. D　12. D
13. B　14. B　15. C　16. A　17. B　18. B　19. C　20. A　21. B　22. C　23. D　24. A
25. B　26. B　27. D　28. D　29. B　30. B　31. C　32. C　33. C　34. D　35. D　36. A
37. B　38. C　39. D　40. B　41. A　42. D　43. A　44. B　45. A　46. D　47. A　48. C
49. D　50. D　51. A　52. C　53. D　54. A　55. A　56. A　57. B　58. C　59. B　60. B

理论知识答案

61. C 62. B 63. D 64. B 65. A 66. A 67. C 68. A 69. B 70. A 71. A 72. B
73. A 74. C 75. C 76. B 77. A 78. B 79. C 80. C 81. D 82. D 83. B 84. D
85. B 86. A 87. C 88. B 89. A 90. C 91. B 92. A 93. C 94. B 95. A 96. D
97. A 98. C 99. C 100. B 101. C 102. A 103. C 104. D 105. C 106. A 107. A
108. D 109. C 110. C 111. C 112. A 113. A 114. D 115. A 116. B 117. C 118. D
119. A 120. B 121. C 122. C 123. C 124. A 125. B 126. B 127. C 128. D 129. A
130. A 131. A 132. A 133. C 134. B 135. B 136. C 137. C 138. C 139. D 140. B
141. A 142. B 143. D 144. C 145. D 146. B 147. B 148. C 149. C 150. D 151. A
152. D 153. D 154. C 155. D 156. A 157. B 158. C 159. D

二、判断题

1. × 2. × 3. √ 4. √ 5. √ 6. √ 7. × 8. √ 9. × 10. √ 11. × 12. √
13. √ 14. × 15. √ 16. √ 17. √ 18. √ 19. × 20. √ 21. √ 22. √ 23. √
24. × 25. × 26. √ 27. √ 28. × 29. × 30. √ 31. √ 32. √ 33. √ 34. √
35. × 36. √ 37. × 38. × 39. × 40. ×

中级工模拟试卷 二

一、单选题

1. C 2. C 3. C 4. C 5. D 6. C 7. D 8. B 9. A 10. D 11. B 12. C
13. D 14. A 15. A 16. B 17. C 18. D 19. D 20. B 21. A 22. D 23. A 24. C
25. C 26. C 27. C 28. A 29. B 30. B 31. D 32. B 33. A 34. A 35. D 36. B
37. D 38. B 39. B 40. C 41. A 42. D 43. B 44. D 45. A 46. C 47. D 48. C
49. B 50. B 51. B 52. C 53. D 54. A 55. A 56. C 57. C 58. D 59. C 60. A
61. A 62. B 63. A 64. C 65. B 66. C 67. C 68. B 69. A 70. B 71. D 72. B
73. C 74. B 75. D 76. A 77. A 78. A 79. A 80. D 81. B 82. B 83. B 84. C
85. D 86. A 87. C 88. A 89. A 90. D 91. C 92. C 93. C 94. A 95. C 96. C
97. B 98. A 99. C 100. A 101. A 102. B 103. B 104. D 105. D 106. A 107. C
108. B 109. C 110. D 111. D 112. A 113. A 114. B 115. C 116. A 117. D 118. D
119. C 120. B 121. A 122. A 123. A 124. A 125. B 126. B 127. B 128. B 129. C
130. B 131. A 132. B 133. B 134. C 135. D 136. D 137. A 138. C 139. D 140. C
141. B 142. D 143. D 144. D 145. A 146. A 147. A 148. B 149. C 150. C 151. A
152. A

二、判断题

1. √ 2. × 3. √ 4. √ 5. √ 6. × 7. × 8. × 9. √ 10. √ 11. × 12. √
13. √ 14. × 15. √ 16. × 17. √ 18. √ 19. √ 20. √ 21. √ 22. √ 23. √
24. × 25. √ 26. √ 27. √ 28. √ 29. √ 30. √ 31. √ 32. √ 33. √ 34. √
35. × 36. √ 37. × 38. × 39. × 40. √

理论知识答案

高级工模拟试卷 一

一、单选题

1. C 2. C 3. B 4. C 5. D 6. A 7. B 8. C 9. A 10. C 11. D 12. D
13. B 14. B 15. A 16. B 17. B 18. C 19. A 20. B 21. C 22. D 23. A 24. B
25. D 26. D 27. B 28. B 29. A 30. C 31. A 32. D 33. A 34. B 35. C 36. D
37. B 38. A 39. D 40. A 41. B 42. A 43. D 44. A 45. C 46. B 47. D 48. A
49. C 50. B 51. A 52. A 53. A 54. A 55. C 56. B 57. A 58. A 59. B 60. D
61. B 62. A 63. A 64. C 65. D 66. A 67. B 68. A 69. A 70. B 71. A 72. C
73. C 74. B 75. A 76. B 77. C 78. C 79. D 80. D 81. B 82. D 83. B 84. A
85. C 86. B 87. A 88. C 89. B 90. A 91. C 92. B 93. A 94. D 95. A 96. C
97. C 98. B 99. C 100. A 101. C 102. D 103. C 104. A 105. A 106. D 107. C
108. C 109. C 110. A 111. A 112. D 113. A 114. B 115. C 116. D 117. C 118. D
119. C 120. C 121. C 122. A 123. B 124. B 125. D 126. C 127. A 128. A 129. A
130. C 131. B 132. B 133. C 134. C 135. D 136. C 137. A 138. D 139. C 140. D
141. B 142. B 143. C 144. C 145. D 146. D 147. D 148. D 149. C 150. D 151. A
152. B 153. C 154. D

二、判断题

1. × 2. × 3. √ 4. √ 5. √ 6. √ 7. × 8. √ 9. × 10. √ 11. × 12. √
13. √ 14. × 15. √ 16. √ 17. √ 18. √ 19. × 20. × 21. √ 22. √ 23. √
24. × 25. × 26. √ 27. √ 28. × 29. × 30. √ 31. × 32. × 33. × 34. ×
35. × 36. √ 37. × 38. × 39. × 40. ×

高级工模拟试卷 二

一、单选题

1. A 2. B 3. C 4. B 5. B 6. D 7. B 8. B 9. A 10. C 11. C 12. B
13. C 14. A 15. C 16. C 17. C 18. A 19. D 20. B 21. B 22. A 23. A 24. A
25. B 26. A 27. A 28. B 29. B 30. C 31. A 32. A 33. C 34. B 35. A 36. C
37. A 38. B 39. B 40. A 41. A 42. A 43. D 44. B 45. A 46. B 47. A 48. D
49. B 50. A 51. C 52. C 53. A 54. A 55. C 56. B 57. B 58. A 59. A 60. B
61. B 62. D 63. C 64. B 65. C 66. B 67. C 68. A 69. C 70. B 71. A 72. A
73. C 74. A 75. A 76. C 77. B 78. D 79. B 80. A 81. B 82. B 83. B
84. B 85. D 86. A 87. B 88. D 89. C 90. A 91. D 92. D 93. A 94. D 95. C
96. A 97. A 98. B 99. C 100. A 101. B 102. B 103. A 104. A 105. C 106. C
107. C 108. C 109. A 110. D 111. B 112. C 113. D 114. C 115. A 116. C 117. D
118. A 119. C 120. B 121. C 122. D 123. D 124. A 125. D 126. D 127. C 128. A

129. C 130. C 131. C 132. B 133. D 134. D 135. A 136. B 137. A 138. A 139. D
140. D 141. B 142. C 143. C 144. C 145. C 146. C 147. A 148. D 149. C 150. D
151. A 152. D 153. A 154. D 155. D

二、判断题

1. × 2. √ 3. √ 4. √ 5. √ 6. × 7. × 8. √ 9. √ 10. √ 11. × 12. ×
13. × 14. √ 15. √ 16. √ 17. × 18. √ 19. × 20. × 21. × 22. × 23. ×
24. × 25. √ 26. √ 27. × 28. × 29. √ 30. √ 31. √ 32. × 33. × 34. ×
35. √ 36. × 37. × 38. × 39. × 40. √